# 타키자와 카츠미
## 신학 연구

# 타키자와 카츠미 滝沢克己
# 신학 연구

## 일본 신학 형성의 단면

김진희 지음

지금까지 본서는 타키자와를 통하여 일본 신학의 단면을 바라보고자 하는 목적에 따라, 그 신학적 의의와 가치, 그리고 한계를 확인해 왔다. 그것은 타키자와의 문제의식으로부터 출발하여, 그의 기독론과 종교 간 대화, 선교론을 검토하고, 오늘날의 상황에서 비판적인 고찰에 이르는 긴 여정이었다. 이제 본서를 마무리하면서 그러한 여정의 이정표를 다시 한번 정리해 보자. 그것은 첫째, 타키자와 신학의 문제의식과 그 전개를 규명하는 것이었다. 1장의 검토를 통하여, 타키자와의 문제의식이 바르트와 니시다라고 하는 두 가지의 축을 그가 말하는 하나의 실재점에서 변증법적으로 통합해 나아갔다는 점을 확인하고, 그의 신학적 전개는 그 두 가지 축에서 유배하는 교회의 안과 밖이라는 시점이 깊이 존재함을 밝혔다. 또한 2장과 3장을 통해서, 그 문제의식에 포함된 교회의 안과 바이라는 두 가지의 시점이, 기독론을 중심으로 한 전개에서는 교회 밖을 배경으로 한 교회 안의 논리로서, 또한 종교 간 대화에서는 교회 안을 배경으로 교회 밖을 향한 논리로서 전개된다는 점을 밝혔다.

풀빛 도서출판 모시는사람들

일본어 표기에 대하여

본서에서는 기존과는 다른 일본어 한글 표기를 시도하였다. 이는 기존의 일본어 표기가 일본에서 통용되는 발음과 적지 않은 차이가 있었기 때문이다. 이는 특히나 한국에는 없는 장음에 관련된 부분이 대표적이다. 본서에서는 일본의 현행 장음 표기에 근거하여 보다 일본어 발음에 근접한 표기를 채용하였다. 예를 들어 경험에 해당하는 기존의 일본어 표기는 "케이켄"이지만, 일본에서 통용되고 있는 표기법에 따르자면 "케에켄"이 보다 정확한 표기라 할 수 있다. 따라서 기존의 표기와는 다른 부분이 있을 수 있지만, 현행의 일본의 발음과 가장 근접한 표기를 하려고 노력하였다.

머리말


 막연한 두려움과 기대를 안고 한국을 떠나 일본에서 시간을 보낸 지 10
년이 지났습니다. 처음 한국을 떠날 때만 해도 이렇게 오랫동안 이곳에 머
무르게 될지는 알지 못했습니다. 10년 전 기독교 혹은 신학이라는 분야에
서 유학을 하고자 한다면, 유럽이나 미국으로 가는 것이 당연하다고 생각
되었습니다. 당시에 유학을 준비하던 저도 역시 미국의 대학들을 떠올리
며 지원을 준비하고 있었습니다. 그러던 어느날 은사이신 이정배 선생님
께서 일본의 교환 교수로 시간을 보내고 돌아오셔서 저에게 일본으로의
유학을 추천하셨을 때, 저는 적잖이 당황했습니다. 당시만 해도 일본 대중
문화 개방이 되고 얼마 되지 않은 상황에서, 유학지로서 일본이라는 곳은
저에게는 생소하였기 때문이었습니다.
 많은 고민 끝에 일본을 선택하게 되었던 것은 다음의 이유 때문이었습
니다. 즉, 당시 토착화 신학의 영향을 강하게 받았던 저는 서구의 신학을
바라보면서도 한국의 신학을 고민하고 있었고, 앞으로도 서구 신학의 응
용이나 적용뿐만 아니라 한국, 더 나아가서는 아시아의 신학을 모색한다
면, 한국과 비슷하면서도 다른 상황인 일본의 신학을 공부하는 것이 의미
가 있으리라 생각했기 때문입니다. 또한 유학지가 교토학파의 발상지라는
것도 저에게는 매력적으로 다가왔습니다. 이러한 기대와 부푼 마음을 안
고, 아무런 연고도 없는 일본에서의 유학생활을 시작하게 되었습니다.
 초반의 어학을 습득하는 지루한 과정을 거치고, 교토의 도오시샤 대학
으로 진학한 저는 일본의 신학을 공부하고자 하는 기대로 부풀어 있었습

니다. 하지만, 저의 기대는 보기 좋게 무너지고 말았습니다. 여기에는 몇 가지 이유가 있었습니다. 우선 제가 진학한 도오시샤 대학은 일본의 명문 사립대학이었는데, 학풍은 자유로움 그 자체였습니다. 특별한 필수 과목이 있는 것도 아니고, 그저 지도 교수와의 관계 속에서 자유롭게 자신의 테마를 발전시켜 가는 것이었습니다. 지도 교수는 특별히 무슨 요구를 하는 것도 아니었으며, 학생의 연구에 맞추어 지도를 하였습니다. 그렇기 때문에, 학생은 한없는 자유로움 속에서 자신을 채찍질하며 공부를 해 가지 않는 한, 언제까지나 그 자리에 머물러 있게 되는 상황이었습니다. 따라서 일본의 신학이라는 것이 눈앞에 놓여져 있었던 것이 아니라, 그 시작부터 제 손으로 더듬어 나아가지 않으면 안 되었습니다.

다음으로 일본의 신학이라는 것을 잘 찾을 수 없었다는 것입니다. 한국도 마찬가지이지만, 신학이라고 하면 서구의 대표적인 신학자를 떠올리게 됩니다. 그리고 그 신학자를 충실히 공부하는 것이야말로 신학의 기초라 할 수 있습니다. 그런 이유로 한국에서의 신학은 기본적으로 서구 지향적인 풍토 위에 서 있다고 할 수 있는데, 이것은 일본도 비슷한 상황이었습니다. 더구나, 일본의 신학계는 한국과는 달리 어떠한 흐름을 형성하지 못해 왔습니다. 예를 들어, 유명한 선생과 그 제자들이 어떠한 학풍을 이어 간다는 것이나, 아니면 한국의 토착화 신학이나 민중신학과 같이 몇 세대에 걸쳐 발전시켜 나아간 것을 찾아 볼 수 없었습니다. 개인주의적인 성격이 강하며, 자신이 정한 구체적인 테마를 일생에 걸쳐 파들어 가는 것이 이곳의 주된 방법론이었습니다. 이러한 상황 속에서 일본적 신학을 찾는다는 것은 결코 쉬운 일이 아니었습니다.

마지막으로, 교토학파에 대한 것이었습니다. 저는 일본의 독자적인 철학이라고 평가되고, 종교적으로도 깊은 연관이 있는 교토학파를 일본적 신학의 단서로 생각하고 있었습니다. 그래서 교토로 유학을 온 저는 교토학파라는 것을 찾으려고 이리저리 수소문해 보았지만, 아무것도 찾을 수 없었습니다. 그 교토학파라는 것이 역사적인 개념이었다는 것을 알게 된 것은 한참의 시간이 흐른 뒤였습니다. 그리고 오오하시 료오스케(大橋良助) 선생님을 통하여 우에다 시즈테루(上田閑照) 선생님을 비롯한 니시다 키타로오(西田幾多郞)와 니시타니 케에지(西谷啓治)의 핵심적인 제자들의 모임에 참석할 수 있었던 것은 그보다도 훨씬 나중의 일이었습니다. 그때까지 저는 막연한 혼돈 속에서 시간을 보낼 수밖에 없었습니다. 그 후에도 어떻게 일본적 신학으로 연결시킬 것인지에 대하여는 여전히 막막한 가운데 있었습니다.

위와 같은 혼란 속에 있었던 저에게 하나의 돌파구가 되었던 것이 타키자와 카츠미와(瀧沢克己)의 만남이었습니다. 본서의 내용에서 자세히 소개하게 되겠지만, 타키자와는 니시다 키타로오의 제자이면서 동시에 칼 바르트의 제자이기도 하였습니다. 그리고 그 사이에서 독특한 신학을 형성해 나아갔습니다. 그리고 특히나 일본의 종교 간의 대화에 큰 공헌을 한 것으로 평가되고 있었습니다. 이러한 타키자와와의 만남을 통해, 일본적 신학을 공부하고자 했던 저로서는 비로소 하나의 방향성을 찾은 것 같아 큰 기쁨을 느낄 수 있었습니다.

그러한 저의 기쁨은 오래가지 못했습니다. 그의 저작은 방대할 뿐만이 아니라, 아무리 읽어도 그 핵심을 도무지 파악할 수가 없었습니다. 이것은 언어의 장벽이라는 문제가 아니었습니다. 그의 문서는 기본적으로 길고 난해하여 일본의 신학 전공자가 읽어도 잘 이해하기가 힘든 것이었습니다. 그뿐만 아니라, 바르트의 용어들과 기존의 신학 용어를 채용하면서도 자신만의 독특한 개념을 나타내고 있었기 때문에, 읽어 내려가다 보면 이해가 되는 듯싶다가도 결국에는 알 수 없게 되는 경우가 대부분이었습니다. 중요한 키워드가 반복되다 보니 어느새 그 키워드가 익숙해지고, 실제로는 그 의미를 알지 못하면서도 그 내용을 이해하고 있다는 착각도 들게 되었습니다. 본문에서 다루게 되는, 그의 신학에 대해 형성된 오해들도 상당부분 이러한 오류를 범하고 있습니다.

시간은 점점 흘러가 허락된 기한은 점점 다가와 가고, 논문의 집필은 커녕 그 내용조차도 잘 이해하지 못하는 시간이 계속되었습니다. 깊은 스트레스가 계속되고, 머릿속은 온통 그의 저작의 문장들이 맴돌고 있었습니다. 그러던 어느 날, 고민에 지친 몸을 끌고 집으로 향하여 생각에 잠겨 걸어가고 있을 때, 무엇인가 뇌리를 스친 것 같은 느낌과 함께 약간의 충격과 더불어, 그때까지의 혼란들이 하나씩 정리가 되어 가는 체험을 하게 되었습니다. 본문 속에서 서술하고 있지만, 타키자와는 니시다 철학을 이해하기 위해 악전고투 하고 있던 어느 날 '번개가 친 것처럼, 돌연히 명백히 모든 것이 밝아 왔다.' 고 말하고 있습니다. 저 또한 그와 비슷한 체험을 통하여 타키자와를 이해하게 되었기에, 그의 말을 누구보다도 잘 알 수 있었습니다.

그 후로는 큰 어려움 없이 논문을 집필할 수 있었습니다. 그리고 논문의 방향성도 자연스럽게 정리가 되었습니다. 즉, 타키자와 신학을 바르게 이해하고, 기존의 오해를 제거하며, 그 활용의 가능성을 모색한다는 것이었습니다. 이 기본적인 방향성은 본서에서도 그대로 유지되고 있습니다. 그리고 그 결과물은 후일 타키자와를 연구하는 사람들의 모임인 타키자와 협회와의 교류를 통해서 검증해 나아갈 수 있었습니다. 또한 그 유족과의 교류를 통해서도 타키자와를 좀더 잘 이해할 수 있었습니다. 특히 타키자와의 큰 자제분인 타키자와 토오루(滝沢徹) 선생님은 유창한 한국어를 구사하시며, 저에게 생전의 부친의 모습을 생생히 전해 주셨습니다.

본서는 위와 같은 과정을 거친 학위 논문을 기초로 3년의 시간을 들여 재음미하고, 한국의 상황을 고려하여 많은 부분을 재집필한 산물입니다.

아직까지 일본의 기독교와 신학이 한국에는 잘 알려지지 않은 상황에서, 또한 최근에 고조되고 있는 한일의 긴장 관계속에서 이 책을 출판하는 것에 복잡한 마음이 듭니다. 다만, 이 책이 한국적 신학을 모색해 나아가는 데 있어서 조그만한 참고가 될 수 있다면, 더 바랄 것이 없겠습니다.

마지막으로 감사의 말씀을 드리고자 합니다. 셀 수 없는 많은 분들이 떠오르지만, 여기서는 저의 배움을 이끄신 분들에게 먼저 감사를 드리고자 합니다. 우선, 한국에서의 저의 배움과 일본으로의 길을 인도하신 이정배 선생님, 이 책이 어떠한 작은 가치라도 담고 있다면, 그것은 모두 선생님의 지도 덕분입니다. 또, 생소한 일본으로의 여정을 안내하시고, 지금까지도 많은 도움을 주고 계시는 조사옥 선생님께도 감사를 드립니다. 또한 도오시샤에서의 배움에도 많은 분들의 신세를 졌습니다. 특히나 저의 논문에 구체적으로 지도하여 주신 미즈타니 마코토(水谷誠), 하라 마코토(原誠), 모리 코오이치(森孝一), 코하라 카츠히로(小原克博) 선생님들께 감사를 드립니다. 특히나 하라 선생님과 코하라 선생님께는 유학의 시작부터 지금까지 이루 말할 수 없는 도움을 받았습니다. 그리고, 타키자와 협회의 마에다 타모츠(前田保) 선생님과 타키자와 토오루 선생님, 소오겐샤(創言社)의 무라카미 이치로오(村上一郞) 씨에게도 깊은 감사의 말씀을 드립니다. 또한 부족한 원고를 좋은 책으로 만들어 주신 도서출판 모시는사람들께도 감사드립니다. 마지막으로 언제나 격려를 해 주며, 원고를 꼼꼼히 교정해 준 아내에게 감사의 마음을 전합니다.

2013년 11월
저자

추천사

이 정 배 | 감신대 교수

어느덧 30년 가까운 교수 생활 덕에 많은 제자들이 생겨났고 곳곳에서 후생가외(後生可畏)란 말을 떠올리게 하는 후학들의 활동을 지켜보고 있다. 그중 독일어 권역이나 영미권에서 수학한 학자들이 다수이나 유독 김진희 박사만이 일본행을 선택한 첫 제자가 되었다. 지금도 그렇지만 당시도 일본은 가깝고도 먼 나라였다. 유럽과 미국 각지를 오가며 학문 활동을 했던 학자들은 많았으나 정작 일본의 신학, 일본의 기독교와 관계 맺는 이들이 전무했다. 2000년 봄 서툴게 배운 일본어 지식을 갖고 동지사 대학에서 한 학기 머물며 그곳 교수들과 친분을 쌓은 것이 오늘 김진희 박사의 책 출판으로까지 이어진 것이 놀랍고 감사할 뿐이다.

김진희 박사는 학부시절부터 깊은 사제관계를 맺었던 특별한 제자이다. 감신대 창조극회 지도교수였던 나는 헌신적으로 연극 활동을 하던 그를 지켜보았고 대학원 시절에는 그의 논문 지도교수가 되었다. 극회에서 만난 후배를 아내로 맞아 지금도 서로 존댓말을 사용하며 아름다운 가정을 일궈낸 가장이기도 하다. 진로를 고민하던 그에게 일본유학을 권했고 그곳에서 교토학파의 신학을 배워 볼 것을 권했던 기억이 지금도 아련히 떠오른다. 감신대의 토착화 전통에 관심했던 사람으로 그 역시 도전해 볼 가치가 있다고 판단했을 터이다.

필자 또한 스승 변선환 선생으로부터 교토학파의 학문풍토에 대해 수없이 듣고 단편적이나마 공부한 적이 있다. 그의 바젤의 스승이자 필자의 선생이기도 한 프릿츠 부리 교수 역시 교토에 머물며 교토학파의 불교철학을 연구했고 단행본 『Buddha und Christus als der Herr des wahren Selbst』으로 출판한 적도 있었다. 이런 연유로 제자 중 누군가가 일본 본토에 가서 이 영역을 공부하면 좋겠다는 생각을 해왔고 그 발판을 위해 필자가 최초로 동지사 대학 교환교수를 다녀왔던 것이다.

주지하듯 김진희 박사의 논문 주제가 된 타키자와라는 신학자는 교토학파에 뿌리를 둔 칼 바르트의 제자이다. 그가 얼마나 출중한 학자였던지 스승의 50세 기념 논문집에 그의 글이 기고될 정도였다. 실존신학자 불트만의 해석학적 눈을 빌려 선불교를 해석한 야기 세에이치와는 멋진 논쟁 파트너로 일생을 지낸 것도 그에 관한 유명한 일화로 남아 있다. 교토학파라는 학문적 망망대해에 빠져 허우적거리며 살아남기를 노력했을 김진희 박사가 너무도 대견스럽게 생각된다. 여하튼 박사과정을 마치고 교토학파가 시도했던 불교와 기독교 대화의 열매들을 모국어로 펴낼 수 있게 되었으니 참으로 고맙다. 더욱이 일본 유수의 기독교 대학의 교수로 적을 두고 있는 바, 앞으로의 그의 학문적 활동을 더욱 기대할 것이다. 이 책을 통해 한일 간의 학문적 교류가 더욱 많아지는 계기가 되었으면 좋겠고 이 땅의 토착화 신학에 대한 연구도 활성화될 것을 소망해 본다. 끝으로 일본어로 써낸 학위 논문을 다시 번역해 낸 김진희 박사의 수고에 고마운 마음 전하며 본 책의 출판을 기꺼이 수락하신 도서출판 〈모시는사람들〉의 대표님께 고개 숙여 인사드린다.

2013년 12월 첫날에

차례          **타키자와 카츠미**<sup>瀧澤克己</sup> 신학 연구

# 서론

## 1. 타키자와 카츠미의 신학적 가치

일본은 우리에게 언제나 가깝고도 먼 나라라고 인식되어 왔다. 이러한 이해에는 지리적 의미와 더불어 문화적·역사적 의미가 내포되어 있다고 할 수 있다. 이러한 상황은 기독교 분야에도 적용된다. 예를 들어 한국과 일본은 각각 불교나 유교라는 전통적 종교를 공유한다는 것, 또한 언어를 포함하여 인간관계와 식생활 등 많은 부분의 문화를 공유한다는 것, 그리고 기독교는 그러한 종교, 문화적 배경 속에 전래되었다는 공통성이 있다. 하지만 그러한 공통성에도 불구하고 각각의 기독교는 그 규모나 성격에서 대조적인 길을 걸어왔고, 그러한 일본의 기독교는 우리에게 잘 알려져오지 않았다. 이러한 상황 속에서 우리나라의 기독교를 좀 더 객관적으로 이해하고 평가하고자 할 때, 많은 공통점을 지니면서도 극명하게 대조되는 일본의 기독교는 우리에게 많은 것을 시사하리라고 기대할 수 있을 것이다.

이러한 기대를 가지고 일본의 기독교와 신학을 바라보며, 거기에서 우리에게 필요한 유익한 시각을 얻고자 할 때, 일본 기독교의 어떠한 모습에, 혹은 누구에게 주목할지는 아주 어려운 문제이다. 왜냐하면 한국 기독교의 역사 속에도 여러 인물과 측면이 있듯이, 일본 기독교 속에도 많은 인물과 측면이 존재하기 때문이다. 그 가운데서도 본서가 주목하고자 하는 인물은 바로 타키자와 카츠미(滝沢克己, 1909-1984)이다. 본서에서 주목하고자 하는, 타키자와 카츠미는 어떠한 인물인가. 일반적으로 타키자와는 격동의 20세기를 살아간 일본의 철학가·사상가라고 이해되고 있다. 그는 동경제국대학(東京帝国大学) 법학과를 중퇴하고, 큐슈제국대학(九州帝国大学) 철학과에 진학하였다. 졸업 후 당시 일본을 대표하는 철학자이던 니시다 키타로오(西田幾多郎)와 만나고, 니시다의 추천으로 칼 바르트(Karl Barth)와 만나게 된다. 그리고 나중에 큐슈대학(九州大学, 큐슈제국대학이 패전 후에 개명) 철학과 교수로 활동한다.

타키자와가 주로 활동한 분야는 철학이지만, 그는 철학뿐만 아니라 신학과 문학, 경제학, 예술, 종교 등 다양한 주제를 다루었다. 하지만 그러한 다양한 주제에도 불구하고 그의 기본적 입장은 항상 같았다. "타키자와는 언제나 같은 것을 말하고 있다."[1]라는 그를 향한 비판은, 그의 사상의 통일성을 역설적으로 드러내는 것이라 할 수 있다. 그러한 타키자와의 동일한 입장이 바로 그가 일관되게 주장한 '임마누엘'에 다름 아니다.[2] 본서는 타키자와 사상의 핵심인 임마누엘이 신학적인 것이며, 그것을 주장한 타키자와를 한 사람의 신학자로서 이해하는 데서 출발한다. 또한 그의 신학은 우리가 주목할 만한 가치가 있다고 생각하며, 그를 통하여 일본의 기독교와 신학의 단면을 바라보는 것이 유의미하다고 이해한다.

여기에는 다음과 같은 이유가 있다. 우선 그가 배경으로 하고 있는 칼 바르트와 니시다 키타로오가, 서구와 일본이라는 관계 속에 서 있던 일본의 신학적 상황을 잘 나타낸다는 점이다. 또한 그의 신학적 작업이 조직신학의 가장 근본적인 영역에서 기독론을 중심으로 하는 독창적 신학을 형성해 나간다는 점이다. 그리고 신학적 영역에만 머무르지 않고 전통적 종교와의 대화도 전개한다는 점이다. 본서는 타키자와 신학의 이와 같은 특성이 일본적 신학형성의 단면을 명확히 보여줄 것이라고 기대하는 것이다.

이러한 기대를 안고, 여기서는 타키자와를 한 사람의 신학자로, 그리고 그의 사상을 신학으로 규정하는 것의 타당성과 그 가치를 확인하는 것으로 논의를 시작하자. 먼저 우리는 타키자와를 신학자로서 인정할 수 있을 것인가. 이 문제는 일본에서도 논란이 되는 문제이다. 앞서 언급한 것처럼, 타키자와가 활동한 영역이 다양하다는 것과 그가 철학과 교수였다는 것이 중요한 이유이다. 그러므로 그의 사상은 신학이라기보다는 하나의 사상으로서, 혹은 철학으로서 이해되는 경우가 많다. 그러나 그의 사상의 핵심인 임마누엘에 주목한다면, 그것은 충분히 신학적이라고 이해할 수 있다. 타키자와의 임마누엘은 그의 스승 니시다의 인도로 만나게 된, 니시다와 견주는 또 한 사람의 스승이었던 신학자 바르트 밑에서 형성된 것이다. 그것은 신학이라는 분야에서 신학적인 것으로 형성되었으며, 그는 일생을 통하여 임마누엘을 중심으로 한 '타키자와 신학'을 전개하였다. 더욱이 그의 업적 중에서 가장 주목받고, 독일의 하이델베르크 대학으로부터 수여받은 명예 학위는 다름 아닌 신학박사 학위이다. 따라서 타키자와 사상의 핵심이 되는 임마누엘을 신학적인 것으로 이해하고, '타키자와 카츠미는 근대 일본의 철학자'[3]라는 일반적인 정의에 반하여, '근대 일본의 신학자로서 타키자와 카츠미'[4]를 가정하는 것은 타당한 시도라 할 수 있을 것이다.

그렇다면 신학자 타키자와가 시도한 신학적 전개로서의 '타키자와 신학'은 어떠한 것이며, 어떠한 가치를 지닌 것일까. 일반적인 의미에서 '누군가의 신학'이라는 정의에는 적어도 두 가지 측면이 전제된다고 할 수 있다. 하나는 그 사람의 신학적 작업이 통일적으로 전개되어 현저히 독창적인 체계를 형성한 경우이다. 또 하나는 그러한 신학적 시도가 그 사람의 독백이나 독단에 머무는 것이 아니라 충분히 신학적인 의의와 가치를 갖는 경우이다. 이러한 맥락에서 타키자와가 일생에 걸쳐 전개한 신학적 시도

를 '타키자와 신학'으로 부르고 인정할 수 있는 것일까.[5]

타키자와 신학이 임마누엘을 중심으로 하는 통일적 전개를 해 나갔다는 것은 위에서 언급한 바이지만, 독창성이라는 측면은 어떠할까. 본서를 통하여 자세히 검토하겠지만, 타키자와는 하나님과 인간이 '불가분(不可分)·불가동(不可同)'한 관계이며, 그와 동시에 '불가역(不可逆)'적인 관계에 있다고 주장하였다. 또한 그러한 관계로부터 하나의 사건에는 하나님과 인간 각각의 측면에서 '이중적 의미구조'가 발생하는 것을 규명하였다. 이러한 이해는 그때까지 없었던 혹은 그때까지 철저하게 규명되지 못했던 것을 밝힌 것이었으며, 타키자와의 신학적 공헌이라고 할 수 있다. 예를 들어 시바타 슈우(柴田秀)는 불가분·불가동의 이해는 다른 사람들에게서도 발견할 수 있으나, 불가역의 이해는 타키자와에게서 철저하게 전개되었다고 말한다.[6] 또 울리히 쉔(Ulrich Schoen)은 타키자와가 말하는 하나님과 인간의 세 가지의 불가로 인해, 칼케돈 공의회의 '혼동되지 않으며, 바꿀 수 없으며, 나눌 수 없으며, 떨어지지 않는다'라는 예수 그리스도의 본성에 대한 기독교의 전통적 과제를 계승하면서도 새로운 돌파구를 열었다고 말한다.[7] 이러한 이해를 받아들일 수 있다면, 적어도 그의 신학적 독창성은 인정할 수 있을 것이다.

위와 같은 타키자와 신학의 독창성을 인정한다고 할 때, 그 신학적 가치에 대한 이해와 평가는 어떠할까. 타키자와 신학에 대하여 우리가 쉽게 접할 수 있는 이해의 하나는, 그의 신학이 칼 바르트와 니시다 키타로오를 계승한다는 것이다. 본론에서 자세히 검토하겠지만, 타키자와 신학은 그 성립부터 마지막까지 니시다 철학을 배경으로 한 칼 바르트를 향한 반론이라는 성격을 갖는다. 때문에 타키자와의 바르트 해석과 니시다 해석은 그의 신학을 둘러싼 중요한 논점이 되어 왔다. 예를 들어, 타키자와의 바르트 해석이 바르트를 바르게 계승하고 있는 한편, 그의 바르트 해석이 오해를 담고 있다는 이해가 그러하다. 본서 2장을 통하여 자세히 살펴보겠지만, 예를 들어 이키 히로유키(猪城博之)는 "하나님과 인간이 함께하는 기반으로서의 예수 그리스도를 발견한 것이야말로, 바울로부터 바르트에게로, 그리고 바르트로부터 타키자와 교수에게로 이어진 운명적인 끈이었다는 것은, 고인이 되신 교수님의 말씀에서도 잘 드러나는 것이다."[8]라고 말하였다. 한편으로 케라 유우지(計良祐時)는, 타키자와가 바르트와 더불어 사용한 도식과 용어는 바르트의 사유의 맥락과 그 배경에 있는 신학의 역사적 전통을 도외시함으로써, 대상에 대한 정당성으로부터 벗어난 타키자와 자신의 인간관, 존재 이해의 전개가 되어버렸다고 주장한다.[9] 타키자와의 니시다 이해를 두고도 비슷한 문제가 존재한다. 타키자와는 니시다 본인으로부터 "지금껏 이 정도까지 내 생각을 파악한 사람이 없었기에 커다란 기쁨을 느꼈다."[10]라는 말을 들을 정도로, 니시다 철학의 핵심을 정확히 파악하고 있었다. 하지만 타키자와 자신이 『니시다 철학의 근본 문제(西田哲学の根本問題)』(1936)에서 말했듯이, 그의 해석은 니시다 철학에 대한 종교적 왜곡이라는 인상도 준다.[11] 이와 같이 타키자와의 해석을 두고는 논란의 여지가 있지만, 그의 신학이 당대의 거장이던 바르트와 니시다를 계승한 것이라는 이해는 널리 형성되어 왔다.

타키자와 신학에 대해 쉽게 접하게 되는 또 하나의 이해는 그의 신학이 다양한 논쟁을 불러일으켰다는 것이다. 타키자와는 자주 논쟁을 일으키는 경향이 있었다. 타키자와를 종교 간 대화의 장으로 이끈 하나의 계기가 되었던 『불교와 기독교(仏教とキリスト教)』(1950)는 히사마츠 신이치(久松真一)를 향해 논쟁을 거는 형식으로 전개된다. 또한, 잘 알려진 논쟁으로 야기 세에이치(八木誠一) 그리고 타가와 켄조오(田川健三)와의 논쟁이 있다. 타키자와는 야기의 『신약사상의 성립(新約思想の成立)』(1963)에 대하여, 『성서의 예수와 현대의 사유(聖書のイエスと現代の思惟)』(1965)에서 야기가 말하는 '종교적 실존'

과 그 중심에 있는 '순수직관'이 애매한 것이라고 비판하였다. 그 후 두 사람은 종교의 근본을 두고 10년 이상 논의를 지속했다.[12] 또 타가와와의 논쟁은, 당시 전학공투회의(全学共闘会議, 1960년대 후반부터 시작되는 일본의 대대적인 학생운동)에 타키자와가 적극적으로 참여하면서 '원점론'으로 알려지게 된 그의 신학에 대해 타가와가 일으킨 논쟁이었다. 타가와는『비판적 주체의 형성 : 기독교 비판의 현대적 과제(批判的主体の形成 : キリスト教批判の現代的課題)』(1971)에서, 타키자와가 말하는 원점의 유일성·추상성·절대성에 대한 비판을 전개하였다.[13] 그에 내해 타키사와는『나의 대학 투쟁(私の大学闘争)』(1972)을 통해 자신이 말하는 원점의 유일성·추상성·절대성에 대한 변증을 시도한다.[14] 또한 타키자와는 타가와의『예수라고 하는 남자(イエスという男)』(1980)에 대하여,『성서의 예수와 현대의 인간—「예수라고 하는 남자」에 촉발되어(聖書のイエスと現代の人間 ―「イエスという男」の触発による)』(1981)를 통해 자신이 말하는 임마누엘의 예수 이해로부터 타가와를 비판한다. 하지만 타가와는 이것에 응답하지 않았기 때문에 아쉽게도 논의는 이어지지 않았다. 이처럼 타키자와는 다양한 논쟁의 한가운데서 많은 이들과 논의를 주고받으며 자신의 신학을 주장했던 것이다.

그런데 위와 같은 이해가 타키자와 신학이 맺어 온 관계로부터 형성된 것이라고 한다면, 그 신학의 내용으로부터 형성된 이해도 존재한다. 그리고 그러한 이해는 그의 신학적 의의를 잘 드러낸다는 점에서 좀 더 중요한 것이라 할 수 있다. 그것은 첫째로, 타키자와 신학이 전개한 종교 간 대화에 대한 이해와 평가이다. 위에서 언급한 것처럼, 타키자와는 1950년에『불교와 기독교』를 통하여 불교와 기독교의 대화를 시도한다. 그는 앞서 언급한 세 가지의 불가의 관계로부터 발생하는 이중의 의미구조에 근거하여 불교와 기독교를 상호변증, 상호비판하였다. 거기서 사용되었던 표현이 하나님과 인간 사이의 제1, 2의 접촉이며, 이것은 그 후에 다양한 종교 간 대화의 상황에서 자주 채용되었다. 이 때문에 그의 전개는 패전후 종교 간 대화의 기초를 놓은 것으로 높이 평가되었다. 예를 들어, 아사미 요오(淺見洋)는 "현대 일본에서 가장 생산적인 기독교와 불교와의 대화는 타키자와 카츠미에 의한 히사마츠 신이치와의 대화로부터 시작된다."[15]라고 평가한다. 또 아키츠키 류우민(秋月龍珉)은 "앞으로 기독교와 불교에 대하여 논하고자 하는 이는 타키자와의 이 작은 책(『불교와 기독교』)을 결코 무시할 수 없을 것이며, 그의 업적을 이해하지 않고 불교와 기독교의 문제를 논하는 것은 무의미한 상호의 오해와 독선이라는 출발점으로 되돌아가는 어리석음을 범하는 것이 될 것이다."[16]라고 말한다. 또한 그의 처음의 저작으로부터 절필에 이르기까지의 모든 전개가 종교 간 대화를 위한 것이며, 타키자와는 그것을 위해 생애를 바쳤다라고 이해된다.[17] 이처럼 타키자와 신학은 종교 간 대화에 공헌하였다고 이해·평가되어 왔다.

둘째로, 타키자와 신학이 일본의 독창적 신학 전개였다는 이해이다. 일본처럼 기독교를 사회적·문화적 배경으로 하지 않는 지역에서 기독교는 언제나 전통 문화, 전통 종교와의 관계를 통해 자신을 드러내며 활동해 나가게 된다. 이 점에서 세 가지 불가에 의해 구별되는 그리스도와 예수의 관계에 근거한 타키자와의 기독론은 좀 더 열려진 기독론의 해석을 가능하게 하고, 전통 종교와 기독교 간의 대화를 가능하게 하였다. 이러한 의미에서 타키자와 신학은 일본적 상황에서의 독창적 전개로 이해될 수 있다. 예를 들어 『일본신학사(日本神学史)』(1992)에서 오다가키 마사야(小田垣雅也)는 타키자와 신학을 야기 세에이치와 함께 일본의 독자적 신학으로 자리매김한다. 즉 타키자와 신학이 '동양적 무(無) 사상의 전통 아래 있는 일본의 독자적인 신학적 전개'라고 말하는 것이다.[18] 또 오가와 케에지(小川圭治)는 키타모리 카조오(北森嘉蔵)의 '하나님의 아픔의 신학(神の痛みの神学)'이 일본 고유의 교의학 형성을 목표로 한 최초의 시도였지만, 진정한 의미의 일본 고

유의 '토착 신학'에는 이르지 못했다고 비판하고, 그것에 성공한 하나의 모델로서 타키자와 신학을 거론하여 대비시켰다.[19] 이와 같은 이해에서 알 수 있듯이, 타키자와 신학은 전후 일본의 독창적인 신학적 전개로서 이해·평가되어 왔다고 할 수 있다.

셋째로, 타키자와 신학에는 선교론적 가능성이 있다는 이해이다. 타키자와 신학은 앞서 언급한 바와 같이, 일본의 독자적 신학적 전개로서 종교 간 대화의 하나의 모델을 제시하였다. 기독교를 사회적·문화적 배경으로 하지 않는 지역의 기독교는 전통 종교와 관계하지 않을 수 없다는 점에서, 타키자와 신학의 선교론적 가능성을 시사한다. 예를 들어 테오 순더마이어(Theo Sundermeier)는 '타키자와 신학이 이러한 해방(기독교의 오래된 편견으로부터의 해방)에 도움이 된다는 것은 의심할 수 없는 것'[20]이라 말하고, '타키자와 선생의 신인학(神人學)이 전통적 신학에 얼마나 자극이 될 수 있는 지'[21]를 말하며, 타키자와 신학의 선교론적 의미를 발견한다. 이것은 타키자와 신학이 기독교 해석의 폭을 넓히고, 기독교와는 다른 전통종교가 존재하는 지역에서, 기독교가 취해야 할 하나의 모습을 제시한다는 선교론적 의의를 드러내고 있다. 또한 이 점은 각각의 독자적 교회와 신학을 모색하고 있는 지역에서 타키자와 신학이 하나의 참고 모델이 될 수 있다는 것을 시사한다. 예를 들어 중국에서는 앞서 언급한 『일본신학사』의 번역판이 출판(上海三聯書店, 2002)되어, 타키자와 신학이 일본에서 형성된 독자적인 것으로 참고된다. 또한 한국에서는 타키자와의 논문 일부가 독일과 일본의 루트로 입수되어 참고된다.[22] 하지만 이러한 타키자와 신학의 선교론적 이해는 그 가능성으로서의 이해는 형성되어 있으나, 아직까지 본격적으로 검토된 것은 아니라 할 수 있다.

이상의 검토를 통하여 타키자와의 사상을 신학적인 것으로 이해할 수 있으며, 그것이 독자성을 가지고 통일적으로 전개되었고, 충분한 신학적 의의를 갖는 것으로 이해·평가되어 왔다는 것을 확인할 수 있었다. 따라서 타키자와에 주목하고, 그를 통하여 일본의 교회와 신학의 단면을 바라보고자 하는 본서의 시도는 공감될 수 있으리라 생각된다.

## 2. 본서의 문제의식과 방향성

그렇다면 위와 같이 독자적 신학을 구축하며 명예 신학박사 학위를 수여받을 정도로 높은 평가를 받아 온 타키자와 신학은 그 의의가 충분히 이해되고 활용되어 왔을까. 타키자와의 저작뿐만 아니라 타키자와 신학에 주목하는 문헌에도 눈을 돌려 본다면, 그러한 높은 평가와는 달리 2차 자료나 연구서가 손꼽을 정도로 적다는 사실에 놀라지 않을 수 없다. 더구나 그러한 자료들도 타키자와에 대한 포괄적인 사상 연구, 혹은 다른 인물과의 비교가 대부분이고, 타키자와 신학 자체에 집중한 비판적 고찰은 아주 적다. 예를 들어 타가와는 『비판적 주체의 형성 : 기독교 비판의 현대적 과제』의 2009년 신판에서, 구판에 있었던 타키자와 신학에 관한 부분을 삭제하고 그 이유를 다음과 같이 말한다. "오늘날 더 이상 타키자와의 원점론에 관심을 갖는 사람은 거의 없을 것이기 때문에, 일부러 실을 필요는 없다고 생각했다."[23] 타가와의 이러한 이해는 타키자와 신학이 당면한 오늘날의 상황을 단적으로 드러내는 것이라 생각된다.

이러한 상황에서 생기는 문제의 하나로 타키자와 신학에 대한 평가와 이해가 종교 간 대화라는 측면에 집중되는 것을 들 수 있다. 타키자와의 종교 간 대화는 그가 『불교와 기독교』를 쓴 1950년 전후에 본격적으로 시작되었다. 그리고 그 대화에서 타키자와 신학의 독창성은 그 가치를 유감없이 발휘했다. 하지만 여기서 간과해서는 안 될 사실은 불가역과 이중의 의미구조라는 타키자와 신학의 뼈대가 성립된 것은 그의 독일 유학 시기인

1935년이라는 것이다. 즉 타키자와가 종교 간 대화라는 주제에 몰두하기 15년 전에 어떠한 원인과 목적에 의해 타키자와 신학은 이미 성립되어 있었다. 다시 말해 종교 간 대화 혹은 그것을 가능하게 한 종교 다원주의의 일본적 형태라는 측면에 지금까지의 이해가 집중되어 왔지만, 그의 신학은 종교 간 대화라는 주제에 앞서 이미 성립되어 있었다. 따라서 이미 성립되어 있던 타키자와 신학을 종교 간 대화에 환원시키는 것은 올바른 이해라고 할 수 없는 것이다. 그렇다면 도대체 타키자와 신학은 무엇을 목적으로 성립되어 이후의 신학적 전개와 종교 간 대화로 이어지는 것일까. 그 원인과 의의는 어떠한 것이었을까.

문제는 여기에 그치지 않는다. 앞서 언급한 바와 같이 그 독창성과 신학적 의의를 이해하는 이들에게 타키자와 신학은 높은 평가를 받아 왔다. 하지만 그러한 평가를 받아 온 타키자와 신학은 몇 가지 논쟁을 일으켰을 뿐, 신학계와 교계에 커다란 영향을 미쳤다고 하기는 힘들다. 오히려 그의 신학은 교회와 거리가 있었다는 문제가 제기되었으며, "인간의 집단으로서의 구체적인 '교회'는 그의 관심 밖에 있었다."[24]는 비판마저 존재한다. 도대체 왜 높이 평가되는 그의 신학이 그 신학의 수용층이라고 할 수 있는 신학계와 교회로부터 크게 주목받지 못하는 모순이 현실화된 것일까. 그 원인은 무엇이며 어떻게 그것을 해결할 수 있을까.

또한 타키자와 신학이 오늘날의 우리에게 무엇을 시사하는가하는 문제도 있다. 타키자와 신학은 그 성립으로부터 70년 이상의 시간이 지난 과거의 것이다. 그 당시와 오늘날의 신학적 문제의식과 상황 사이에는 큰 간격이 존재한다. 당시에는 강렬했었던 그의 주장이 기독교의 세속화와 상대화가 진행된 오늘날에는 그렇게 강렬하지 않을 수도 있다. 그렇다면 오늘날의 우리에게 당시의 젊은 타키자와의 고뇌와 문제의식, 신학적 주장은 이미 오래된 과거의 것이며 되돌아볼 가치가 없는 것일까. 만약 그렇지 않고, 그것이 시대를 뛰어넘어 우리와 공유할 수 있으며, 다양한 신학적 주장이 난무하는 오늘날에도 여전히 의의가 있는 것이라고 한다면, 그것은 어떠한 점에서 그러할까. 또한 그것은 우리의 과제들 중에 어떠한 부분에 응답하는 것일까.

위와 같은 문제들을 생각해 본다면, 타키자와 신학의 실제 가치와 의의에 비하여 그것이 충분히 음미되어 왔다고 하기는 어렵다. 그에 대한 평가는 종교 간 대화라는 측면에 집중되어 왔으며, 그 신학적인 측면 전체에 대한 탐구가 부족하다. 만약 타키자와 신학에 주목하고, 그로부터 어떠한 신학적 의의를 발견하려고 한다면, 무엇보다 먼저 그의 신학적 측면에 초점을 맞춘 적절한 이해가 필요하다. 그리고 그 과정에서 타키자와 신학에 대한 기존 평가를 검토하고, 그 정당성을 묻지 않으면 안 된다. 또한 이러한 과정에서 도출된 바른 이해에 근거하여, 오늘 우리의 입장에서 비판적으로 검토할 필요가 있다. 우리는 좁게는 오늘날의 한국, 넓게는 동북아시아의 기독교라는 입장에 놓여 있으며, 그러한 신학적 실존에서 오는 현실적 과제를 떠안고 있다. 그러한 구체적인 상황 속에서 타키자와 신학을 검토함으로써 우리의 이해가 추상적인 데에 머무는 것이 아니라, 오늘날의 구체적인 맥락 속에서 생명력을 지니게 되지 않을까. 이상과 같은 문제의식으로부터, 본서는 타키자와 신학을 좀 더 적절히 평가하는 것, 또한 그것으로부터 오늘날에 부합하는 신학적 연결 고리를 발견하는 것, 그리고 그것을 우리 입장에서 비판적으로 고찰하는 것을 목표로 하고자 한다.

본서는 위와 같은 목표를 향해 다음과 같이 전개해 나가려 한다. 우선 1장에서는 타키자와의 문제의식을 규명할 것이다. 타키자와 신학은 그 성립 이후 큰 변화 없이 일관되게 전개되었다. 때문에 타키자와 신학의 성립 당시의 문제의식이야말로, 타키자와 신학 전체의 문제의식을 가장 선명하게 드러내는 것이라 할 수 있다. 따라서 1장에서는 타키자와의 초기 저작들과 그 배경에 초점을 맞추어 그의 신학을 성립시킨 원인을 규명하겠다. 그와 더불어 그가 말하는 '하나의 실재점'에 근거하여, 교회의 안과 밖이라는 두 가지의 축이 변증법적으로 통합되어 가는 과정에 그의 문제의식이 녹아 있음을 밝히겠다. 그리고 그것이 초기 논문에 어떻게 반영되었으며, 어떻게 그의 신학의 특징인 불가역의 논리로 형성되어 가는지를 검토하겠다.

2장에서는 1장에서 검토한 문제의식에 근거한 타키자와 신학이 신학적으로 어떠한 성격을 갖는지를 규명할 것이다. 이를 위해 우선 타키자와 신학의 핵심인 '임마누엘'과 '이중적 의미구조'의 의미를 밝히고, 그 근본적 주장을 살펴보겠다. 또한 타키자와의 신학적 주장에 대한 반응으로부터 주된 논점을 추출하고 비판적으로 검토하겠다. 특히 그러한 논점 가운데 타키자와 신학의 핵심적 이슈인 예수 그리스도의 매개성의 문제에 주목하고 그 신학적 주장의 독창성을 밝히겠다. 마지막으로 기독론을 중심으로 한 타키자와 신학의 전개는 교회의 밖이라는 축을 배경으로 교회의 안이라는 장에서 개화된 것이며, 그 의의는 전통적 이해와 새로운 이해를 잇는 점에 있음을 확인할 것이다.

3장에서는 타키자와 신학의 또 하나의 전개인 종교 간 대화의 측면에 주목할 것이다. 이를 위해 타키자와가 히사마츠에게 시도한 대화에 초점을 맞추고 그의 종교 간 대화의 기본적 입장을 정리하겠다. 또한 타키자와의 문제의식과 종교 간 대화가 어떻게 연결되는지를 확인하겠다. 그리고 그의 기독론을 중심으로 한 신학적 전개와 종교 간 대화가 어떠한 관계에 있는지를 명확히 하고, 그 대화 상대가 왜 히사마츠의 불교였는가 하는 대화의 방법과 시기 문제도 밝히도록 하겠다. 그와 더불어 그의 종교 간 대화에 대한 긍정적·부정적인 평가들을 확인하고 그 정당성을 검토하겠다. 마지막으로 타키자와의 종교 간 대화는 기독론을 중심으로 하는 신학적 사유와는 달리 교회의 안이라는 축을 배경으로 교회의 밖이라는 장에서 개화된 것이며, 그 의의는 교회의 안과 밖을 잇는 점에 있음을 확인하겠다.

4장에서는 이제까지 검토한 타키자와 신학에 대한 이해에 근거하여 기독교를 사회・문화적 배경으로 하지 않는 지역의 기독교라는 우리의 신학적 과제를 염두에 두고 타키자와 신학의 가치를 검토할 것이다. 이를 위하여 우선 타키자와 신학의 선교론적 측면을 부각시키고, 그것의 특성을 파악하도록 하겠다. 다음으로 그 구체적인 사례로 1960년대 일본의 토착화 논의를 거론하고, 그 신학적 이해와 과제를 정리하겠다. 마지막으로 그러한 신학적 과제를 타키자와 신학을 적용하여 비판적으로 검토해 보겠다. 이를 통해 타키자와 신학이 당시의 신학적 과제에 응답하였음을 확인하고, 그것이 우리에게도 많은 것을 시사한다는 것을 밝히겠다.

5장에서는 본서에서 확인해 온 타키자와 신학의 가치와 의의가 발휘되기 위하여 해결해야만 하는 과제를 거론할 것이다. 이를 위해 타키자와 신학의 유일한 오점으로 불리는 천황제 문제와 관련하여, 그 시대를 살아간 타키자와의 한계와 타키자와 신학의 한계로 나누어서 검토하겠다. 그러한 검토를 통하여 타키자와의 한계가 그의 내부에 있던 한 축의 왜곡과 또 한 축의 폭주였음을 밝히겠다. 또 타키자와 신학의 한계가 예수 그리스도의 기준성의 문제에 있음을 확인하고, 그 신학적 문제를 규명하겠다. 그리고 이러한 문제들이 해결될 때 타키자와 신학의 본래적 가치와 의의가 발휘될 수 있음을 제시하겠다.

본서는 이러한 검토를 통하여 마지막으로 다음과 같은 결론을 제시할 것이다.

첫째, 타키자와 신학은 니시다와 바르트를 중심으로 하는 두 가지 축의 변증법적 통합을 통해 성립되고, 기독론과 종교 간 대화, 선교론이라는 세 가지의 전개를 해 나갔다는 점이다. 둘째, 그러한 전개들 속에서 타키자와 신학의 핵심인 불가역은 각각의 전개에 대응하여 서로 다른 의의를 갖고 있었다는 점이다. 셋째, 타키자와 신학의 한계는 타키자와 내부의 두 가지 축의 왜곡과 폭주라는 인간적 한계와 예수 그리스도의 기준성에 대한 이해라는 신학적 한계로 나누어지며, 이 때문에 임마누엘의 의의가 애매하게 되어 버린다는 점이다. 마지막으로, 그러한 한계를 극복하기 위해서는 임마누엘이라고 하는 근원적 사실에 철저하게 근거하여 그 외의 다른 것을 비판적으로 상대화시켜 가는 것, 또 임마누엘과 예수 그리스도라고 하는 유일한 기준에서 우리를 둘러싼 것들과 관계해 나아가야 한다는 점이다.

이상과 같이 본서는 타키자와를 통하여 일본적 신학 형성의 단면을 바라보고자 한다. 본서의 고찰과 결론은 오늘날의 우리에게도 적지 않은 것을 제시하리라 생각된다. 그리고 그러한 이해가 오늘날의 신학적 상황에 조금이라도 기여하기를 기대한다. 이러한 기대를 안고 타키자와와의 만남을 시작해 보자.

# 1장 | 타키자와 카츠미의 문제의식

## 1. 타키자와 신학의 원점

타키자와 카츠미(滝沢克己)는 자신의 신학적 입장을 확립한 후로 큰 변화 없이 일관된 주장을 펼쳤다. 이것을 두고 일부에서는 타키자와가 언제나 같은 말을 반복할 뿐이라는 비판도 있으나, 그것은 그에게 학문적 발전이 없었다기보다는, 그가 다양한 학문적 주제를 섭렵하고 확장해 나아가는데 있어서 그 기본적 입장이 확고했다고 이해할 수 있다. 그러한 신학적 입장의 배후에는, 그의 생애와 학문을 관통하는 문제의식이 있었다. 다시 말해 그러한 일관된 문제의식이 타키자와 신학을 성립시키고 그 후의 전개를 견인했다고 할 수 있는 것이다. 따라서 타키자와 신학을 이해하고자 한다면, 무엇보다도 그의 문제의식을 명확히 파악할 필요가 있으며, 그 문제의식에 근거하여 그의 신학이 어떻게 전개되었는지를 읽어낼 필요가 있다. 그리고 그러한 타키자와의 일관된 문제의식을 이해하기 위해서는, 그 신학의 출발점까지 거슬러 올라가 그것이 어떻게 성립되었으며, 그의 논문에서 어떠한 논지로 드러나는지를 이해할 필요가 있는 것이다.

타키자와 신학의 출발점으로 거슬러 올라갈 때 만나게 되는 것이 그의 첫 번째 신학적 작업인 「신앙의 가능성에 대하여(信仰の可能性について)」(이하 「신앙」)와 「예수 그리스도의 페르소나의 통일에 대하여(イエス・キリストのペル

ソナの統一について)」(이하 「페르소나」)라는 두 편의 논문이다. 이것은 1933년부터 1935년까지 약 2년에 걸친 독일 유학 중에 작성된 독일어 논문이며, 후에 저자 본인에 의해 일본어로 다시 발표되었다. 거의 동시에 쓰여진 이 두 편의 논문에는 이후에 언급하게 될 '불가분·불가동·불가역'과 '이중적 의미구조'라는 타키자와 신학의 특징이 이미 드러나고 있다. 즉 젊은 시절 타키자와의 첫 번째 신학적 작업이 그대로 타키자와 신학의 전체적인 뼈대를 이루고, 이후의 깊이 있고 일관된 신학적 전개로 이어졌다는 것이다. 이러한 의미에서 두 편의 논문은 타키자와 신학의 출발점이자 원점이라고 할 수 있다.

그런데 이 두 편의 논문으로부터 타키자와의 문제의식을 읽어 내는 것은 결코 쉬운 일이 아니다. 왜냐하면 그것은 일반적인 논문과는 다른 특수한 성격을 갖고 있기 때문이다. 일반적으로 어떠한 논문의 독자로 설정되는 것은 보편적 독자 혹은 그 분야의 전문가층이라 할 수 있다. 하지만 이두 편의 논문에서 설정된 독자는 우선적으로 한 사람이며, 그 한 사람의 독자는 바로 칼 바르트(Karl Barth)이다.[25] 그 때문에 이 논문에서 타키자와의 문제제기의 내용이 무엇인지, 또 어떠한 맥락에서 그것이 문제인지, 논문의 궁극적인 목적이 무엇인지라는 논문의 기본적 요소가 생략되거나 배후에 감추어져 있다. 이러한 이유로 이 두 편의 논문은 논리적인 흐름이 연결되지 않고 비약이 있는 것처럼 보인다. 이 점은 논문의 우선적인 독자였던 바르트가 이미 지적했던 사실이며, 특히 논문 마지막 장은 그에 앞선 논리적 흐름과는 다른 이질적인 것이라 할 수 있다. 따라서 논문에서 생략된 혹은 그 배후에 감추어진 요소를 이해하지 않는 한, 이 두 편의 논문을 이해하는 것은 굉장히 어려운 일이 되어 버린다.

그렇다면 위와 같은 특성을 갖는 이 두 편의 논문은 어떻게 이해되어 왔을까. 시바타 슈우(柴田秀)는 타키자와가 니시다 키타로오(西田幾多郎)에게 불가분과 불가동을 배우고, 바르트에게 불가역을 배워, 자신의 신학을 구축했다고 이해한다.[26] 시바타의 주장에 따르자면, 「신앙」과 「페르소나」는 그러한 배움의 산물이라고 할 수 있다. 또한 코바야시 타카요시(小林孝吉)는 「신앙」에는 독일 유학을 통한 바르트 신학과의 관계가 모두 녹아 있다고 말한다. 그리고 「신앙」을 통하여 타키자와는 '절대모순적 자기동일(絶対矛盾的自己同一)'의 철학으로부터 '임마누엘'의 신학으로 나아가며, 문제의 초점이 교회 밖에서의 신 인식의 가능성에 있다고 주장한다.[27] 또한 니시다 철학에 근거한 절대무(絶対無)의 다른 이름에 불과했던 타키자와의 신 이해가, 바르트의 신 이해와 융합, 충돌하여 예수 그리스도라는 고유명으로 발전했다고 주장하고, 「신앙」과 「페르소나」가 그러한 과정의 산물이라고 이해한다.[28] 그리고 하마베 타츠오(浜辺達男)는 논문의 마지막 장에 드러나는 교회 밖에서의 신앙의 가능성에 초점을 맞추어, 그것이 「신앙」의 동기이며 목적이라고 주장한다. 또한 「신앙」에서 4장까지는 타키자와가 바르트에 찬동하고 있지만, 마지막의 5장에서는 바르트에게 의문을 제기한다고 주장하며, 그 의문을 둘러싼 전개가 「페르소나」라고 이해한다.[29]

위와 같은 타키자와의 초기 논문에 대한 이해들은 각각의 관점에서 「신앙」과 「페르소나」를 언급하고 있는데 그러한 인식의 공통된 부분을 정리해 본다면 다음과 같다. 우선 두 편의 논문이 타키자와 신학의 성립, 혹은 출발점으로 이해된다는 점이다. 다음으로 타키자와의 문제의식이 '교회 밖'이라는 과제와 연관된다고 이해된다는 점이다. 즉, 논문의 목적이 신 인식의 가능성을 논의하고자 하는 것이며, 그 초점이 교회의 안이 아니라 바깥에 있다는 것이다. 또한 타키자와 신학적 작업이 바르트와의 융합과 대결이라고 이해된다는 점이다. 위에서 언급한 바와 같이 타키자와가 니시다에게서 불가분과 불가동을 배웠다면, 바르트에게서도 발견되는 불가분과 불가동이라는 측면에서 서로가 융합했다는 것은 이해할 수 있다. 그리고 대결이라는 측면에 대해서는 그 내용이 구체적으로 언급되지는 않았지만, 그것이 교회 밖이라는 문제를 둘러싼 것이라고 예상할 수 있다.

하지만 위와 같은 선행 연구의 견해를 참고하더라도, 타키자와의 문제의식을 이해하고자 할 때 여전히 다음과 같은 의문을 갖지 않을 수 없다. 첫째, 타키자와는 왜 교회의 밖을 말하지 않으면 안 되었는가 라는 점이다. 그에게 교회의 밖이라는 것은 무엇을 의미하며, 그것이 어떻게 타키자와 신학을 성립시킨 원인이 되었던 것일까. 둘째, 그 과정에서 타키자와는 왜 바르트와 융합하고 또 대결을 하지 않으면 안 되었는가 하는 점이다. 그 융합과 대결의 내용은 무엇이었으며, 타키자와는 왜 융합만이 아닌 대결도 해야만 했을까. 셋째, 두 편의 논문 속에서 타키자와 신학적 특징이 어떻게 형성되어 있는가 하는 점이다. 그 논문 속에서 타키자와 신학의 특징인 불가역과 이중적 의미구조가 어떠한 문맥과 의도 속에서 등장하는 것일까. 마지막으로, 두 편의 논문에서 문제가 되는 마지막 장의 논리적 비약은 어떻게 이해해야만 하는 것일까. 그것은 불필요한 사족이었던 것일까, 아니면 그보다 더 중요한 무엇인가를 내포하는 것일까.

위와 같은 의문들은 타키자와의 두 편의 논문 배후에 감추어진 그의 문제의식을 밝혀서 드러내지 않는 한 해결되지 않을 것이다. 우리는 타키자와 신학의 출발점으로서 그의 문제의식을 확인함으로 타키자와 신학의 원점을 이해할 수 있으며, 그것을 통해 타키자와 신학 전체를 바라볼 하나의 시점을 얻을 수 있을 것이다. 이를 위하여 우선 두 편의 논문에 나타난 타키자와의 기본적 주장에 귀를 기울여 보자.

## 2. 「신앙」과 「페르소나」의 논점

### 1) 「신앙의 가능성에 대하여」

타키자와가 독일 유학을 통하여 바르트 밑에서 본격적으로 신학을 배우며 처음으로 쓴 신학 논문이 바로 「신앙」이다. 후에 바르트의 추천을 받아 「Über die Möglichkeit des Glaubens」이라는 제목으로 『복음주의 신학 (Evangelische Theologie)』에 게재되었다.[30] 「신앙」을 통해 타키자와는 루돌프 불트만(Rudolf Karl Bultmann), 게르하르트 쿨만(Gerhardt Kuhlmann), 에밀 부르너(Emil Brunner) 등 당시의 대가들을 전면에 내세워 자신의 신학적 입장에서 논파해 나간다. 타키자와가 논파하고자 했던 논적(論敵)들의 주된 논리를 정리해 본다면 다음과 같다.

우선 신학이 적절한 방법론이 없는 '무질서한 상태'에 빠지지 않기 위해서는, 신학의 방법 즉 객관성이 확보되는 과학적인 방법이 필요하다는 것이다. 불트만과 쿨만은 학문으로서 신학의 정당성을 확보하기 위해, 현실존재(실존·인간)에 대한 존재론적 분석을 그 방법론으로 채용할 필요가 있다고 주장한다. 즉 신학의 중심 문제인 성서나 신앙적 실존이 역사적 사건인 이상, 역사적 실존 일반의 본질을 밝히고, 그에 따른 방법을 사용하지 않는 한 바르게 이해할 수 없다는 것이다. 또한 성서는 기본적으로 존재론적 철학이 이해하는 인간존재와 근본적으로 다른 것을 제시하고 있지 않다. 따라서 성서나 신앙적인 실존에 대하여 존재론적 분석의 방법을 사용하여 이해하는 것이 적절하다는 것이다.[31]

다음으로 성서나 설교를 통해 신앙적 결단을 하는 실존에 대해 존재론적 분석을 시도해 본다면 거기에는 '신앙의 선행적 가능성'이 존재한다는 것이다. 즉 선교를 통해 인간이 성서의 메시지를 듣고 감동하여 믿음을 갖기 위해서는 적어도 그것이 하나님의 말씀이라는 것을 우선적으로 인식하고 있어야 한다는 것이다. 예를 들어 불트만은 우정에 대한 경험적 지식이 없는 사람이라도 우정에 대한 선행적 이해를 갖고 있듯이, 신앙에 대한 경험적 이해가 없더라도 신앙에 대한 선행적 이해, 혹은 형식적 가능성이 존재한다고 말한다. 이것은 자연신학에 의미를 부여하는 부르너에게도 해당되는 점이다.[32] 올바른 신앙은 신으로부터의 수직적인 계시에 의해서만 가능한 것이나, 적어도 그것을 계시로서 또한 성서를 신의 말씀으로서 인정할 수 있어야 한다. 이것이 신앙을 둘러싼 인간의 존재론적인 전제이며, 이 점에서 인간에게는 적이도 신앙의 선행적 · 형식직 이해가 있어야 한다. 그러한 선행적 이해에 의지하여 예수 그리스도를 가르치는 성서나 선교라는 직접적 계기를 통하여 인간의 신앙은 성립하게 된다.[33] 즉 우리가 기독교의 선교와 성서에 접할 때, 그것은 우리의 선행적 이해에 호소하게 되고, 우리는 그것을 하나님의 말씀으로 승인하여 결단을 통해 믿음을 갖게 된다는 것이다.[34]

위와 같은 주장에 대하여, 타키자와는 다음의 네 가지 측면에서 반론을 시도한다.

첫째, 성서에 관해서이다. 설교와 신앙고백이 기본적으로 역사적이며, 존재적 · 사실적 사건이라는 것은 당연하다. 하지만 그것은 그 내용까지도 역사적이며 존재적이라는 의미는 아니다. 성서의 내용은 '신과의 관계에서 인간 현실의 원칙적인 존재 방식'을 드러내는 것이며, 그것은 존재론적 철학과는 근본적으로 다른 것이다. 타키자와에게 성서는 존재론적 분석이라는 방법으로 해석되는 것도, 존재론적 철학에 의해 이해되는 것도 아니다.[35] 성서는 성서 그 자체가 말하는 '모든 것이 그것에 달려 있는 하나의 기점(基点)'이, '돌연히 우리에게 빛나는' 것에 의해 인간적 실존의 본래적인 양태가 비로소 밝히 드러나고, 그에 대한 우리의 응답으로서의 신앙에 의해서만 바르게 이해될 수 있는 것이다.[36]

둘째, 존재론적 지식의 성립에 대해서이다. 타키자와는 존재적·경험적 지식이 성립되는 존재론적 지식의 근거가 무엇인지를 묻는다. 그러한 존재론적 지식을 우리들이 반성할 수 있다는 점에서, 그 반성의 기준이 되는 선행적인 근거를 또 다시 묻지 않으면 안 된다. 여기서 타키자와는 칸트의 말을 빌려 '선험적 자아'를 말한다. 즉, 그 선험적 자아가 자신을 한정하여 '경험적 자아'와 접촉하는 하나의 점에 있어서, 그러한 존재론적 지식은 성립한다는 것이다. 타키자와가 말하는 선험적 자아라는 것은, 경험적 자아의 한계, 혹은 완전한 자아와는 근본적으로 다른 것이다. 그러한 선험적 자아의 자기한정이라는 그 하나의 점에서 경험적 지식도 존재론적 지식도 비로소 성립한다. 타키자와는 그것을 지식의 '아르키메데스적 기점'이라고 말한다.[37]

셋째, 신앙에서의 아르키메데스적 기점에 대해서이다. 그러한 아르키메데스적 기점에서 경험적·존재론적 지식이 성립한다고 한다면, 신에 대한 올바른 인식이라고 하는 신앙이 성립하는 근거는, 신앙의 현실적 기반, 즉, 신앙에서의 아르키메데스적 기점에서 찾아야 한다. 이것은 신앙의 배후에서 자기이해, 자기한정을 하는 존재를 추구하는 것이며, 그 존재가 바로 신이라는 것이다. 타키자와의 표현에 따르자면, "우리의 신앙을 궁극적으로 가능케 하는 신앙의 선행적 이해는, 삼위일체 하나님의 자기한정, 우리들에게는 때가 차서 성취된 우리의 속죄를 위한 하나님의 선행적 규정 Prädestination(로마서 3:21, 갈라디아서 4:4, 에베소서 1:9-10, 빌립보서 2:5이하)과 더불어 성서가 우리에게 증거하듯이, 아버지 하나님 오른편에 그 아들이 있다는 사실에 다름 아닌 것이다."[38]

넷째, 신앙에서의 원리적 가능성과 사실적 가능성에 대해서이다. 타키자와가 말하는 아르키메데스적 기점에서 생각해 본다면, 신앙을 근본적으로 가능케 하는 것은 삼위일체이신 하나님의 자기이해, 혹은 자기한정이라고 할 수 있다. 이것이 신앙의 원리적 가능성이다. 그리고 그러한 하나님을 밝게 드러내는 것이 하나님 말씀의 성육신 또는 성서, 설교, 성례전이다. 이것이 신앙의 사실적 가능성이다. 이러한 이해에서 타키자와의 논적들이 말하는 신앙 형성의 구조가 근본적으로 뒤바뀌게 된다. 앞서 확인한 논적들이 말하는 선행적 이해 혹은 가능성이라는 것이 인간의 잠재적 가능성이라는 의미였다면, 타키자와는 그것을 이미 실현되어 있는 하나님의 자기한정이라는 현실적 근거로 전환시킨다. 또한 논적들이 인간의 형식적 가능성에 호소하는 직접적인 계기로서의 성시나 선교를 사실적 가능성으로 이해하였다면 타키자와는 신앙의 사실적 가능성을 원리적 가능성에 기반한 역사적 실현으로서의 사실이라는 의미로 전환시킨다. 이러한 전환에 의해, 신앙의 가능성에 대하여 논적들이 주장하는 형식적/실질적 · 잠재적/실현적이라고 하는 구조는 해체되고, 이미 주어진 하나의 은혜와 그것에 대한 인식으로서의 신앙이라는 구조로 대체되게 된다.[39]

이상의 논점에서 확인할 수 있듯이 「신앙」의 목적은 분명하다. 그것은 바로 신앙에서의 아르키메데스적 기점을 제시하는 것이다. 논문의 소재로서 불트만 등이 거론되고, 신앙의 선행적 · 형식적 가능성의 문제가 제기되지만, 그 모든 것은 타키자와가 말하는 아르키메데스적 기점에 의해 새롭게 정리된다. 그리고 그 기점으로부터의 질서는 신의 자기한정과, 그것에 의해 규정되는 존재로서의 인간, 그 사실에 대한 인식 사이의 관계이며, 이것이 "인간으로부터 하나님으로의 길은 없다."[40]라는 타키자와의 기술과 연결된다. 이것을 후기의 타키자와의 용어로 표현하자면 하나님과 인간 사이의 불가역적인 관계이며, 그 기초적인 뼈대는 최초의 신학 논문인 「신앙」에 이미 드러나고 있다고 할 수 있다.

## 2) 「예수 그리스도의 페르소나의 통일에 대하여」

「신앙」을 쓰고 나서 얼마 되지 않아, 타키자와는 바르트의 『Credo』(1935)를 읽고, 예수 그리스도 이해에 대한 바르트와의 차이를 명확하게 인식하게 된다. 그리고 자신의 예수 그리스도 이해를 전개한 것이 「페르소나」이다. 「페르소나」는 다음과 같은 문장으로 시작한다.

> 말씀의 성육신('신의 말씀이 육신이 되었다')이라고 하는 것은, 성령에 의해 그 시간 그곳에서 동서고금을 위하여 단 한 번 일어난 신의 영원한 말씀이 철저하게 그 주체이며 페르소나인 하나의 현실적인 '아담의 타락 후'의 육신(한 사람의 실제로 살아 있는 인간)의 생성이다.[41]

「페르소나」의 중심적 주장은 이 난해한 하나의 문장에 모두 집약되어 있으며, 이후의 긴 기술은 이 문장에 대한 설명이라고 할 수 있다. 타키자와는 우선 자신의 기독론을 주장하고, 그로부터 구원론과 교회론·선교론 등을 전개한다. 여기서는 그러한 전개의 핵심이 되는 기독론을 이해해 보도록 하겠다.

첫째, 말씀이 육신이 되었다는 것에 대해서이다. 타키자와는 성육신이라는 것이 말씀에서 육신으로의 변화나 대체·치환이 아니라, 말씀 그 자신이 육신을 생성하여 그것을 받아들인 것이라고 이해한다. 그러한 생성에서, 말씀에는 그 어떠한 변화도 없으며, 말씀의 성질이 그대로 유지된다. 여기서 말씀이란 위에서 인용한 바와 같이 하나님의 영원한 말씀이다. 또 육신이란 죄된 존재이며, 시간과 공간에 제약된 이 세상에서의 현실적 인간이다. 따라서 말씀의 주체성에 의하여 죄의 지배를 받지 않는다는 점에서 예수 그리스도의 육신은 순결하지만, 그것은 어디까지나 우리의 육신과 다르지 않은 것이다.[42] 이러한 육신의 동일성에서, 성육신은 단지 특정한 대상의 육신에만 해당하는 것이 아니라, "우리가 신의 말씀에 대하여 지금까지와는 근본적으로 다르게 만날 수 있는 그 시작점이 주어진 것이다."[43]라고 이해된다.

둘째, 말씀과 육신의 구별에 대해서이다. 위와 같은 성육신의 이해는 말씀이 육신을 생성하고 그것과 하나가 된 사건이라고 할 수 있다. 하지만 그러한 결합에도 불구하고, 말씀과 육신의 성질이 그대로 유지된다는 점에서 필연적으로 예수 그리스도의 페르소나는 구별된다. 하나는, 하나님으로부터 유래한 하나님 그 자신으로 하나님의 말씀이며 하나님과의 동질성 안에서 존재한다. 또 하나는, 죄된 우리들의 육신이라는 동질성 안에서 존재한다. 예수 그리스도의 신성(말씀)과 인성(육신)은 어디까지나 통일되어 있지만, 그것은 말씀과 육신의 구별이 소멸되었다는 것은 아니다. 하나님의 말씀과 육신은 엄밀한 구별을 유지하면서도 통일되어 있고, 우리는 이 사실을 혼동해서는 안 된다.[44]

셋째, 말씀과 육신의 관계에 대해서이다. 위에서 언급한 것처럼, 예수 그리스도의 신성과 인성은 엄밀하게 통일되어 있음과 동시에 엄격하게 구분된다. 타키자와는 그것을 '실질(実質)'과 '표식(徵)'의 관계로 이해한다. 실질이란 예수 그리스도의 주체인 페르소나, 즉 육신을 받아들인 하나님의 영원한 말씀이다. 그리고 표식이란 우리들에게 그 실질을 가리키기 위해 시간 · 공간에 의해 한정된 이 세상에서 존재하고 말하며 활동한 예수 그리스도의 모든 것이다. 이것을 다르게 표현해 본다면, 주어와 술어의 관계라고도 할 수 있다. 주어는 술어를 통하여 자신을 말하고, 술어는 주어에 따르는 것으로 주어를 드러낸다. 우리들게 드러난 예수 그리스도의 존재와 설교, 활동은 모두 영원한 말씀이라고 하는 실질 · 주어를 가리키는 구체적인 드러남, 즉 표식 · 술어인 것이다. 또한 그러한 예수 그리스도에 대해 말하는 성서와 교회, 성례전도 표식에 해당한다.[45]

넷째, 말씀과 육신의 통일과 구별이 가져오는 예수 그리스도의 이중의 의미에 대해서이다. 예수 그리스도의 말씀과 육신의 관계를 위와 같이 이해하고 그 통일과 구별에 주목한다면, 거기에 존재하는 하나님과 인간 각각의 시점이 이중의 의미를 형성해 간다는 것을 이해할 수 있다. 예를 들어 하나님의 말씀이 원죄에 승리했다는 것은, 눈에 보이는 십자가에 의해서 처음으로 발생한 것이 아니라, 우리의 모든 활동을 넘어서는 차원에서 성육신이라는 사건을 통하여 이루어진 것이다. 그리고 이 사실은 우리가 예수 그리스도의 십자가라고 하는 표식을 받아들임으로써 밝히 드러난다. 타키자와는 '거기서는 절대적인 의미에서, 여기서는 그것에 따르는 자(Nachfolge)라는 의미'[46]로서 이중의 의미를 말하고 있다. '거기'는 주어·실질의 영역이며, '여기'는 표식·술어의 영역이다. 이러한 구별을 혼동하는 것은 술어를 마치 '궁극적인 주어인 것처럼' 고집하는 것이며, 그것은 '우상숭배'나 '결코 용서되지 않는 단 하나의 죄', '성령에 대한 죄'라고 타키자와는 주장하는 것이다.[47]

이상의 논점에서 잘 드러나듯이, 「페르소나」의 목적은 「신앙」에서 제시한 아르키메데스적 기점과 불가역의 관계에 근거한 기독론의 전개이다. 신의 자기한정이라는 원리적 가능성은 실질·주어에, 사실적 가능성은 표식·술어에 대응한다. 또 「신앙」에서 제기된 아르키메데스적 기점은 「페르소나」에서 예수 그리스도로서 보다 구체적으로 전개된다. 말씀과 육신의 통일과 구별, 그리고 거기서 유래하는 이중의 의미는 이후에 좀 더 세련된 개념인 불가분·불가동·불가역과 이중적 의미구조의 원형으로 이해할 수 있으며, 「페르소나」에서 타키자와 신학의 뼈대가 거의 완성되었다는 것을 확인할 수 있다.

그러나 문제는 위와 같은 논지를 전개한 후에, 타키자와가 「신앙」과 「페르소나」 각각의 마지막에 추가한 하나의 장이다. 거기서 타키자와는 교회 밖에서의 신 인식의 가능성을 말하고, 「신앙」에서는 겨우 1000자 정도, 「페르소나」에서는 3000자 정도의 짧은 내용을 덧붙였다. 이 마지막 장을 논문의 결론으로 보기에는, 그때까지의 논리적 흐름과는 너무도 다른 이 질적인 것이며, 그것을 문제제기로 보기에도 논리적 비약으로 인해 뜬금 없는 전개가 되어 버린다. 더구나 선행 연구에서 제기된 것처럼, 교회의 밖에 대하여 말하는 마지막 장을 두 편의 논문의 동기나 목적으로 이해해 버린다면, 논문의 논리적 단절과 마지막 장의 짧은 길이로 인해, 그 목적이 거의 전개되지 않은 어정쩡한 논문이 되어 버리는 것이다.[48] 물론 후일의 타키자와 신학적 전개에서 교회의 밖이라는 문제가 커다란 테마라는 것을 염두에 둔다면, 두 편의 논문에서 교회의 밖이라는 주제가 갖는 중요성과 타키자와의 문제의식이 결과적으로는 그것에 연결되어 있으리라는 것은 추측 가능하다. 그러나 적어도 두 편의 논문에서는, 그가 왜 교회의 밖을 거론하는지, 또 타키자와에게 교회의 밖이라는 것은 무엇인지, 그리고 그 것은 논문의 주장과 어떻게 관련되어 있는지 등의 문제가 해결되지 않는다. 과연 두 편의 논문은 교회 밖에서의 신인식의 가능성을 주장하려 했던 것일까. 아니면 무언가 다른 목적이 있었던 것일까.

이러한 문제는 앞서 확인한 바와 같이 논문의 논지를 확인하는 것만으로는 해결되지 않는다. 그것은 이번 장의 서두에서 언급한 바와 같이, 논문의 배후에 감추어진 타키자와의 문제의식과 연결된 것이고, 타키자와 신학 전체를 이해하는 열쇠가 되는 것이다. 여기서 논문에 감추어진 문제의식을 규명하기 위하여, 논문의 배후로 눈을 돌릴 필요가 있다.

## 3. 타키자와 신학의 배후와 문제의식

오가와 케에지(小川圭治)는 타키자와의 저작집 제2권 『칼 바르트 연구(ヵ—

ル・バルト研究)』(1975)의 해설에서, 그 저작이 일반적인 바르트 연구서가 아니라, 타키자와와 바르트의 만남을 통한 논의의 기록, 대결의 다큐멘터리라고 말한다.[49] 이것은 『칼 바르트 연구』에서의 타키자와의 논문이 바르트와의 결합과 대결의 산물이며, 그의 문제의식이 주로 바르트에게로 향하고 있다는 것을 시사한다. 오가와의 이러한 의견을 『칼 바르트 연구』에 수록된 「신앙」과 「페르소나」에도 적용해 본다면, 그 문제의식에 대한 실마리를 우선 타키자와와 바르트의 관계에서 찾는 것이 타당할 것이다.

타키자와와 바르트의 관계를 거슬러 올라간다면, 1934년 타키자와가 독일 유학 중에 들은 바르트의 강의, '동정녀 잉태(Jungfrauengeburt)'에 이르게 된다. 그 강의의 내용은 먼 일본에서 건너온 타키자와에게는 처음 듣는 것이었지만, 놀랍게도 이상하리만큼 익숙하고 명료히 이해되었다고 한다. 그리고 그러한 타키자와를 향해 바르트는 다음과 같이 말한다. "자네가 나를 잘 이해하고 있다는 것은 강단 위에서 잘 알 수 있다네. 자네의 미소, 자네의 표정이 치면 울리는 것과 같이 나의 말에 반응하기 때문이지."[50] 하지만 그 원인이 니시다 철학에 있다는 것을 밝힌 타키자와는 좌절감을 맛보게 된다. 왜냐하면, 그렇게 말하는 타키자와에게 바르트는 "기독교의 선교, 예수 그리스도를 증거하는 성서의 밖에서, 동일한 진실된 구원에 이르는 것은 '원리적으로는 가능하지만, 사실적으로는 불가능하기 때문'"[51]이라고 대답했기 때문이다. 이 일로 인해 타키자와와 바르트는 서로에게 커다란 위화감을 느끼게 된다. 이러한 바르트에 대한 타키자와의 친밀감과 위화감이 그 후의 타키자와 신학적 여로에 결정적인 영향을 미치게 된다.

## 1) 타키자와와 바르트의 공통성

타키자와는 "그(바르트)가 말하는 모든 것이 걸려 있는 하나님의 복음, 임마누엘의 근원적인 사실은 그의 강의 처음 시간부터 나에게는 아주 익숙한 것이었다. 니시다 철학을 통하여 내가 발견한 것은 그것과 분명히 동일한 하나의 실재점에 걸려 있는 것이었다."[52]라고 말한다. 즉 그가 느낀 친밀감의 원인은 바르트 밑에서 경험한 하나님의 복음이 니시다 철학에서 경험한 것과 '동일한 하나의 실재점'에 연관된 것이기 때문이었다는 뜻이다. 이것은 타키자와의 다음과 같은 말에 좀 더 명확히 드러나고 있다.

> 1933년의 이른 봄, 『일반자의 자각적 체계(一般者の自覚的体系)』와 그 외의 니시다 신생님의 논문에 의해, 나는 드디어 그때까지 어둠 속에서 노색해 왔던 하나의 사실─철학이, 또 다른 모든 학문과 생활이, 그것에 기초해야만 하는 절대적인 장소─에 부딪치게 되었다. 그리고 니시다 선생님의 추천에 따라서, 멀리 라인 강변에서 칼 바르트 선생님의 따뜻한 가르침을 통해, 선생님의 신학에 대한 중대한 의문에도 불구하고, 나는 깊은 놀라움과 기쁨 가운데, 예수 그리스도의 이름으로 2000년 서양 문명을 지탱해 온 것이, 그 이름에 사람들이 갖다 붙인 갖은 장식들을 제거하고 본다면, 그것은 바로 니시다 선생의 인도로 내가 봉착했던 것과 동일한 사실에 의한 것이라고 깨닫게 되었다.[53]

여기서 말하는 바르트에 대한 '중대한 의문'이라는 것이 타키자와가 바르트에게 느낀 위화감이라 할 수 있는데, 그러한 위화감에도 불구하고 바르트 신학의 예수 그리스도 이해가 니시다 철학의 내용과 '동일한 사실'에 연관되어 있다고 타키자와는 이해하는 것이다. 다시 말해 타키자와는 모든 것에 앞서는 절대적인 기준으로서, 그것으로부터 지식이 성립하고, 신과 인간이 만나는 그 절대적인 기점이 바로 예수 그리스도라고 이해하는 것이다. 그리고 이러한 타키자와의 이해에 대하여는 바르트도 기본적으로 동의한다.

타키자와가 니시다 철학에서 발견하고 바르트에게서도 찾을 수 있었던 이러한 사실이 타키자와와 바르트의 공통점이라고 할 수 있다. 타키자와 는 니시다와 바르트에게서 발견한 하나의 사실이라는 공통적인 기반에서, 니시다와 바르트를 이해했다. 하지만 이것은 타키자와가 니시다와 바르트 의 차이를 무시하고 단순하게 동일시했다는 의미는 아니다. 양자의 차이 를 고려하고서도, 더구나 양자로부터 자신들을 잘 이해하고 있다고 인정 받으면서도, 동일한 실재점이라는 것을 주장하는 것이다. 타키자와의 독 특성은 바로 이러한 견해에 있다고 할 수 있는데, 바로 이 점 때문에 그는 바르트와 충돌하게 된다.

## 2) 타키자와와 바르트의 상이성

위와 같은 공통성이, 니시다 철학과 바르트 신학이 궁극적으로는 동일 한 기점에 걸려 있다고 하는 타키자와의 견해에 의한 것이라면, 바르트 자 신의 신학과 타키자와에 대한 이해가 그것과는 별도로 있었다는 것은 당 연한 사실이다. 왜냐하면 그러한 공통성은 어디까지나 타키자와의 견해일 뿐이며, 동시대를 살았던 니시다와 바르트 양자가 느낀 공통성이 아니었 기 때문이다. 타키자와에게 바르트 밑에서 배우도록 추천한 것은 바로 니 시다 본인이었기 때문에, 니시다는 바르트에 대한 이해를 어느정도 갖고 있었다고 할 수 있다. 하지만 바르트의 상황은 달랐다. 바르트는 아마도 어떤 철학의 주장이, 더구나 기독교를 배경으로 하지 않는 먼 동쪽의 니시 다 키타로오라는 사람의 철학이, 자신의 신학과 동일한 하나의 실재점에 기반하고 있다고 주장하는 청년 타키자와에 대하여 커다란 위화감을 느꼈 을 것이다. 그러한 타키자와에 대하여, 바르트는 그것이 '원리적으로는 가 능하지만, 사실적으로는 불가능하다'라고 말한다.

그렇다면 바르트가 말하는 신 인식의 원리적·사실적 가능성이라는 것은 도대체 무엇을 말하는 것일까. 타키자와가 바르트에게 자신의 입장을 밝힌 것은 1934년 겨울이었다. 그에 대해 바르트는 원리적 · 사실적 가능성이라는 구조를 사용하여 타키자와에게 선을 긋는다.[54] 그런데 이러한 바르트의 선은, 원래는 타키자와를 향한 것이 아니라 부르너를 향한 선이었다. 1924년부터 시작된 바르트와 부르너의 대립은 1934년 『자연과 은총(Natur und Gnade)』과 『아니오!(Nein!)』의 발표로 클라이막스에 이른다. 『자연과 은총』을 통하여, 자연에서의 신의 보편적 계시와 신의 형상에 의한 신 인식의 형식적 가능성을 주장한 부르너에 대하여, 바르트는 『아니오!』에서 칼뱅(Jean Calvin)을 인용하며, 그것은 원리적 가능성에 불과하며, 실현 가능한 사실적 가능성이 아니라고 선을 긋는다. 바르트에게 사실적 가능성이란 성서가 증거하는 예수 그리스도이다. 이 사실적 가능성인 성서를 통하지 않고서는, 그것은 어디까지나 원리적 가능성에 불과하거나, 근본적으로 다른 것이다. 이 점에서 바르트는 타키자와가 자신의 입장과는 다른 부르너의 자연신학과 같은 부류라고 이해했던 것이다. 그 때문에 부르너를 향한 선을 타키자와에게도 적용하고 있는 것이다. 또는 신앙의 선행적 가능성을 말하는 불트만과 비슷한 부류로 이해하여 "자네는 나보다는 루돌프 불트만과 서로를 보다 잘 이해할 수 있을"[55]것이라고 말한다. 이것이 타키자와에 대해 바르트가 말하는 신 인식에 대한 원리적 · 사실적 가능성의 의미이고, 타키자와에 대해 바르트가 제시한 상이성이기도 하다.

　바르트에게 하나님은 기독교와 성서가 전하는 예수 그리스도에 의해서만 바르게 인식할 수 있는 것이었다. 신과 인간의 관계에서 예수 그리스도가 절대적인 기준이라고 한다면, 그것이 형식적인 가능성이라고 할 지라도 예수 그리스도 이외의 가능성에 의존하는 것에 대하여 바르트는 대립하지 않을 수 없었던 것이다. 왜냐하면 그것은 바르트가 말하는 사실적 가능성, 즉 성서가 전하는 예수 그리스도에서 유래한 것이 아닌 공상에 지나지 않은 원리에 불과한 가능성을 제시하고 있기 때문이다. 그런데 기독교 밖에서 온 청년 타키자와가, 바르트가 말하는 것과 니시다 철학이 궁극적으로는 같은 것을 말한다고 주장한다. 그러한 타키자와와 바르트가 충돌할 수 밖에 없었던 것은 당연한 일이었을 것이다.

하지만 여기서 간과해서는 안 되는 것은, 그 충돌의 초점이 절대적인 기준으로서의 예수 그리스도의 이해를 둘러싼 것이 아니라는 점이다. 오히려 바르트는 그 이해의 내용에 대해서는 몇 번이나 타키자와에게 동의한다. 문제는 그러한 타키자와의 인식이, 성서를 통해 얻어진 것이 아니라는 것, 또 그것이 예수 그리스도라는 이름으로만 규정되지 않는다는 점이다. 더구나 그것이 비슷한 것이 아니라 근본적으로 '동일한 것'이라고 주장하는 타키자와의 견해가 문제였던 것이다. 바르트가 말하는 신은 타종교나 기독교 이외의 신이 아니라, 어디까지나 성서가 전하는 하나님과 예수 그리스도였던 것이다.[56]

이러한 이해 때문에, 바르트는 타키자와에게 다음과 같이 말한다. 즉 "현실의 빵은 이미 자네에게 주어져 있네. 하지만 자네는 왜 다른 가능성에 집착하여 눈앞에 주어진 빵을 먹는 것, 기독교인이 되는 것을 망설이고 있는가?"[57]라고 말이다. 현실의 빵을 먹는다는 것은 말할 것도 없이 앞서 언급한 사실적 가능성인 성서가 전하는 예수 그리스도를 받아들여, 기독교인이 되는 것을 의미한다. 그 외의 가능성이라는 것은 원리적 가능성에 불과한 타키자와가 주장하는 니시다 철학을 의미한다. 이러한 바르트에 대하여 타키자와는, "바르트가 도대체 왜 기독교의 절대적 유일성, 성서의 배타적 권위에 그렇게까지 집착하는 것일까."[58]라고, 놀라며 이상하게 생각하였다. 바르트가 타키자와에 대하여 원리적 가능성에 불과한 것에 집착한다고 생각했다면, 타키자와는 바르트가 신과 인간에서의 궁극적 기점이 아니라 기독교와 성서의 절대성, 배타성에 집착한다고 생각했던 것이다.

이것이 바로 바르트에 대해 타키자와가 제시한 상이성이라고 할 수 있다.

## 3) 타키자와의 문제의식

위와 같은 타키자와와 바르트의 공통성과 상이성이, 선행 연구가 말하는 바르트와의 융합과 대결의 구체적인 내용이며, 「신앙」과 「페르소나」의 직접적 배경이었다. 두 편의 논문에서 거론되는 신앙의 원리적·사실적 가능성, 또 아르키메데스적 기점으로서의 예수 그리스도는 바르트와의 공통성과 상이성에 의해 던져진 과제였던 것이다. 하지만 이러한 공통성과 상이성을 이해하게 된 우리는 다음과 같은 근본적인 의문을 갖지 않을 수 없다. 도대체 왜 타키자와는 그러한 공통점과 차이점을 자신의 과제로 삼고 거기에 몰두하였던 것일까. 그는 왜 「신앙」과 「페르소나」를 쓰고, 후일 타키자와 신학이라고 불리는 자신의 신학을 구축하지 않으면 안 되었던 것일까.

바르트와 만났던 시기의 타키자와는 소위 말하는 철학도였다. 그는 큐슈 제국대학의 철학과에 재학하며, 헤르만 코헨(Hermann Cohen)의 철학과 후설(Edmund Husserl), 하이데거(Martin Heidegger)의 현상학을 고찰·비교하는 우수한 졸업논문을 썼다.[59] 그 후 니시다 철학에 몰두하여, 니시다 철학의 핵심을 간파한 논문을 써 냈다. 그것이 니시다 본인의 눈에 띄여, "지금껏 이 정도까지 내 생각을 파악한 사람이 없었기에 커다란 기쁨을 느꼈다."[60]라고, 또 "처음으로 지기를 얻은 것 같이 생각된다."[61]라는 편지를 일면식도 없었던 타키자와에게 보냈다. 당시의 니시다가 일본을 대표하는 거대한 철학자였고, 타키자와가 막 대학을 졸업한 젊은 철학도였다는 사실을 고려한다면, 그것이 얼마나 뛰어난 논문이었는지를 알 수 있다.

그렇게 우수한 철학도였던 타키자와에게 기독교와 바르트는, 어디까지나 일반적인 인식의 대상으로 신과 인간을 다루는 철학에 비해서, 그것을 이스라엘의 역사와 예수 그리스도, 교회의 전통에 의해 드러난 하나님으로 제한하려는 편협한 것으로 이해되었을지도 모른다. 그리고 그것은 타키자와가 말하는 기독교의 절대성과 성서의 배타적 권위로 이해되었을 것이다. 만약 그렇다면 타키자와는 철학과 신학의 차이를 확인하고, 어디까지나 철학의 입장에서 신학의 주제를 다루며, 신학의 편협함을 비판하면 될 일이었다. 혹은 철학과는 다른 신학의 매력에 이끌려 기독교에 투신할 가능성도 있었을 것이다. 그리하여 한 사람의 기독교인으로서, 한 사람의 신학자로서 바르트의 의문에 당당하게 자신의 입장을 전개하면 될 일이었던 것이다.

왜 타키자와는 그렇게까지 바르트에게 가까이 다가가서, 바르트의 의문과 의심을 받아 고뇌하면서도 동일한 기점을 주장하지 않으면 안 되었을까. 더구나 바르트에게 강한 매력을 느끼면서도, 그는 왜 눈앞에 주어진 현실의 빵을 먹지 않고 망설이며 다른 가능성에 집착하여 바르트와의 상이성을 유지하지 않으면 안 되었을까. 그리고 왜 그러한 공통성과 상이성을 해결하는 것을 자신의 신학적 과제로 삼지 않으면 안 되었을까. 타키자와는 철학적 입장에 멈추어 있을 수가 없었고, 신학의 중심으로 나아가지 않을 수 없었다. 그렇다고 해서 눈앞에 있는 현실의 빵을 먹을 수도 없었다. 타키자와는 이처럼 자신의 한 발은 기독교 밖에 두고, 또 다른 한 발은 기독교에 내디디며 타키자와 신학의 출발점인 「신앙」과 「페르소나」를 써 내려간다. 바로 이것이 타키자와 신학 전체를 꿰뚫는 문제의식의 핵심인 것이다.

여기서 후일의 타키자와의 기술에 근거하여 이 문제를 생각해 본다면, 거기에는 크게 다음의 두 가지 원인이 있었음을 알 수 있다. 그것은 첫째로 타키자와의 종교적 체험이다. 타키자와는 12살이 되던 어느 날, '자신이 도대체 무엇인가', '나는 도대체 어디로부터 와서, 결국 어디로 가는 것일까' 라는 인생의 근본적 문제에 부딪히게 된다.[62] 그 후 그는 우여곡절을 겪고 나서 니시다 철학을 만나 그 근본적 문제가 해결되는 체험을 하게 된다. 그리고 니시다의 추천에 의하여 바르트에 이르는 것이다. 바르트와의 만남을 통하여 타키자와는 기독교와 접하고, 기독교적 체험을 한다. 그의 그러한 과정은 선행 연구에서, 철학자로서의 타키자와가 신학자로 연결되는 것이라고 이해되어 왔다.

그런데 우리가 종교적 체험의 측면에서 그러한 과정을 다시 한번 생각해 본다면, 그것이 단지 철학에서 신학으로 넘어가는 과정이 아니라, 그 전체를 하나의 종교적 체험의 과정으로 이해할 수 있음을 알게 된다. 그가 직면했던 인생의 근본 문제는, 철학적 문제였을 뿐만 아니라, '종교적 근본 문제'로도 이해할 수 있다. 또한 그러한 종교적 문제에 직면했던 당시의 타키자와는, 기독교인으로 나중에 목사와 결혼하는 누나의 영향으로, 성서와 톨스토이의 『나의 참회』를 접하고 거기에 드러나는 문제의식에 공감하고 있었다. 하지만 결국 '진실한 구원'이라는 부분이 전혀 이해되지 않았다. 그러던 가운데 어디까지나 '종교적인 니시다 철학'을 통하여 그 문제를 해결하게 되는 것이다.[63] 즉 타키자와는 바르트와의 만남을 통하여 처음으로 종교적·기독교적인 체험을 한 것이 아니라, 인생의 근본 문제에서부터 니시다 철학을 거쳐 바르트에 이르는 그 모든 과정이 종교적·기독교적인 과정이었다고 할 수 있는 것이다.[64]

이처럼 타키자와의 과정을 종교적·기독교적인 것으로 이해한다면, 니시다 철학은 그에게 단지 학문적인 것 이상의, 그의 철학적·종교적 근본 문제를 해결해 준 종교적 의미도 갖고 있었다는 것을 이해할 수 있다. 이것은 예를 들어 「신앙」에서 성서에 의한 신앙의 체험을 말하는 부분에서 명료하게 드러나고 있다. 그는 "성서를 읽는 가운데 갑자기 다음과 같은 순간이 찾아오는 것도 불가능하지 않을 것이다. 모든 것이 거기에 걸려 있는 것 같은 기점이, 돌연히 우리에게 밝아 온다."[65]라고 이야기하고, 그러한 경험으로 인해 사람들은 비로소 신앙할 수 있다라고 말한다. 그런데 이것은 그가 니시다 철학에서 체험한 것과 똑같은 형식과 내용이다. "마치 번개가 친 것처럼, 돌연히 내가 그 철학이 독특한 용어와 문장으로 나타내고자 하는 것이 무엇인지, 저자(니시다)에게 모든 것이 무엇에 걸려 있었는지를 명백하게 알 수 있었습니다."[66]라고 하는 니시다 철학의 체험이, 「신앙」의 기술과 극명히 대비된다. 그리고 그는 "바로 그때(타키자와의 니시다 철학 경험의 때)—특별히 그러고자 했던 것이 아니었음에도 불구하고—13년 전의 어느 날 오후 돌연히 나를 사로잡은 이후 단 한 번도 나를 자유롭게 하지 않았던 그 깊은 불안이라는 안개가 하나도 남지 않고 사라져 버렸다."[67]라는 지극히 종교적인 체험을 회고하는 것이다.

타키자와가 주장하는 것처럼, 신앙이라는 것이 "모든 것이 거기에 걸려 있는 것 같은 기점이, 돌연히 우리들을 비추"는 것으로 성립하는 것이라면, 타키자와는 니시다 철학에서 그러한 경험을 하였기에, 그것은 하나의 신앙적 계기였다고 할 수 있다. 그리고 그때 그가 직면했던 종교적 근본문제가 해결되었다는 것이다. 이러한 타키자와가 이후에 "니시다 철학은 이 나라의 이 시대의 말로 표현된 진실된 신의 증언으로서 회개의 철학이다."[68], 또 "니시다 철학은 종교이며 신학이다."[69]라고 주장한 것은 당연한 일이었을 것이다. 다시 말해 타키자와는 니시다 철학에서 진리체험을 하였으며, 그것은 「신앙」에서 주장한 신과 인간 사이의 아르키메데스적 기점에 관한 것이었다. 그것은 타키자와에게 바르트가 주장하는 예수 그리스도라고 하는 사실과 근본적으로 동일한 사실이었으며, 성서를 통해 만난 복음과 같은 가치를 지닌 진리체험이었다.[70] 이것이 바르트와의 공통성과 상이성이라는 긴장관계의 근본적 원인이었다고 할 수 있다.

둘째, 타키자와가 말하는 하나의 실재점이다. 니시다 철학을 통한 그의 체험은, 위에서 본 것과 같은 가치와 무게를 지닌 것이었다. 또한 그 체험을 통해 만난 진리는, 그가 「신앙」에서 논증하고 있듯이 우리의 존재와 존재론적 구조에 앞서 주어진 신과 인간 사이의 절대적 기준이며, 우리의 현실적 기반이다. 그는 평생에 걸쳐 그러한 기반에 근거하여 살아갈 것을 끊임없이 강조하였다. 거기에 근거한다는 것은, 무엇보다 앞선 근원적 사실에 의하여 나라고 하는 존재가 규정되는 것, 또 그러한 규정 속에서 신에 의하여 받아들여진 존재로 항상 감사와 겸손으로 살아가는 것이다. 이것은 그가 말하는 하나의 실재점이라는 것이, 자신의 존재와 떨어신 대상에 대한 지식이 아니라, 신에 의하여 받아들여진 존재로서의 나라고 하는 자기규정과 자기인식으로 연결된다는 것을 의미한다. 즉 그 인식과 지식은 상대를 규정하는 것이 아니라, 거꾸로 그것에 의해 자신의 존재가 규정된다는 것이다. 이 때문에 타키자와에게 니시다 철학에서의 체험은 자신을 규정하는 존재에 대한 발견이며 인식이었다. 그리고 그는 예수 그리스도에게 그 규정자의 존재를 재확인하게 되는 것이다.

> 나는 '동정녀 잉태(Jungfrauengeburt)'에 대한 바르트의 강의(1934년 여름학기)를 듣고, 바르트가 '예수 그리스도'⟨Jesus Christus⟩라는 이름으로 무엇을 가리키고 있는가—이후에 '화해론'⟨Versöhnungslehre⟩에서 구체적으로 드러난 '근원적 사실'⟨Urfaktum⟩—을 명확히 이해했다. 그⟨Jesus Christus⟩는 단지 그때, 그곳에서만 존재한 것이 아니라, 지금 이곳에서 나 자신의 발밑에, 나의 모든 사고에 앞서 계신다는 것, 태초부터 계시며, 마지막까지 변함없이 '참된 신·참된 인간'⟨verus Deus, Verus homo⟩이시라고 하는 것을, 말할 수 없는 놀라움과 감사로 깨달았던 것이다. 나는 결코 나로부터 분리되지 않는 이러한 '예수 그리스도'에 철두철미하게 머무르고자 했다.[71]

이러한 타키자와의 회고를 우리가 받아들일 수 있다면, 그가 자신을 규정하는 존재인 예수 그리스도를 얼마나 현실적으로 체험했는지 상상하기는 어렵지 않다. 후에 그가 자주 쓰는 표현인 '리얼'이라는 말도 바로 이러한 현실성을 표현하는 것이다. 그가 철두철미하게 머무르고자 했던 그 현실적 실재점은, 니시다 철학 체험 이후에 타키자와를 규정해 왔으며, 바르트에게서 예수 그리스도로 체험되었다. 타키자와가 말하는 "예수 그리스도에 철두철미하게 머무르고자 했다."라고 하는 것을 달리 표현해 본다면, 그가 예수 그리스도에게서 그 규정자의 존재를 재확인하고, 그 규정자에게 이끌려 니시다 철학에 머문 것이 아니라, 신학의 중심으로 나아가지 않으면 안 되었다는 것이다.

　하지만 그것은 니시다 철학으로부터 벗어난다는 것을 의미하지는 않았다. 왜냐하면 "철학자 니시다 키타로오의 저작을 통하여 만난 사실을, 신학자 칼 바르트가 성서에 따라 '임마누엘'이라고 말하고, '신의 아들 예수 그리스도'라고 부르는 근원적 사실과 결코 다른 것이 아니다."[72]라고 통찰하였기 때문이다. 그렇기 때문에 그는 "니시다 키타로오가 '절대모순적 자기동일'이라고 표현한 그 유일한 기점으로부터 떨어질 수도 없었고 그럴 필요도 느끼지 못했다."[73] 이러한 통찰과 체험으로부터, 니시다와 바르트 양자를 하나의 실재점에서 이해하는 타키자와의 독특한 견해가 형성되었던 것이다.

　이상과 같이, 타키자와의 종교적 체험과 그가 근거하던 하나의 실재점이라는 두 가지 이해로 인해, 그의 문제의식의 윤곽이 드러나게 된다. 타키자와는 니시다와 바르트에 이르는 학문적 여정을 통하여 자신의 근본적·종교적 문제가 해결되는 진리체험을 하게 된다. 그 진리체험은 모든 존재를 규정하는 궁극적 기점으로서의 실재점이었고, 그것은 점차 예수 그리스도라는 이름으로 구체화되어 갔다. 그러한 과정 속에서 타키자와는 바르트와의 공통성과 상이성을 경험하게 된다. 공통성이란 그가 경험하고 있는 진리의 내용에 근거한 것이었으며, 상이성이란 그가 체험하고 만난 진리가 성서에 의한 것인가라는 점을 둘러싼 것이었다. 거기서 타키자와는 공통성에 근거하여 상이성을 극복하는 과제를 부여받는다. 즉 그는 예수 그리스도라고 하는 신과 인간 사이의 아르키메데스적 기점에서, 바르트와 니시다라고 하는 자신 안의 두 가지 축을 변증법적으로 통합할 필요가 있었던 것이다. 그 결과가 바로 「신앙」과 「페르소나」였던 것이다.

두 편의 논문에서 타키자와의 목적은 그가 근거하고 있던 하나의 실재점에 대한 기독교적 변증이었다. 그것은 예수 그리스도의 내용적, 형식적 측면을 둘러싼 바르트와의 공통성과 상이성에 의해서 주어진 과제였으며, 그 공통성과 상이성의 배후에는 니시다 철학을 통한 진리체험이 있었던 것이다. 이러한 이해에서, 그가 두 편의 논문에서 왜 신앙의 가능성을 거론하는지, 왜 그가 바르트와 융합만이 아닌 대결도 하지 않으면 안 되었는지에 대한 의문들이 해결되게 된다. 이제 우리는 이러한 이해에 근거하여, 그러한 문제의식이 논문 속에서 구체적으로 어떻게 드러나고 있는지를 확인하며 검증할 필요가 있다. 또 지금까지의 이해를 두 편의 논문의 가장 커다란 과제였던 논문의 마지막 장의 문제에 적용하여, 두 편의 논문의 마지막 장을 둘러싼 논리적 단절, 교회의 밖, 바르트에 대한 찬동과 반론의 문제가 해결되는지를 검토해 볼 필요가 있는 것이다. 이를 통해 타키자와의 문제의식에 대한 우리의 이해가 보다 확실한 근거를 갖게 될 것이다.

## 4. 타키자와의 문제의식과 두 편의 논문

지금까지의 검토를 바탕으로 다시 한번 두 편의 논문에 주목해 본다면, 거기에는 크게 두 가지 문제가 있다는 것이 드러난다. 하나는, 하나의 실재점에 대한 변증이라는 목적에 따라 전개된 타키자와의 논지와 마지막 장의 관계이다. 또 하나는, 타키자와에게 교회의 밖이라는 것이 어떠한 의미였는가라는 것이다.

## 1) 바르트와 당시의 기독교에 대한 반론

우리는 앞서 두 편의 논문의 목적이, 바르트가 부정한 타키자와 자신의 진리체험, 즉 그가 말하는 하나의 실재점에 대한 변증이었다는 것을 확인했다. 따라서 단지 마지막 장만이 바르트에 대한 반론이고, 그 외에는 찬동하고 있다는 선행 연구의 주장에는 동의할 수가 없다.[74] 두 편의 논문에서의 그의 주장 전체가, 그가 말하는 하나의 실재점을 변증한다는 일관된 목적에 의해, 바르트와의 공통성과 상이성에 근거한 찬동이며 반론이라고 할 수 있는 것이다. 그러한 찬동과 반론을 통하여 타키자와가 말하고 싶었던 것은 자신이 체험하고 근거하는 진리, 즉 그가 말하는 하나의 실재점이 정당한 것이며, 바르트가 말하는 임마누엘로서의 예수 그리스도와 동일한 내용이라는 것을 주장하는 것이었다. 이를 위해 타키자와는 두 가지의 측면에서 찬동과 반론을 시도한다.

하나는 형식적인 측면이다. 앞서 확인한 바와 같이, 타키자와는 당시의 '바르트의 논적'이었던 불트만이나 쿨만을 거론하여 '바르트를 대신하여 논파'하고 있다. 예를 들어 「신앙」은 "우선 첫째로, 쿨만은 칼 바르트에 대항하여 다음과 같은 점에서 불트만과 일치하고 있다."[75]라는 문장으로 시작된다. 여기서 타키자와의 의도는, 바르트에 대항하고 있던 쿨만이나 불트만을 전면에 세우고 그들과는 다른 자신의 입장을 표명함으로써, 그 논문의 우선적 독자였던 바르트를 향해 동질감을 호소하는 것이다. 그리고 논적에 대한 논파의 기본적인 출발점이 아르키메데스적 기점, 즉 타키자와가 말하는 하나의 실재점이라는 것, 또한 「페르소나」에서 그것이 다름 아닌 예수 그리스도라고 주장하며, 자신의 입장과 그 실재점이 바르트의 그것과 같은 것이라고 주장하는 것이다.[76]

또 하나는 내용적인 측면이다. 논문에는 바르트의 구체적인 주장이 등장하지는 않지만, 타키자와는 바르트의 주장을 가정하고, 바르트가 자신을 향하여 그은 신앙의 원리적·사실적 가능성이라는 선을 해체하려 한다. 그러한 이해의 구조 속에서는 그가 말하는 실재점이 어디까지나 원리적 가능성에 불과한 것이 되어 버리기 때문이다. 그 원리적 가능성을 사실적으로 체험했다고 주장하는 타키자와는, 실현 불가능한 것을 주장하는 것이 되기 때문에 바르트가 이상하게 생각하는 것도 당연했다. 타키자와가 주장하는 실재점을 정당한 것으로 변증하기 위해서는, 그러한 구조를 해체하고 재구성할 필요가 있었다. 그를 위해서, 타키자와는 바르트의 원리적·사실적 가능성이라는 잣대를 그 원래의 대상이었던 불트만과 부르너에게 돌려 그들을 비판한 이후에, 그것을 절묘하게도 원리적·사실적 가능성의 새로운 개념을 제시함으로써 극복하려 한다. 즉 타키자와는 신앙의 근거를 신의 자기한정이라는 신과 인간 사이의 아르키메데스적 기점에 추구함으로써, 원리적·사실적 가능성이라는 구조를 이미 실현된 현실적 기반과 그것이 드러나는 것이라는 구조로 전환시킨다.[77] 이러한 전환에 의해서, 공상에 불과한 원리적 가능성에 집착하고 있다는 바르트의 비판에 대하여, 그가 말하는 실재점은 기독교만이 아니라 모든 것에 앞서 신에 대한 인식의 궁극적 근거로서 이미 주어진 기반이라는 것을 변증하고, 바르트가 말하는 사실적 가능성은 단지 그러한 기반이 드러난 것에 불과하다고 주장한다. 이를 통해 타키자와가 체험한 그 실재점은, 그것이 형식적으로 기독교를 통하지 않은 것이라도 정당한 것이라고 변증하는 것이다.

이러한 변증은, 「페르소나」에서 기독론으로 보다 치밀하게 전개된다. 신과 인간의 아르키메데스적 기점은, 기독교의 중심 문제인 성육신과 예수 그리스도로 설정되어, 신앙의 근원적 사실로서 전개된다. 그리고 그러한 근원적 사실에는 하나님의 활동이 실질, 즉 원리적 가능성으로, 또 그러한 사실이 우리에게 드러나는 것이 표식, 즉 사실적 가능성으로 위치지어진다. 우리는 예수 그리스도에 대하여 실질과 표식이라는 두 가지 측면 모두를 이해하여야 하며, 그것을 나누거나 혼동하거나 거꾸로 해서는 안 된다고 타키자와는 주장한다. 그러한 실질이 드러난 표식과 그에 대한 우리의 인식은 그 근원인 실질에 어떠한 영향도 끼칠 수 없고, 오히려 그러한 실질에 의해 표식과 인간의 인식이 비로소 그 근거를 부여받게 된다. 이러한 예수 그리스도 이해에서 기독교의 안과 밖에서 경험해 온 타키자와의 인식과 체험이 예수 그리스도의 주체인 하나님의 아들 그리스도의 활동에 의한 정당한 것이었다고 타키자와는 주장한다. 이러한 그의 변증은 마지막 장에서 주장하는 기독교가 교회의 밖을 향하여 가져야 할 겸손한 자세와 연결되며, 타키자와의 기본적인 입장은 논문의 처음부터 마지막까지 일관된 것이었다. 따라서 왜 "성서 밖에서 신에 대하여 말하고자 하는 모든 책이나 저술을 그러한 것을 한 번도 읽지도 않고 처음부터 저주받은 우상숭배라고 단정하지 않으면 안 되는 것일까."[78] 또, "'다른 이를 사랑해야 한다' 라고 하는 그리스도의 명령을 왜 신의 인식의 문제에서는 세례를 받은 자들에게만 한정하지 않으면 안 되는가."[79]라고 하는 마지막 장의 의문은, 두 편의 논문의 배후에 있던 타키자와의 문제의식이 표출된 것일 뿐이며, 논문의 논리는 일관되게 그의 문제의식에 의하여 전개된 것이다. 그러한 문제의식이 논문의 배후에 감추어져 있었기 때문에, 바르트가 그러했던 것럼 거기에는 논리적 단절이 있는 것처럼, 또 교회의 밖을 말하는 마지막 장만이 이질적인 것이고 바르트에 대한 반론으로 이해되고 만다. 하지만 「신앙」과 「페르소나」는 그가 말하는 하나의 실재점에 근거하여 전개되고 있으며, 그 전체가 바르트에 대한 반론임과 동시에 자신의 입장에 대한 변증인 것이다.

## 2) 교회의 밖에 대한 변증

교회 밖에서는 진리를 인식하는 것이 불가능하거나, 아니면 진리 그 자체가 부재한다는 생각은 당시 유럽의 기독교에서 일반적이고 자연스러운 인식이었다. 하지만 일본을 떠나 당시 기독교의 중심부를 경험한 타키자와에게는 그것이 '이교도에 대해, 그들이 악마의 자녀들이라고 조금도 물러서지 않는 전제를 가지고 맞서는' [80] 자세로 느껴졌다. 그렇게 자신의 존재와 자신이 체험해 온 진리가 단지 기독교 밖에 있었다는 것을 이유로 부정되는 상황에서, 타키자와가 말하는 하나의 실재점에 근거한 반론과 변증은 기독교의 안인가 밖인가라는 논점을 형성할 수밖에 없었다. 왜냐하면 기독교 안의 진리가 당연하다고 생각하는 당시의 인식에 대하여, 기독교의 밖에도 동일한 진리가 있으며 체험할 수 있다는 것을 주장하는 것이었기 때문이다. 즉 기독교 안에는 진리가 있다는 전제에서 출발하는 기독교에서 그 궁극적 근거로서 신의 자기한정을 제시하고, 그것이 교회의 안과 밖이라는 문제에 앞서 주어져 있다는 것, 또한 그 때문에 자신이 교회의 밖에 있었음에도 불구하고 그러한 체험이 결코 불가능하지 않았다는 것을 주장하는 것은, 기독교 밖에도 신에 대한 인식이 가능한가라는 신학적 주제가 될 수밖에 없었다는 것이다. 이러한 의미에서, 그가 하나의 실재점을 신학적으로 변증하는 것은 기독교의 밖에 대한 변증의 문제로 연결될 수밖에 없었다.

하지만 그러한 타키자와의 변증은 아주 조심스럽게 전개된다. 그 시기의 청년 타키자와는 신학을 배우기 시작한 지 얼마 되지 않은 때였으며, 아직 자신의 신학적 전개를 충분히 할 정도의 단계에 이르지 못했다. 그리고 상대는 당대 최고의 신학자라고 평가되던 칼 바르트였다. 그렇기 때문에 타키자와는 바르트나 당시의 기독교에 대해 당당하게 논쟁을 전개할 수 없었고, 완곡한 표현을 쓰며 자신의 의도를 암시적으로 드러낼 뿐이었다. 이것이 결과적으로 바르트를 향한 찬동으로 보여지고, 마지막 장에서 흐름이 단절된 것 같은 인상을 주게 된다. 예를 들어 기독교에서 절대적 권위를 갖는 성서에 대해, 타키자와는 그 권위를 형식적인 것과 실질적인 것으로 분류한다. 또 그 실질적인 권위가 기독교의 전통에 있음을 말하고, 궁극적으로는 성서가 전하는 하나의 실재점에 대한 체험에 의해, 즉 그것에 대한 바른 인식의 결과인 신앙에 의해 그 권위가 부여된다고 주장한다. 그러나, 타키자와는 그러한 전통이라는 것이 기독교에만 있는 것이 아니며, 불교나 유교에도 있다는 것을 암시적으로 전제한다.[81] 또한 구체적인 언급은 피하고 있으나, 앞서 살펴본 바와 같이, 성서에 대한 궁극적인 권위 부여의 체험이 니시다 철학에서의 체험과 겹친다는 점에서 그는 교회 밖에서의 가능성을 암시하는 것이다.

더구나 현실의 빵은 이미 주어져 있음에도 왜 다른 가능성에 집착하는가라는 바르트의 질문을 염두에 두고 논문 안에서 다음과 같이 말한다.

> 실제로 우리의 눈 앞에, 우리에게 진리를 계시하고 있는 하나의 책이 있음에도 불구하고, 어떻게 우리는 그러한(그 외의 가능성을 추구하는) 한가한 시간을 가질 수 있을까. 어떻게 굶주려 있는 사람에게 빵이 주어진 때에, 기대하기 어려운 '가능성' 때문에, 이미 주어진 그 빵을 받는 것을 포기할 수가 있을까.[82]

이것을 표면적으로 이해한다면, 그가 바르트에게 찬동하고 있는 것처럼 이해되지만 그것은 오해이다. 이 인용문의 전제는 어디까지나 마지막 장에서 말하고 있는 '언제나 성서가 눈앞에 있으며, 성서 가운데서 자란 기독교인' [83]이다. 독일과 같이 기독교를 사회적 배경으로 하는 나라에서, 언제나 성서를 접할 수 있고 진리를 체험할 수 있는 사람은 다른 가능성을 기대할 필요가 전혀 없으나, 일본과 같은 나라에서는 그러한 '가능성' 이야말로 가장 직접적인 것이다. 즉 타키자와에게는 자신의 인생의 근본문제로부터 예수 그리스도에게 이르는 그 모든 과정이, 무엇보다도 직접적이고 현실적인 빵이었던 것이다. 따라서 여기서 교회 밖이라는 것은, 단순히 기독교 밖이라는 의미, 자신과는 다른 타자라는 의미가 아니다. 그가 말하는 교회의 밖이란, 그가 안고 있었던 인생의 근본 문제로부터 그 하나의 해답이었던 니시다 철학, 그리고 바르트의 예수 그리스도에 이르는 모든 과정, 자신의 존재와 그것을 둘러싼 가치와 의미들을 모두 함축하는 용어인 것이다.

이상과 같이 두 편의 논문은 바르트와의 공통성과 상이성에 근거한 문제의식으로부터 바르트를 향한 반론과 변증, 또 교회의 밖에 대한 변증이라는 목적에 따라 전개됨을 확인할 수 있었다. 이를 통하여 우리는 논문에 남아 있던 애매함을 떨쳐내고 명백한 이해에 다다를 수 있었다. 이제 마지막으로 두 편의 논문 속에 드러나는 타키자와의 문제의식의 특징을 정리해 보도록 하자.

## 5. 타키자와의 문제의식 속의 두 가지 축

지금까지 우리는 타키자와 신학을 심도 있게 이해하기 위해, 그 문제의식을 규명한다는 목적에 따라 초기의 논문과 그 배후의 문제들을 고찰해 왔다. 1935년 당시 우수한 청년 철학도였던 타키자와는 일본을 떠나 당시 기독교의 중심부에서 당시 신학계의 핵심적 인물과 섞이면서, 무엇을 느꼈던 것일까. 이번 장에서 타키자와 신학의 성립에 해당하는 두 편의 논문에 드러나는 문제의식을 통해, 우리는 다음과 같은 것을 읽어 낼 수가 있었다. 우선 그가 기독교, 특히 당시의 유럽을 대표하는 지성이었던 바르트에게 끝없는 매력을 느꼈다는 것이다. 그 매력이라는 것은 그것이 단지 새로운 세계의 새로운 지식과 학문이라는 이유 때문이 아니었다. 그것은 일본에서 자신이 체험했던 진리가 기독교와 바르트 신학에서 예수 그리스도라는 이름에 의해 명료하게 논하여지고, 체험된다는 경험적 사실에 의한 것이었다. 이것이 타키자와와 바르트의 공통성으로 나타나고, 니시다와 바르트를 그 진리의 내용인 하나의 실재점에서 이해하는 그의 독특한 견해를 형성했다. 그리고 그 실재점이 다름 아닌 예수 그리스도라고 주장하게 되었던 것이다. 한편으로 그는 한없는 좌절감과 한계를 느끼지 않을 수 없었다. 왜냐하면 그가 그렇게 매력을 느꼈던 기독교가, 자신의 존재와 그 존재를 둘러싼 것들을 어디까지나 이방인으로 표현하는, 진리의 부재로서 이해하고 있었기 때문이다. 거기에 붙여진 '우상숭배'나 '악마의 자식'이라는 저주의 이름표는 그에게는 견디기 힘든 것이었다. 이것이 타키자와가 진리에 이를 수 없었을 것이라고 전제했던 바르트와, 진리에 대한 자신의 이해의 정당성을 주장하는 타키자와와의 상이성을 가져왔다고 할 수 있다.

이와 같이 타키자와는 기독교에 강한 매력을 느꼈음에도 불구하고, 그 기독교에 의해 자신의 존재와 그 존재를 둘러싼 것들이 부정되는, 공통성과 상이성의 긴장관계 속에서 고뇌하며, 자신의 신학적 출발점이라고 할 수 있는 「신앙」과 「페르소나」를 써 내려갔다. 그 논문들의 목적은, 기독교의 안과 밖이라는 문제와 관계없이 그가 경험한 하나의 실재점에 대한 변증이었다. 그의 변증은 한편으로는 자신의 존재와 그것을 둘러싼 것들이 그가 말하는 하나의 실재점에 연결되어 있다는 것, 또 한편으로는 기독교도 그 실재점으로부터 유래된 것이라는 두 가지 주장을 포함한다. 타키자와는 그러한 하나의 실재점이 신과 인간 사이의 무엇보다도 앞선 근원적인 사실이며, 신앙을 포함한 모든 것의 현실적인 기반이라는 것을 제시한다. 그와 동시에 그 하나의 실재점에서 신과 인간의 불가분·불가동·불가역의 관계를 규명한다. 그리고 그가 후일 '임마누엘'이라고 표현하는 것에 기반하여 바르트와 니시다, 교회의 안과 밖을 변증법적으로 통합해 간다.

이러한 이해에 있어서, 우리는 타키자와 신학이 바르트와의 사상적 만남에 의한 논의의 기록·대결의 다큐멘터리라고 하는 앞선 오가와의 견해에 동의할 수 있다.[84] 단, 지금까지의 검토에 근거하여 덧붙이자면, 그것은 단지 바르트와의 논의와 대결으로서만이 아니라, 니시다와 바르트라는 양 축 사이에서 고뇌하고 대결한 결과였다고 말하는 것이 좀 더 정확한 이해라고 할 수 있을 것이다. 우리는 두 편의 논문에서 니시다와 바르트 사이에서 고뇌하며 대결을 반복하고 있는 타키자와의 모습을 읽어 낼 수가 있으며, 기독교의 안과 밖의 경계선에 서 있었던 타키자와의 모습을 발견할 수 있기 때문이다.

그는 기독교와 바르트와의 상이성에 있어서는 여전히 기독교 외부에 다른 한쪽의 다리를 두고 있었으면서도, 공통성에 의지하여 기독교의 내부로 한 걸음을 내 딛는다. 이러한 그의 입장은, 기독교의 안에 자신을 두고 그 밖에 있는 자신을 바라보는, 또 기독교의 밖에 자신을 두고 기독교의 안에 있는 자신을 바라보는 두 가지의 시점으로 그의 신학에 반영되어 있다. 그렇기 때문에 그의 신학은 기독교인이 교회의 밖을 향해서 "존경할 수"[85] 있는 기독교 밖을 향한 이해로서, 또한 기독교인이 아닌 사람이 기독교를 바라보고 받아들일 수 있는 이해로서 전개된 것이라고 말할 수 있다. 즉 교회 안에 있던 자신이 교회 밖에 있던 자신의 존재와 그것에 연결된 진리성을 인정할 수 있는 논리임과 동시에, 교회 밖에 있던 자신이 교회 안에 있는 자신의 존재와 그것에 연결된 진리성을 이해할 수 있는 논리였던 것이다.

이러한 타키자와 신학의 두 가지의 시점을 이해한다면, 이후에 전개되는 그의 신학이 교회의 안과 밖이라는 두 가지의 방향으로 전개될 가능성을 가지고 있었다는 것을 예상할 수 있다. 여기서 우리는 타키자와 신학의 이후의 전개를 이해할 수 있는 단서를 얻게 된다. 즉 이 두가지의 측면에서의 전개 가능성이 타키자와 신학의 문제의식에 잉태되어 있었다는 것이다. 물론 이후의 그의 신학이 그러한 방향성에 따라 전개되었는가 아닌가라는 것은 지금까지의 검토만으로는 단정할 수 없다. 그것을 규명하기 위해서는 이후의 신학적 전개도 함께 검토해야만 할 것이다. 그러한 검토를 통해 우리는 그의 신학의 내용과 의의를 좀 더 깊이 이해할 수 있게 될 것이다. 또한 그러한 이해에 근거하여 오늘날을 살아가는 우리의 입장에서 적절한 평가를 내리는 것도 가능하지 않을까. 그렇다면 다음장에서는 지금까지 살펴본 타키자와의 문제의식에 대한 이해를 바탕으로 「신앙」과 「페르소나」로부터 시작되는 타키자와의 신학적 전개에 주목해 보도록 하겠다.

# 2장 │ 타키자와 신학에 대한 비판적 검토

1장에서 검토한 타키자와 신학은 타키자와 자신의 종교적 체험을 통해 발견한 하나님과 인간 사이의 절대적 기점에 대한 신학적 변증이며, 교회의 안과 밖의 시점을 동시에 갖는 것이었다. 그러한 신학적 전개를 통하여 기독교의 외부에 대하여 기독교를 이해할 수 있는 시각을 제공함과 동시에, 기독교 내부에 대하여 교회 밖을 존경하는 겸손함을 요구하였다. 하지만 이러한 그의 바람은 당시의 기독교에게 받아들여졌을까. 적어도 "성서를 통하지 않고 인간이 바르게 하나님을 믿는다는 것은, 원리적으로는 가능하지만 사실적으로는 불가능하다."[86]라고 마지막까지 반복하여 주장하는 바르트의 입장을 보는 한, 타키자와의 바람이 이루어졌다고는 말할 수 없을 것이다. 이러한 의미에서 당시의 기독교에게 받아들여지지 않았던 그의 문제의식과 주장은 고독한 것이었다고 할 수 있다.

그렇다면 타키자와의 문제의식은 오늘을 살고 있는 우리에게는 어떠할까. 그것은 이미 자신의 역할을 마친 오래된 유산인 것일까, 아니면 오늘날에도 의미가 있는 정당한 문제제기인 것일까. 주지하다시피 타키자와가 처음으로 신학적 문제제기를 한 1935년으로부터 70년 이상의 세월이 지난, 오늘날의 기독교와 신학계의 상황은 당시와 크게 달라졌다. 그가 바르트에 대하여 집요하게 제기했던 교회 밖에서의 신 인식의 가능성은, 1960년대부터 점차 지지를 받게 되었다. 오히려 오늘날에는 기독교가 교회 밖을 향해 관용적이어야 한다는, 기독교 밖을 향해 열려 있는 교회를 전제하면서도, 전통적 기독교의 입장과 어떻게 조화해 나아갈 것인가라는 문제가 커다란 과제로 대두되고 있다고 할 수 있다. 타키자와에게 원리적 · 사실적 가능성을 말하였던 바르트조차도 1958년의 편지를 통해 타키자와에게 다음과 같이 말하고 있다.

> 우리는 진실된 구세주이신 예수 그리스도를 교회의 벽 안에 가두어 둘 수는 없다. 진실된 구원을 얻는다는 것, 참된 하나님이며 사람된 이를 인식하는 것은, 기독교적 선교를 듣지 않고서라도, 사실상 충분히 가능한 것이다. 때문에 우리들 기독교인은, 예를 들어 어떤 사람이 타 종교에 속하고 있는 경우 그를 향하여, 하나님에 대한 인식에 대하여 그가 우리들 기독교인과 같이 명료하지 않다라는 전제를 가지고 대해서는 안 된다.[87]

이와 같은 바르트의 말이, 타키자와의 모든 것을 받아들였다고는 할 수 없을지라도, 적어도 1935년의 타키자와의 문제의식의 일부를 받아들였다는 것은 분명하다. 또한, 오늘날에 기독교의 관용이 필요하다고 적극적으로 회자되는 것은, 당시의 타키자와의 문제의식이 고독한 것이기는 하였으나 정당한 문제제기였다는 하나의 반증이라고 할 수 있겠다.

오늘날의 이러한 신학적 상황에서 타키자와의 문제의식이 정당한 것이었으며, 그 문제의식의 일부를 공유할 수 있다면, 본서의 논의는 다음 단계로 나아갈 필요가 있다. 즉 1장에서 검토한 문제의식에 근거한 그의 신학적 시도가 오늘날에 어떠한 의의를 갖는지를 생각해 볼 필요가 있는 것이다. 이를 위해서 다음과 같은 것을 묻지 않으면 안 된다. 첫째, 타키자와는 그의 문제의식으로부터 어떠한 신학적 전개를 해 나아갔는가. 둘째, 그것은 어떠한 신학적 문제점을 안고 있었는가. 셋째, 그의 신학은 오늘날 어떠한 점을 시사하는가라는 문제이다. 이러한 검토를 통하여, 타키자와 신학에 대한 이해가 깊어질뿐만 아니라, 그의 신학의 가치를 좀 더 잘 이해하게 될 것이다. 이를 위해 우선 타키자와 신학적 전개를 확인하는 것부터 시작하도록 하자.

## 1. 타키자와 신학의 뼈대

1장에서 확인한 바와 같이, 1935년에 쓰여진 두 편의 논문 「신앙」과 「페르소나」에 의해 성립된 타키자와 신학은, 이후 일관된 신학적 전개를 해나아간다. 그러한 전개 속에서 결정적인 것이 1956년 바르트의 70세 축하 논문집에 게재된 「무엇이 나의 세례를 방해하는가?(Was hindert mich noch, getauft zu werden?)」라는 논문이다.[88] 이 논문의 원제는 「기독론의 근본문제」인데, 이 제목으로부터 알 수 있듯이, 타키자와 신학의 중심 주제인 기독론이 명료하게 전개되고 있다. 후일에 「여전히 남겨진 바르트 신학에 대한 단 하나의 의문」이라고 제목을 바꾸어, 전집 제2편 『칼 바르트 연구』에 수록된 이 논문으로 인하여, 바르트로부터 시작된 타키자와 신학이 바르트를 향해 가장 세련되고 완성된 형태를 갖추게 되는 것이다. 여기서는 이 논문에 나타나는 타키자와 신학적 이해를 기준으로 그 전후의 저작들을 참고하며 그 뼈대를 파악해 보도록 하겠다.

### 1) 임마누엘

타키자와 신학은 '임마누엘'이라는 키워드로 함축될 수 있다. 초기에는 「신앙」을 통하여 하나님과 인간의 '아르키메데스적 기점'으로 제시된 것이었지만, 이후에 몇 가지의 다른 표현도 사용한다. 예를 들어 '근원적 사실'[89]이나 '하나님과 인간의 접촉'[90], '인간 예수의 전(全)인격의 숨겨진 핵' [91], '원점' [92] 등이 그것이다. 이러한 다양한 표현에도 불구하고, 그가 표현하고자 했던 내용은 동일한 것이었다. 그것은 우리의 신앙과 하나님에 대한 인식을 가능하게 하는, 현실적이며 궁극적 기반으로서의 하나님과 인간이 만나고 함께하는 임마누엘이라는 기점이다. [93]

그 기점의 가장 커다란 특징은, 그것이 모든 것에 앞서 있다는 근원성에 있다. 다른 모든 것은 그 기점에 의해 비로소 근거를 부여받는 것이며, 그 기점에서의 하나님의 자기규정, 혹은 자기한정에 의하여 발생한 결과인 것이다. 그 기점은 어떠한 상황에서도 모든 것에 앞서 주어진 하나님의 자기결정이며, 인간을 규정하는 것이다. 따라서 우리는 그 사실을 그저 받아들일 수밖에 없다. 이러한 기점의 특성인 근원성은 타키자와의 다음과 같은 말에서 잘 드러나고 있다.

> 그것은 나에게 있어서 나의 모든 결의나 희망에 앞서 이미 하나님 그 자신에 의해 결정되어진 단순한 사실(das einfache Faktum)이다. 그것은 내가 처해 있는 그 어떤 상황과 관계없이, 단지 하나님의 은혜로, 감사와 찬미로, 나의 모든 존재로, 매일 새로운 사실로 받아들일 수밖에 없는 사실이다. 이곳에, 나의 어머니가 나를 잉태하기에 앞서 이미 하나님 그 자신에 의해 나에게 결정된 성스러운 장소가 있다.(Hier ist der heilige Ort, ……). 이곳에, 그것을 통하여 그가 지금, 그리고 영원히, 이렇게 직접적으로 나에게, 절대로 넘을 수 없는 한계(die absolut unüberschreitbare Grenze)가 있다. 거기에, 하나님이 나의 주로서, 그의 종으로서 나를, ─그 자신의 절대로 불가역적인─질서에 있어서, 다름 아닌 바로 나 자신을, 실제로 그 자신의 영원한 생명에 참여하게 하는 것이다. [94]

이와 같은 서술에서 드러나듯이, 임마누엘이란 하나님과 인간이 결합되어 있는 무엇보다도 앞서 주어진 절대적 기점을 나타내는 용어이다. 거기서 하나님은 인간에게 접촉하는 존재로서 자기를 규정하며, 인간은 신에게 접촉되는 존재로서 규정된다. 이러한 기점에서의 신과 인간의 자기규정, 혹은 자기한정 이외에는 어떠한 신도 인간도 거론되어질 수 없다. 이것이 타키자와의 첫 번째 주장인 것이다.

이에 이은 타키자와의 두 번째 주장은, 그러한 기점이 바로 예수 그리스도라는 것이다. 타키자와 신학의 신학적 전개는, 예수 그리스도가 하나님과 인간에서의 궁극적 기점이라는 것으로부터 시작된다. 예수 그리스도는 '하나님 자신에 의하여 사실적이며 영원히 결정되어진 인간존재의 근본적 규정, 그러한 근본 규정을 결정한 영원한 주, 죄된 인간 세계 안에 존재한 종의 모습'[95]이라는 세 가지의 계기에 의해 성립된 통일된 인격체로서 존재한다. 예수 그리스도의 이러한 세 가지의 계기는 결코 각각이 독립적이지 않으며, 그 근본적 규정으로서의 임마누엘에 포함된 것으로 이해된다.[96]

타키자와의 신학적 전개는, 하나님과 인간에게 있어서의 근원적 기점이 바로 예수 그리스도라는 입장에 서서, 위에 언급한 세 가지 계기 사이의 관계를 규명한 것이다. 그것은 첫째로, 근본 규정에서의 하나님과 인간의 관계이다. 임마누엘에서 하나님과 인간은 하나이다. 달리 표현하자면, 하나님 '즉(即)' 인간이며, 나의 자리 '즉' 하나님의 자리인 것이다.[97] "하나의 피조물이 있는 곳, 그곳에는 언제나 하나님의 영원한 말씀이 있다. 물론 그것은 영원한 말씀과 타락한 인간 사이에 어떠한 연속적 관계가 있다는 것이 아니라—만약 그렇다면 그것은 범신론이 되어 버릴 것이다—오히려 창조자이신 말씀이 그 영원한 영에 의해 심판하며 또 위로하시는 주로서 타락한 피조물과 접하여 있다는 것이다."[98]라고 타키자와는 말한다. 즉 거기에서는 하나님의 지평과 나의 지평이 교차하고 있다는 것이다. 이러한

'즉'으로 맺어져 있는 관계가 타키자와가 말하는 '불가분·불가동·불가역'의 관계라 할 수 있다. 그 관계에는 하나님은 어디까지나 하나님으로, 인간은 어디까지나 인간으로, 결코 넘을 수 없는 절대적 구별이 존재한다. 그리고 자신의 힘과 의지로 자신을 규정하는 존재로서의 하나님과, 그러한 하나님에 의해 규정되는 인간 사이에는, 절대로 뒤집을 수 없는 질서가 존재한다고 타키자와는 주장한다.

둘째, 임마누엘의 근본적 규정과 예수 그리스도의 관계이다. 그 근본적 규정에서, 인간과 접하는 존재로 자기를 한정하는 히니님이 제 2격의 하나님, 즉 하나님의 아들 그리스도이다. 예수 그리스도는 앞서 말한 근본적 규정에 의하여, 하나님의 아들인 그리스도가 그때 그곳에서 생성하고 나타난 종의 모습이다. 그 모습은, 임마누엘이라고 하는 하나님과 인간의 근본적 규정에 근거하여 우리에게 주어진 하나의 기준이며 척도인 것이다. 즉 예수 그리스도는 그 근본적 규정에 근거하여 활동하는 하나님 그 자신임과 동시에 그 사실을 가리키는 존재인 것이다. 이러한 의미에서, 그 근본규정과 예수 그리스도 사이에도 세 가지의 불가의 관계가 성립한다. 또한 그리스도가 취한 나사렛의 예수의 모습은, 언제나 하나님의 아들 그리스도에 근거하여 그것이 드러난다는 점에서, 그리스도와 그리스도가 취한 예수의 모습 사이에도 세 가지의 불가가 존재한다.[99]

셋째, 위와 같은 예수 그리스도와 우리의 관계이다. 그 자신이 임마누엘의 하나님이신 그리스도의 활동과, 그 그리스도가 한없이 드러난 종의 모습에 의하여, 우리는 임마누엘이라는 근원적 사실을 알게 되고, 그것에 의지할 수 있게 된다. 이때 예수 그리스도와 우리는 서로 임마누엘이라는 공통적 기반에 서게 된다.[100] 그러나 동시에 양자 사이에는, 가리키는 존재와 따르는 존재, 인간이 된 하나님의 아들과 하나님의 아들에 의해 받아들여진 인간, 척도와 그 척도에 의해 측정되는 존재라고 하는 거꾸로 할 수 없는 관계가 있다. 즉 여기서도 세 가지의 불가가 존재하는 것이다. 하지만 이 관계는 임마누엘에서의 하나님과 인간의 절대적 통일과 구별로부터 파생된 통일과 구별이라는 의미에서 상대적이라고 할 수 있다.

이상과 같은 타키자와의 주장에서, 하나님과 인간의 화해나 구원, 죄사함이라고 하는 것은, 예수의 그 어떤 행위에 의한 것이 아닐 뿐만 아니라, 인간의 어떠한 행위에 의한 것은 더더욱 아니다. 우리를 받아들이신 하나님의 아들 그리스도에 의해, 하나님과 인간의 화해·구원·죄사함이 이미 성립되어 있으며, 우리들의 발밑에 주어져 있다. 역사상의 예수 그리스도의 존재와 행위는 그 사실을 밝히 드러낸 것이다. 이러한 의미에서 예수의 생애는 하나님과 인간 사이의 기준이기는 하지만, 그것은 어디까지나 그 주체인 하나님의 아들 그리스도의 술어로서의 역할에 충실할 때에만 그러하다. 이와같은 예수 그리스도의 통일과 구별을 충분히 인식하지 않는 한, 바리새인들이 그러했던 것처럼, 본질이 아닌 것을 본질로 이해하는 우상숭배의 위험이 존재한다고 타키자와는 말하고 있다.[101]

그러나 이러한 주장은 단순한 낙관주의가 아니다. 임마누엘이라는 놀라운 사실에 의해 우리는 하나님께 무조건적으로 받아들여졌으나, 거기에는 창조자와 피조물·무한자와 유한자·성스런 존재와 죄된 존재라고 하는 엄격한 구별과 질서가 존재한다. 따라서 우리는 어디까지나 하나님으로부터 받아들여진 죄된 존재라고 하는 자신을 끊임없이 인식하지 않을 수 없다. 인간에의 그 어떠한 행위와 인식도 이 사실을 바꿀 수 없다. 즉 타키자와는 '행위에 의한 의'는 말할 것도 없고, '신앙에 의한 의'조차도 거부하며, 인간은 어디까지나 하나님 앞에서 죄된 존재라는 하나님과 인간의 구별을 유지한다. 이러한 이해에서, 임마누엘은 절대적 은혜임과 동시에 준엄한 심판인 것이다. 따라서 우리는 죄된 존재로서의 자신을 인식하게 됨과 동시에 그 존재를 받아들이신 하나님의 절대적 은혜를 끝없이 인식해 나아가게 되는 것이다. 그리고 그것에 감사하며 겸손하게 매일을 살아가게 된다고 타키자와는 주장한다.[102]

## 2) 이중적 의미구조

이상과 같은 임마누엘이 하나님의 지평과 인간의 지평이 만나는 절대적 기점이라고 한다면, 거기서부터 필연적으로 이중의 의미가 발생하게 된다. 즉 거기에는 인간을 받아들이신 하나님으로부터의 의미와 하나님에 의해 받아들여진 인간으로부터의 의미가 공존한다. 이러한 임마누엘을 둘러싼 두 가지 측면으로부터의 의미체계가 바로 타키자와 신학의 이중적 의미구조이다. 타키자와 신학의 이중적 의미구조라는 전개는 그의 최초의 신학논문인 「신앙」으로까지 거슬러 올라간다. 바르트가 말하는 원리적 · 사실적 가능성에 대한 반론으로 모든 것의 근본에 성립되어 있는 하나님의 자기한정이라고 하는 현실성과, 그것에 근거하여 역사적으로 실현된 사실이 이중적 구조로서 전개되고 있다. 이것이 「페르소나」에서는 실질과 표식, 또는 주어와 술어라는 관계로 전개되고 있는 것이다.

예를 들어 예수 그리스도의 십자가 사건에는 그곳으로부터의 의미와 이곳으로부터의 의미가 공존하고 있다. 그곳의 지평에서 본다면, 십자가의 사건은 하나님의 아들 그리스도에 의해 결정된 영원한 승리가 밝히 드러났다는 의미이다. 하지만 이곳의 지평에서 본다면, 우리가 예수 그리스도에 따라 십자가를 져야 할 필요가 있다는 의미가 존재한다. 즉 하나님의 절대성과 영원성에 근거한 '그곳'으로부터의 의미가 존재함과 동시에 상대성과 시간성에 근거한 '이곳'으로부터의 의미가 함께 존재한다는 것이다. 그리고 그곳과 이곳의 의미 사이에는, 타키자와가 주장하는 세 가지 불가의 관계가 존재한다. 이러한 이중성은 '제1의 의미'와 '제2의 의미'라고 하는 용어로 타키자와 신학 전체를 관통하는 이중적 의미구조를 형성하게 된다. 여기서 그 주요한 사항을 확인해 본다면 다음과 같다.

첫째, 임마누엘에서의 이중적 의미이다. 타키자와에 의하면, 근원적 사실로서의 하나님과 인간의 결합은 '제1의 의미로서의 임마누엘'로 정의된다. 이것은 앞서 검토한 바와 같이, 하나님과 인간·말씀과 육신의 근본적 규정이다. 한편 그러한 임마누엘의 근원적 사실이 이미 성립되고 우리에게 주어짐으로 인해, 인간은 어떠한 계기로 자신의 발밑에 현존하는 그 사실을 깨달을 경우가 있다.[103] 그리고 그 사실을 깨우친 사람은, 그 놀라운 은혜와 사랑에 감사하며 매일 하나님이 우리와 함께 계신다는 현실 속에서 살아가게 된다. 이처럼 제1의 임마누엘을 깨닫고, 그 근원적 사실을 자신의 현실로 살아가는 것 즉 임마누엘을 깨달아 하나님에 의해 규정된 본래적 자기로서 하나님과 더불어 살아가는 것이 '제2의 의미에서의 임마누엘'이라고 타키자와는 정의한다.[104]

둘째, '우리들'의 이중적 의미이다. 임마누엘의 이중의 의미를 이해하는 것은 하나님과 더불어 사는 우리들의 이중적 의미에 대한 이해로 이어진다. 제1의 의미로서의 임마누엘에서 하나님이 함께 하시는 것은, 특정의 사람들만을 가리키는 것이 아니라 '우리들 인간'을 의미한다. 제1의 임마누엘이라는 근원적 규정에 의해, 그 어떤 인간도 그 사실로부터 떨어져서 존재할 수 없다.[105] 따라서 임마누엘에서의 우리들은 일반적인 인간, 혹은 인간 그 자체를 의미한다. 이것이 '제1의 의미에서의 우리들'이다. 한편으로 제1의 임마누엘을 깨달은 이들에게, 그것은 하나님이 모든 인간과 함께 하신다는 사실임과 동시에, 임마누엘을 깨달은 사람들 사이의 공통된 고백과 찬미가 된다. 그 사람들은 임마누엘의 근원적 사실을 인식하고 신뢰하며, 그곳에 임재하는 은혜와 심판·한없는 사랑과 엄격함을 체험하며 하루하루를 살아가게 된다. 이러한 인식과 삶을 공유하는 사람들의 공동체가 '제2의 의미에서의 우리들'이며, 이것이 바로 교회에 다름 아니라고

타키자와는 말하고 있다.[106]

셋째, 세례에서의 이중적 의미이다. 세례라고 하는 것은, 타키자와의 이중적 의미구조 속에서 역사 내부, 즉 제2의 의미에 속하는 사건이다. 따라서 타키자와는 그것을 '표식'으로 정의한다. 하지만 표식 그 자체는 제2의 의미에 속하는 것이지만, 그 표식은 그곳과 이곳의 두 가지 측면과 동시에 관계한다. 즉 하나의 표식은 근원적인 것을 가리키는 표식임과 동시에, 역사 내부의 것을 가리키는 표식으로서 이중적 의미를 갖는 것이다. 따라서 '제1의 의미의 세례'는 그 세례를 빌는 사람의 조건에 관계없이 이미 성립되어 있는 임마누엘을 역사 내부에 드러내는 하나의 특별한 표식이다. 한편 '제2의 의미의 세례'는 교회·전통·선교라고 하는 기독교의 역사에 의해, 임마누엘의 근원적 사실에 눈뜨게 되었다는 것, 그리고 앞으로는 그것을 사람들에게 전하겠다고 결의하는, 역사 내부의 관계를 가리키는 표식인 것이다.[107]

이상으로 임마누엘과 이중의 의미구조를 중심으로 타키자와 신학의 기본틀을 이해해 보았다. 타키자와 신학은 하나님과 인간이 만나는 궁극적 기점으로서의 예수 그리스도를 주장하는 신학이었다. 그것은 신과 인간, 그리고 예수 그리스도의 페르소나에서의 불가분·불가동·불가역적인 관계를 규명하는 것이었으며, 이중의 의미구조를 형성하는 것이었다. 이러한 타키자와 신학적 주장은 전통적 입장에서 생각해 본다면, 파격적인 주장을 담고 있다. 심지어 오늘날의 신학의 상황 속에서도 적지 않은 것을 시사하고 있다고 생각된다. 그렇다면 이러한 타키자와 신학은 어떠한 문제들을 안고 있는 것일까. 우리는 그의 주장에 모두 동의할 수 있는 것일까. 아니면 그의 신학에 대해 어떠한 문제를 제기할 수 있을 것인가. 여기서 타키자와 신학에 대한 비판적 고찰을 통하여, 좀 더 깊이 있는 이해를 추구해 보도록 하자.

## 2. 타키자와 신학에 대한 비판적 고찰

이제 본서는 타키자와 신학에 대한 비판적 검토를 시도해 보고자 한다. 이를 위해, 우선 그의 신학에 대해 지금까지 제기되어 왔던 비판에 주목하고, 그것을 타키자와의 해석에 대한 비판과 타키자와 신학적 주장에 대한 비판으로 나누어, 그 문제의 초점을 검토해 보겠다. 그리고 그것으로부터 주목할 만한 논점들을 추출하고 비판적으로 검토해 보도록 하겠다.

### 1) 타키자와의 해석에 대한 비판

타키자와를 향한 중요한 비판 중 하나는 그의 해석에 관한 것이었다. 그 중에서도 대표적인 것이 그의 칼 바르트 해석에 대한 비판이었다. 예를 들어 테라조노 요시키(寺園喜基)는 타키자와와 바르트 사이에는 다음과 같은 근본적 차이가 존재한다고 말한다. 즉 타키자와는 성육신을 하나님과 인간의 근원적 관계로서가 아니라 임마누엘이라는 표식의 성립으로서 이해한다는 것이다.[108] 또한 야기 세에이치(八木誠一)는, 칼 바르트가 임마누엘이라는 용어를 사용하고는 있지만, 바르트가 말하는 임마누엘은 바로 나사렛의 예수이고, 그를 믿는 이들에게 임마누엘이 영향을 미치는 것이라 말하며, 그것은 결코 타키자와가 말하는 것처럼 모든 이들에게 무조건적으로 주어진 근원적 사실이 아니라고 말한다. 야기는 타키자와가 그러한 차이에도 불구하고, 바르트와 자신이 근본적으로 동일한 이해를 갖고 있다고 주장하는 것을 비판한다.[109] 더구나 케라 유우지(計良祐時)는 타키자와가 바르트에 대한 이해에 근거하여 말한 하나님의 말씀이 로고스가 아니라 하나님과 인간의 근원적 관계였다는 것에 양자의 결정적인 차이가 있다고 말하며, 타키자와가 바르트로부터 일탈했다고 이해한다.[110] 또 타키자와가 바르트와 더불어 사용한 도식과 용어는, 바르트의 사유의 맥락과 그 배경에 있는 신학의 역사적 전통을 도외시함으로써, 대상에 대한 정당성으로부터 벗어나 타키자와 자신의 인간관·존재이해의 전개가 되어버렸다고 비판한다.[111]

이러한 타키자와의 바르트 해석을 둘러싼 다양한 비판들의 요점을 정리해 본다면, 다음과 같이 말할 수 있을 것이다. 첫째, 타키자와의 바르트 해석은 바르트가 주장한 것과는 본질적으로 다른 것이다. 둘째, 따라서 타키자와는 자신이 바르트와 동일한 입장이라고 주장하나 그것은 틀린 주장이다. 셋째, 그 결과 타키자와의 주장은 바르트를 이해하는 데 혼란을 초래함과 동시에 타키자와 자신의 주장조차도 애매하게 하고 있다. 하지만 이러한 비판에 대하여 본서 1장의 검토와 이해를 거친 우리는, 다음의 두 가지 문제을 거론하지 않을 수 없다.

하나는, 앞선 첫 번째와 두 번째의 비판의 초점이 타키자와 신학의 성립을 둘러싼 바르트와의 공통성과 상이성을 둘러싼 이해의 연장이라는 것이다. 1장에서 검토한 바와 같이, 타키자와는 바르트와의 상이성에도 불구하고, 공통성에 대한 확신을 가지고 니시다와 바르트를 그가 말하는 하나의 실재점에서 통합해 간다.[112] 그것은 타키자와가 바르트를 니시다와 동일하게 이해했다는 것이 아니라, 양자의 차이점을 인지하면서도 양자의 가장 핵심적인 부분의 공통성을 좀 더 중시했다는 것이다. 이것이 그의 독특한 견해를 형성하고, 그의 신학적 전개의 출발점이 되었다는 것은 1장에서 검토한 바와 같다.

또 하나는, 타키자와는 일반적인 의미에서의 바르트 연구서를 저술한 적이 없다는 것이다. 타키자와 신학의 성립이라고 할 수 있는 「신앙」과 「페르소나」가 그가 말하는 하나의 실재점에 대한 변증임과 동시에 바르트를 향한 커다란 반론이었다는 것은 1장의 검토를 통하여 명백히 드러난 사실이다. 이러한 타키자와의 기본적 자세는 두 논문이 수록된 그의 저작집 제2권 『칼 바르트 연구』 전체에 해당하는 것이다. 따라서 그가 말하는 바르트에 대한 해석과 기술은, 이른바 바르트 연구서와 같이 바르트의 주장을 충실하게 이해하고 그것을 재현하거나 해설한 것이 아니다. 그것은 그가 바르트와의 상이성에도 불구하고 견지한 하나의 실재점이라는 공통성에 근거한 해석이며, 바르트를 향한 비판 · 반론이었던 것이다.

타키자와의 비판자들이 주장하는 것과 같이, 일반적인 바르트 이해로부터 본다면, 바르트의 신학적 주장과 타키자와의 주장이 본질적으로 다른 것으로 이해할 수도 있을 것이다. 하지만 위의 두 가지의 사항을 고려하여 타키자와의 바르트 해석의 문제를 다시 생각해 본다면, 그의 저술이 바르트에 대한 충실한 재현과 해석이 아니라고 해서, 그것이 단지 오해이며 일탈이라고 서둘러 결론을 내릴 필요는 없다. 분명 타키자와의 바르트 이해에는 그의 독특한 견해가 포함되어 있다. 그러나 그것은 그가 단지 바르트를 이해하지 못하거나 오해하고 있다는 의미는 아니다. 거기에는 타키자와가 반복하여 주장하는 하나의 실재점이라는 공통성 또는 연속성이 존재한다는 것도 분명한 사실이다. 예를 들어 이키 히로유키(猪城博之)는 그러한 연속성에 대하여 다음과 같이 언급한다.

> 바르트에게 있어서 '하나님이 우리와 함께 계신다' 라고 하는 것은, '예수 그리스도가 우리들과 함께 계신다' 라고 하는 것이며, 예수 그리스도야말로 '우리와 함께 계시는 하나님' 이라 할 수 있을 것이다. 그리고 이러한 예수 그리스도가 우리와 함께 계신다고 하는 것이, 하나님이 우리들 인간과 함께 계신다는 것이며, 또한 우리들 인간이 하나님과 함께 살아가는 기초(지반, Grund)라는 것이다. 이러한 하나님과 인간이 함께하는 기반으로서 예수 그리스도의 발견이야말로, 바울로부터 바르트에게로, 그리고 바르트로부터 타키자와 교수에게로 이어진 운명적인 끈이었던 것은,

고인이 되신 교수님의 말씀에서도 잘 드러나는 것이다.[113]

또한 타키자와는 자신을 비판하는 테라조노를 향해, 테라조노가 말하는 올바른 바르트 이해라고 하는 것은 이미 잘 알고 있으며, 자신의 전개가 그러한 이해의 위에서 시도된 문제제기라고 말한다. 오히려 테라조노가 자신이 말하는 바를 정확히 이해하지 못하고 있다고 강하게 비판한다.[114] 이러한 타키자와의 반론에 주목한다면, 바르트에 대한 오해 혹은 일탈로 보여지는 타키자와의 이해가, 사실은 일반적인 바르트 이해를 전제로 하고 거기서부터 시작된 하나의 문제제기라고 하는 사실, 그리고 어쩌면 비판자들이 이점을 충분히 고려하지 않았을 수도 있다는 두 가지의 문제가 드러난다. 이러한 타키자와와 바르트의 공통성과 상이성을 이해하고, 또한 비판자들의 타키자와 이해와 그 해석의 정당성 여부를 생각해 본다면, 타키자와의 바르트 해석의 문제는 논의의 여지가 있으며 쉽게 결론을 내릴 수 없는 문제라는 것을 인정하지 않을 수 없다.

그런데 위와 같은 문제보다 우리의 주목을 끄는 것은, 타키자와의 해석을 둘러싼 비판의 세 번째 초점, 즉 타키자와의 이해가 바르트를 이해하는 데 혼란을 초래함과 동시에 타키자와 자신의 주장조차도 애매하게 한다는 비판이다. 이것은 위에서 살펴 본 바와 같이 타키자와의 바르트 이해는 논의의 여지가 있음에도 불구하고, 타키자와가 자신의 입장을 절대적인 것으로 주장함으로써 발생하는 문제라고 할 수 있다. 즉 그의 해석을 하나의 비판적 이해로 인정할 수는 있으나, 그의 바르트 해석이야말로 올바른 바르트 이해라고 인정하기는 어렵다는 것이다. 분명히 타키자와는 자신의 해석이야말로 정당한 바르트 이해라고 주장한다. 그리고 그는 그가 말하는 하나의 실재점이라고 하는 공통성을 지나치게 강조하여 상이성을 경시하는 경향도 있다. 이러한 그의 자세가 독선적으로 비춰지는 것도 무리는 아닐 것이다.

그러나 여기서 우리는 확신에 가득 찬 어떤 주장을 하는 사람에 대하여 그 주장의 상대성을 어디까지 요구할 수 있는가라는 점을 생각해 볼 필요가 있다. 그것은 주장하는 사람의 학문적 겸손과 연관된다고 하기보다는, 주장하는 내용 그 자체와 연관된 문제이다. 예를 들어 주장하는 내용이 다른 내용과 양립할 수 없는 경우, 그것을 주장하는 사람은 어디까지나 자신의 정당성에 확신을 가지고 주장하지 않을 수 없다. 타키자와의 경우, 그의 해석과 신학적 이해의 독특성으로 인하여 일반적인 바르트 이해와 공존할 수 없는 부분이 있었을 것이다. 그러한 타키자와에 대하여 타키자와 자신의 입장의 상대성을 인정하도록 요구하는 것은 과연 정당한 것일까. 또한 타키자와를 비판하는 이들은 자신의 상대성을 충분히 인정하며 타키자와를 비판하는 것일까라고 반문해 볼 수 있는 것이다.

그렇다면 타키자와의 해석으로부터 발생하는 비판들을 어떻게 이해해야 하는 것일까. 우선 타키자와의 해석에 대하여, 앞서 본 바와 같은 비판이 제기될 수 있으며, 그것은 타키자와와 바르트의 상이성으로부터 나온 것이라는 사실을 이해해야 할 것이다. 동시에 타키자와는 그에 대한 반론을 가지고 있으며, 그것은 타키자와와 바르트의 공통성에 근거한 것이라는 점을 고려할 필요가 있다. 즉 이 문제가 논의의 여지가 있다는 점을 받아들일 필요가 있다. 또한 자신의 입장에 확신을 가지고 그 해석의 정당성을 강하게 주장하는 타키자와에 대하여, 그것이야말로 올바른 해석인지 혹은 바르트에 대한 하나의 해석으로서 이해할 것인지는, 그러한 주장을 듣는 독자들에게 맡겨진 것이라고 할 수 있다. 주장하는 이의 주장을 그대로 절대적인 것으로 이해하는 것이 아니라, 그 주장을 비판적으로 검토함으로써, 적어도 하나의 해석으로서 그의 주장에 귀를 기울이는 것은 가능할 것이다. 이러한 의미에서, 타키자와 신학의 독자인 우리가 그것을 하나의 비판적 해석으로 이해하는 것은 충분히 가능한 일일 것이다.

## 2) 타키자와 신학적 주장에 대한 비판

타키자와를 향한 또 하나의 중요한 비판은 그의 신학적 주장에 대한 비판이다. 이것은 그의 주장이 담고 있는 신학적 문제에 대한 비판이며, 기독교의 전통적 신앙과 신학의 핵심적 문제이기에, 앞선 논의보다 중요한 문제라 할 수 있다. 그 가운데서도 가장 중심적인 것이 바로 하나님과 인간을 연결하는 예수 그리스도의 매개성의 문제이다.

전술한 바와 같이, 타키자와 신학의 핵심은 하나님과 인간이 하나라고 하는 근원적 사실로서의 임마누엘과, 불가분·불가동·불가역의 관계, 그리고 거기서부터 유래하는 이중의 의미구조라고 할 수 있다. 이러한 주장을 따르자면, 하나님과 인간의 관계와 구원의 문제는 이 세상에서의 예수의 십자가와 부활·활동에 의한 것이라고 하기보다는 근원적 사실로서 이미 주어져 있는 임마누엘에서 해결되어 있다. 예수의 생애와 활동은, 우리를 위하여 그 사실을 밝히 드러내는 표식과 같은 것이다. 이러한 타키자와의 주장을 받아들일 경우, 기독교가 전통적으로 고백해 온 하나님과 인간의 매개자이며, 유일한 길로서의 예수 그리스도 이해는 어떻게 되는 것인가라는 문제를 제기할 수 있는 것이다.

이러한 타키자와의 주장에 대한 비판의 초점을 정리해 본다면 다음과 같다.

첫째, 타키자와가 주장하는 예수는 모든 사람들에게 평등하게 존재하는 임마누엘이라는 사실을 충분히 드러내는 존재이며 완전한 표식이다. 둘째, 예수와 인간 사이에는 절대적 구별이 존재하지 않으며, 예수는 어디까지나 모범적인 하나의 예라고 할 수 있다. 셋째, 이러한 타키자와의 주장은 하나님과 인간 사이의 유일한 매개자로서의 예수 그리스도라고 하는 전통적 이해를 부정하는 것이다.

위와 같은 이해로부터, 타키자와 신학은 예수 그리스도의 매개성을 부
정하고 있다라는 비판이 끊임없이 제기되어 왔다. 그렇다면 이러한 비판
에 대하여 타키자와는 어떠한 입장을 보였을까. 타키자와는 몇 번에 걸쳐
자신의 입장을 밝혔는데, 그 가운데서 하나를 인용하자면 다음과 같다.

> 세상의 '기독교인'과 '목사', '신학자' 들은, '슬픈 얼굴'을 하며 비난한
> 다.—"현실의 인간적 주체와 하나님 자신이, 그 어떠한 '매개'도 없이, 교
> 회의 케리그마도 없이, 지금 이곳에서, 하나님 안에서 '즉시 하나가 되었
> 다'라고 말하는 사람, 이러한 의미에서 '임마누엘'을 이야기하는 사람은
> 기독교 신앙에 있어서 불가결한 진지한 죄의 의식이 결여되어 있다. 이러
> 한 의미에서의 '임마누엘'은, 말하자면 '무매개적'이며 낙천적인 근대의
> 인간주의일 뿐이다."라고. 그러나 실은 그 반대이다. …중략… 창조주이
> 신 하나님 그 자신과 이 죄 많은 나 자신이, 절대로 넘볼 수 없는 구별과
> 거꾸로 할 수 없는 상하의 질서를 유지하며, 절대 무매개적으로 하나이다
> 라고 하는 것이, 바로 성스러운 하나님과 죄된 나·영원한 삶과 죽음의
> 사이에서 나의 구원을 위해, 나를 새롭게 살리기 위해 피 흘리시는 절대
> 적 매개자, 예수라고 불리운 그리스도가 서 있다는 것이다.[115]

이 인용문에서 잘 드러나고 있듯이, 하나님과 인간은 임마누엘에 있어
서 직접적으로, 무매개적으로 하나인데, 바로 이것이 유일한 매개자라고
하는 예수 그리스도의 절대 매개성을 말하고 있는 것이라고 타키자와는
주장하고 있다. 그는 이러한 입장에서 그를 향한 예수 그리스도의 매개성
을 둘러싼 비판에 대하여 일관되게 반론했다.

하지만 이러한 타키자와의 답변에도 불구하고, 그러한 비판은 그의 사

후에 이르기까지 반복되어 제기되었다. 그렇다면 여기서 왜 그러한 일이 일어난 것일까라는 문제를 생각해 볼 필요가 있다. 그것은 절대매개를 주장하는 타키자와의 반론이 비판자들에게 이해되지 않았기 때문일까. 아니면 그의 반론이 비판자들이 요구하는 답이 아니었기 때문일까. 만약, 비판자들이 주장하듯이, 타키자와가 인간에게 무조건적으로 주어져 있는 임마누엘이라고 하는 근원적 사실과 그것에 대한 하나의 완전한 표식으로서의 예수를 주장하였다면, 그는 전통적 매개성을 부정한 것이 된다. 하지만 그는 오히려 예수 그리스도의 절대직 매개성을 일관되게 주장한다. 그러한 타키자와의 주장을 주목하는 한 그가 예수 그리스도의 매개성이라고 하는 전통적 이해와 전혀 다른 주장을 한다고는 단언하기 어렵다.

위와 같은 예수 그리스도의 매개성의 문제는, 앞서 언급한 타키자와의 해석의 문제처럼 간단히 정리하기 어렵다. 왜냐하면 그 비판과 반론의 사이에는 단순한 이해의 차이로는 해결되지 않는 중요한 신학적 논점이 존재함에도 불구하고, 상호의 이해 부족에 의하여 논점이 충분히 발전되지 않았기 때문이다. 즉 타키자와가 주장하는 매개성이란 도대체 무엇인가, 또 비판자들은 그 매개성을 어떠한 측면에서 비판하고 있는가, 거기에 존재하는 신학적 문제는 무엇인가라는 점들이 불분명한 채로 있는 것이다. 이러한 문제는 타키자와 신학의 핵심적 문제임과 동시에 오늘날의 기독교의 핵심적 과제이기도 하며, 그것을 어떻게 이해하는가에 따라 기독교의 양태를 크게 변화시키는 중요한 문제라고 할 수 있다. 즉 예수 그리스도의 매개성에 대한 문제는 시대를 초월한 신학적 과제이며, 타키자와 신학과 오늘날의 과제를 연결시키는 하나의 고리가 되는 것이다. 여기서 타키자와의 예수 그리스도의 매개성에 대한 이해라는 과제에 초점을 맞추어 집중적으로 검토해 보도록 하겠다.

## 3. 타키자와 신학에서의 예수그리스도의 매개성

기독교는 전통적으로 하나님과 인간을 연결하는 중보자·매개자·구원자로서의 예수 그리스도를 말하여 왔다. 하지만 그러한 예수 그리스도의 매개성에 단순히 하나의 측면만이 존재하는 것은 아니다. 여기서는 예수 그리스도의 매개성에 대하여, 크게 인식적 측면과 존재적 측면으로 나누고 각각의 측면에서 타키자와 신학의 문제를 검토해 보도록 하겠다.

### 1) 인식적 측면에서의 매개

예수 그리스도의 매개성에 대한 일반적인 이해를 간단히 정리해 본다면 다음과 같을 것이다. 우선 진리의 근원이신 하나님과, 진리에 속하지 않은 인간이 대립적으로 존재한다. 그리고, 예수 그리스도에 의하여 처음으로 하나님의 진리가 인간에게 완전히 전해졌다. 즉 인간에게 진리가 드러났으며 진리이신 하나님에게로의 길이 열린 것이다. 인간은 신앙에 의하여 하나님의 진리를 인식하며 그 진리에 속할 수 있다. 이것이 예수 그리스도의 매개성에 대한 단편적 이해이며, 그가 중보자·구원자라고 불리는 이유이다. 이러한 이해에서 알 수 있듯이, 예수 그리스도는 적어도 두 가지의 측면, 즉 인식적 측면과 존재적 측면을 함께 매개하고 있으며, 그 양자는 밀접한 관계가 있다.

그렇다면 타키자와는 이와 같은 매개성을 전면적으로 부정하고 있는 것일까. 우리가 그의 저작을 주의 깊게 읽어 본다면, 거기에는 매개의 개념이 분명히 존재함을 알 수 있다. 오히려 그는 그것을 자주 언급하고 있다는 것을 확인할 수 있다.

신앙이란, 성서적인 선교와 성례전을 통하여 우리들에게 주어진 인식과

사랑이다.[116]

그리하여 우리는 설교와 성례전을 통하여, 예수 그리스도가 그 말씀으로서의 속성에 의해 영원한 과거로부터 존재했으며, 지금도 존재하며, 그리고 미래에도 존재할 것이라는 것을 인식한다.[117]

이러한 기술에서, 타키자와가 성서와 선교·설교·성례전 등의 매개적인 역할을 적극적으로 언급한다는 것을 알 수 있다. 즉 그는 하나님과 인간이 직접 무매개적으로 하나리고 주장하는 한편, 이러한 매개의 존재와 역할을 인정하고 있는 것이다. 그렇다면 이러한 매개물은 어디로부터 유래하는 것일까.

좁은 의미에서의 이러한 고백은 성서에 의해서, 궁극적으로는 우리의 눈에 보이는 그리스도의 십자가에 의하여 매개된 것이다.[118]

인간은 골고다의 십자가를 통하여, 성령에 의하여, 그 십자가가 세워진 골고다 언덕의 위에서, 그리고 지금 이곳에서, 하나님의 진실된 현실성을 인식함과 동시에 깊이 감추어진 우리의 죄를 고백할 수 있게 된다.[119]

인간이 언어를 통하여 예수의 말씀, 우리의 눈으로 확인한 그의 기적과 수난은, 하나님의 말씀 즉 삼위일체의 하나님이 우리를 위하며 자기자신을 드러내신 피조물적 매개물에 다름 아니다.[120]

이러한 기술에 의하면, 타키자와가 주장하는 하나님과 인간을 잇는 인식적 매개물은, 하나님의 말씀으로부터 출발하여 예수 그리스도의 생애로, 그리고 성서와 성례전으로 이어진다. 그리고 그것은 오늘날의 기독교에 계승된다. 바로 여기서 그가 말하는 매개물의 체계를 확인할 수 있다. 그 매개물의 목적과 기능은, 우리들의 인식을 위한 '피조물적 매개'이다.

이러한 인식적 매개의 체계가 그가 주장하는 표식인 것이다.

그런데 여기서 주목해야 할 것은, 그러한 인식적 매개물, 즉 표식들 사이의 관계이다. 위에서 언급한 바와 같이 그것들은 하나의 체계를 이루는 것이었다. 하나님의 말씀으로부터 예수 그리스도의 생애로, 그리고 성서와 성례전, 교회, 현재의 우리들에 이르기까지의 흐름은, 병렬적인 것이 아니라 인과관계에 의한 질서가 있는 것이다. 그리고 예수 그리스도는 그 표식의 시작이자 종착점이며 가장 중심적 존재이다. 따라서 타키자와는 예수 그리스도를 제1의 표식이라고 말하고, 거기서부터 유래하는 성서나 교회 등은 주변적인 것으로서 제2의 표식으로 정의한다.[121] 또한 제1과 제2의 표식 사이에도 그가 말하는 세 가지의 불가가 적용된다. 물론 그것은, 하나님과 인간 또는 말씀과 육신 사이의 통일이나 구별과 같이 절대적인 것은 아니다. 즉 말씀과 육신 사이의 절대적 관계에 비해, 표식 간의 질서를 구성하는 요소들은 상대적 관계에 있다는 것이다. 그러나 이러한 상대성은 표식의 체계에서의 세 가지의 불가가 때에 따라 분리된다거나 혼동된다거나 거꾸로 된다는 의미에서의 상대성이 아니다. 거기에는 통일과 구별의 엄밀함이 그대로 유지된다. 단지 하나님과 인간의 절대적 구별과 통일로부터 파생되는 관계라는 의미에서, 그것이 상대적이라고 하는 것이다.

이상과 같이, 타키자와가 주장하는 실질·표식이라는 이해에서, 표식의 목적이 우리를 위한 인식적 매개라고 한다면, 적어도 타키자와 신학은 하나님과 인간 사이의 예수 그리스도의 인식적 매개성을 부정하지 않을 뿐만 아니라, 오히려 적극적으로 전개하였다는 것을 확인할 수 있다. 그것은 전술한 바와 같이, 타키자와 신학의 이중적 의미구조에서 제2의 의미에 해당하는 것이다. 하나님의 지평과 나의 지평이 만나는 절대적 지점에서 그곳과 이곳이라는 이중의 의미가 발생할 때, 이곳에서 드러나는 표식의 의의가 바로 이곳에 존재하는 피조물 간의 매개 또는 자극을 위해서라는 것이다.

하지만 여기서 문제가 되는 것은 타키자와의 다음과 같은 주장이다. 위와 같은 매개에 의해서 인간은 임마누엘의 하나님에 대한 인식에 이른다. 그러나, 그러한 임마누엘 그 자체, 다시 말해 하나님과 인간이 하나라는 사실에서는 그 어떠한 피조물적 매개물을 필요로 하지 않고 직접적으로 하나라는 것이다. 즉 인간은 하나님 그 자신으로부터 유래하는 표식이라는 매개물에 의해 매개되어, 하나님과 함께 있는 인간의 근본적 존재양식에 대한 올바른 인식, 다시 말해 신앙에 이르게 된다.[122] 하지만 그 근본적 존재양식에서는, 하나님은 인간을 받아들이시는 존재로서, 인간은 하나님에 의해 받아들여지는 존재로서 하나가 되어있다. 이러한 절대로 나눌 수 없는 하나님과 인간의 결합에서는 그 어떤 피조물적 매개도 필요치 않으며, 하나님 그 자신의 의지와 사랑으로 인하여 하나라고 타키자와는 주장하고 있는 것이다. 이러한 타키자와의 주장을 따르면, 예수 그리스도에 의한 인식적 매개는 있을지 모르나, 존재적 매개는 없는 것처럼 보인다. 그렇다면 과연 타키자와 신학은 예수 그리스도의 인식적 매개는 인정하나 존재적 매개는 부정하고 있는 것일까.

## 2) 직접적 무매개 '즉(即)' 절대적 매개

타키자와의 주장에 따르자면, 임마누엘이라는 근원적 사실에서 하나님은 어떠한 피조물적 매개도 필요 없이 자신의 의지에 의해 인간과 함께 계신다. 또한 성육신에 있어서, 말씀은 자신에게 어떠한 변화도 필요치 않으며, 단지 우리들을 위하여 육신을 생성하셨다.[123] 타키자와는 이러한 하나님과 인간 · 말씀과 육신의 결합이 직접적 · 무매개적이라 말한다. 그러나 동시에 앞서 인용한 바와 같이, 이러한 직접 무매개의 상태가 바로 하나님과 인간의 접점에 절대적 매개자인 예수라고 불리운 그리스도가 서 있는 것이라고 주장한다. "창조주이신 하나님 그 자신과 이 죄 많은 나 자신이, 절대로 넘볼 수 없는 구별과 거꾸로 할 수 없는 상하의 질서를 유지하며, 절대 무매개적으로 하나라고 하는 것이, 바로 성스러운 하나님과 죄된 나·영원한 삶과 죽음의 사이에서, 나의 구원을 위해, 나를 새롭게 살리시려 피를 흘리시는 절대적 매개자, 예수라고 불리운 그리스도가 서 있다는 것이다."[124]라는 그의 주장에서 직접적 무매개 '즉' 절대적 매개라고 하는 등식이 성립한다. 얼핏 보면 모순된 것같이 보이는 난해한 주장이지만, 여기서 타키자와가 인식적 매개뿐만 아니라 존재적 매개, 혹은 절대적 매개를 말하고 있다는 것은 분명한 사실이다.

그렇다면 직접적 무매개가 절대적 매개라고 하는 타키자와의 주장은 무엇을 의미하는 것일까. 우선 하나님과 인간의 접점에 절대적 매개자인 예수 그리스도가 서 있다는 주장에 등장하는 '접점'에 주목해 보자. 그가 하나님과 인간의 접점 혹은 하나님과 인간의 접촉이라고 말할 때 주의해야 할 것은, 그가 인간과 접하고 있지 않은 하나님 또는 하나님에 의해 접해 있지 않은 인간을 상정하고 있지 않다는 점이다. 즉 하나님과 인간이 각각 개체로 존재하여 그 양자가 만난다는 의미에서의 접점을 주장한 것이 아니다.[125] 오히려 그는 그러한 가정을 공상에 불과하다고 철저하게 배제한다. 임마누엘이라는 하나님과 인간의 근본적 규정에 의하여, 하나님은 인간에 접하는 존재로서 자신을 규정하고, 인간은 하나님에 의해 접해지는 존재로서 규정되는, 이러한 역대응(逆対応)적 관계에서만 양자는 존재하며 하나님도 인간도 거론될 수 있다는 것이 타키자와의 일관된 주장이다.

따라서 임마누엘이라고 하는 것과 그 접점이라는 것이 서로 다른 것이 아니라, 어디까지나 하나의 사실을 말하고 있는 것이라고 할 수 있다. 즉 하나님과 인간의 근본적 규정으로서의 결합에 주목할 때에는 '임마누엘'로서 표현되며, 그 결합에서의 하나님과 인간의 관계라는 측면에 주목할 때는 '접점'이라고 표현되는 것이다. 그리고 이러한 접점 혹은 기점이 존재적 의미에서도 활동적 의미에서도 다름 아닌 예수 그리스도라고 하는 것이 타키자와 신학의 근본적 주장이었다는 것은 지금까지의 검토를 통하여 확인한 바와 같다. 이러한 타키자와의 주장에서, 하나님과 인간의 접점에 예수 그리스도가 서 있다는 그의 표현은, 인간을 받아들이는 하나님의 자기한정의 형태가 그리스도이며 그 그리스도가 직접적으로 육신을 생성하여 예수로서 자신을 드러냈다는 것, 그리고 그러한 예수 그리스도가 우리들에게 주어진 접점으로서 지금 이곳에 우리들의 발 밑에 존재하며, 활동한다는 것을 의미한다. 이러한 접점에서의 예수 그리스도의 존재와 활동에는 어떠한 매개도 필요치 않다는 것이, 앞서 확인한 타키자와의 기본적 입장이다. 따라서 임마누엘에 있어서 하나님이 인간과 함께 하신다는 것은, 또 예수 그리스도가 나의 발밑에 존재하며 활동한다는 것은 하나님과 인간 · 말씀과 육신 사이의 어떠한 존재와 활동도 필요 없이 하나님 그 자신의 사랑과 의지에 의해 무조건적으로 주어진 사실인 것이다. 그리고 그는 이러한 직접적 무매개가 바로 절대적 매개라고 주장한다.

　　그렇다면 이러한 직접 무매개라고 하는 것이 어떻게 절대매개로서 이해되는 것일까. 타키자와는 다음과 같이 말한다. "그(예수 그리스도)는 그의 페르소나로 인하여, 그의 존재 없이는 아버지이신 하나님의 존재를 생각할 수 없다. 따라서 그를 통하지 않고서는 누구도 아버지이신 하나님께 이를 수 없다."[126] 이러한 타키자와의 말을 통하여, 우리는 그가 주장하는 예수 그리스도의 절대 매개성의 단서를 얻을 수 있다. 그가 주장하는 하나님의 아들 그리스도는 인간을 받아들이는 존재로서 자신을 규정한 제2격의 하나님이다. 하나님이 인간과 접한다는 것은 언제나 이러한 그리스도로서의 자기한정을 통해서만 이루어진다. 다시 말하자면, 인간이 하나님과 접해진다는 것 혹은 인간이 하나님과 접하고 받아들여진다는 것은 반드시 예수로서 드러난 그리스도의 존재와 활동에 의한 것이다. 하나님과 인간은 그 외의 어떠한 만남의 형식도 갖지 않으며, 그 이외의 어떠한 존재의 형식도 갖지 않는다는 것이 타키자와가 말하는 근본규정이다. 따라서 그가 말하는 절대적 매개라고 하는 것은 하나님과 인간의 관계에서 그리스도의 존재와 활동의 필연성을 의미한다. 즉 임마누엘에 있어서의 하나님과 인간은 어떠한 피조물적 매개물도 필요치 않고 직접적·무매개적으로 하나이지만, 그러한 결합은 언제나 예수로서 드러난 그리스도에 의해서만 가능하다는 것이다.

이러한 이해를 통하여, 타키자와가 말하는 매개성의 의미가 명료해 진다. 그가 말하는 직접적 무매개라고 하는 것은 하나님과 인간이 하나라고 하는 임마누엘의 내용에서의 매개를 의미한다. 또한 그것이 절대적 매개라고 하는 것은 하나님과 인간의 관계가 임마누엘이라는 근본적 규정과 그 규정 위에서 존재하며 활동하는 예수로서 드러난 그리스도 이외에는 불가능하다는 필연적 매개를 의미한다. 이 절대적 매개는 따로따로 존재하는 두 존재의 사이에서 양자를 이어주는 의미에서의 매개가 아니라, 그 처음부터 예수 그리스도에 의해 하나로서 존재하였다는 것이며, 그 외의 존재의 양식이 불가능하다는 역설적인 의미에서의 매개이다. 한편 이러한 직접적 무매개 즉 절대적 매개의 관계에 있는 임마누엘을 가리키는 인식적 매개 혹은 제2의 의미라는 표식이 수행하는 매개는 서로 다른 양자를 이어주는 일반적인 의미의 매개이다. 즉 그리스도가 임마누엘에 있어서 하나님의 자기한정으로서의 절대적 매개를 수행하고 있다면, 그 그리스도가 예수로서 우리들에게 드러남을 통하여 시작된 매개물의 체계는 우리의 인식을 임마누엘로 인도하는 것이다.

이상의 검토를 통하여 예수 그리스도의 매개성을 부정한다는 비판과는 달리, 타키자와 신학은 예수 그리스도의 매개성을 인정한다는 것을 확인할 수 있다. 또한 그러한 매개는 하나의 의미가 아니라, 다양한 의미를 포함한 것이라는 점도 드러났다. 이러한 타키자와의 매개성의 이해는, 타키자와 신학의 성립과 더불어 등장하는 것이었으나, 아쉽게도 타키자와 자신은 이러한 매개성을 체계적으로 설명하고 전개하지 않았으며, 얼핏 보면 모순되는 주장을 반복할 뿐이었다. 이 때문에 그의 주장은 비판자들을 납득시키지 못했을 뿐만 아니라, 같은 비판을 반복적으로 초래하고 말았던 것이다.

이제 본서에서는 지금까지의 이해에 근거하여 마지막으로 다음과 같이 되물어볼 필요가 있을 것이다. 과연 타키자와 신학의 예수 그리스도의 매개성을 둘러싼 비판과 반론의 원인이 비판자들의 오해 혹은 타키자와의 불충분한 설명에만 있는 것일까. 혹시 거기에는 보다 중요하고도 근본적인 신학적 문제가 존재하는 것은 아닐까. 다음을 통하여 오늘날의 신학적 상황에서 타키자와 신학의 매개성을 바라보고 그 신학적 자리를 확인해 보자.

## 4. 타키자와 신학의 신학적 자리

지금까지의 이해를 바탕으로 타키자와 신학의 예수 그리스도의 매개성을 향한 비판과 반론에 재차 주목해 본다면 거기에는 앞서 언급한 바와 같은 오해나 불충분한 설명뿐만 아니라 각각의 신학적 입장의 차이로부터 발생하는 근본적 문제가 존재한다는 것을 알 수 있다. 여기서는 그러한 입장에 대하여 기독론을 둘러싼 전통적 입장과 새로운 입장으로 정리하고, 그 사이에서 타키자와 신학의 위치를 찾아 보겠다.

## 1) 전통적 기독론 이해에서

우리가 소위 전통적 기독교의 입장에서, 전술한 바와 같은 타키자와의 예수 그리스도의 매개성을 생각해 본다면, 그것이 전통적 의미의 매개성을 충분히 만족시키지 못한다는 것을 알 수 있다. 단적으로 말하자면, 전통적 입장에서의 매개성이란 예수 그리스도의 십자가의 행위와 그것에 대한 우리의 신앙적 결단을 핵심으로 하는 것이다. 그것은 인류에 대한 하나님의 보편적 사랑 혹은 약속이 예수 그리스도를 통하여 역사 속에서 구체적 사실로서 실현되며, 그 사실을 신앙으로써 고백하는 자, 즉 기독교인으로서 결단하는 자에게 성립하는 매개성인 것이다. 거기에는 하나님의 보편적 은혜와 그것에 근거한 구체적인 하나님의 행위, 계시로서의 예수 그리스도, 그것에 대한 인간의 회개와 신앙적 결단이라는 구조가 존재한다. 이러한 이해에서, 인간에 대한 하나님의 사랑이 역사적으로 실현된 예수 그리스도의 존재와 그것을 증언하는 성서 이외에, 인간은 하나님의 사랑을 받을 어떠한 방법도 없는 것이다.

이러한 입장에서 본다면, 처음부터 하나님과 인간의 결합을 말하며, 모든 이들과 만나는 그리스도의 존재를 말하는 타키자와의 주장은 받아들이기 어려울 수 있다. 또 하나님과 인간의 결합이 무조건적으로 성립되어 있다는 점에서 인간의 회개와 결단도 필요치 않다는 주장은 전통적인 기독교 이해를 근본으로부터 흔드는 것이라 이해될지도 모른다. 이러한 이해로부터, 타키자와에게는 인간의 죄 인식이 결여되어 있다고, 또는 낙천적인 근대의 인간주의에 불과하다고 비판할 수 있을 것이다. 그가 아무리 예수 그리스도의 매개, 그것도 절대적 매개를 주장하였다고 할지라도 그것은 단지 모순된 궤변에 불과하며 예수 그리스도의 유일한 매개성과는 다른 것이다. 역사상의 예수 그리스도의 십자가에서의 죽음과 부활, 그리고 그것에 대한 우리의 신앙고백을 통한 결단이 구원의 결정적 계기가 아닌

한, 타키자와 신학은 전통적 입장에 서 있는 이들이 말하는 매개성을 만족시키지 못하는 것이다.

타키자와의 주장이 그와 같은 전통적 기독론이 아니라는 것은 지금까지의 검토를 통하여 충분히 드러난 사실이다. 그의 주장에서 나사렛의 예수는 임마누엘이라는 근원적 사실을 드러내기 위해 그리스도가 취한 종의 모습이다. 따라서 약 2000년 전의 이스라엘에서 행한 예수 그리스도의 활동과 그것에 대한 성서의 증언은 하나님과 인간이 함께 있다는 하나님과 인간의 근본적 규정의 근거라고 할 수 없다. 그 결정적 근거는 하나님 그 자신의 사랑과 의지에 의한 자기한정이며, 예수 그리스도의 종의 모습은 그러한 하나님의 의지와 사랑에 근거한 그 사실을 온전히 드러내기 위해 주어진 기준이 되는 표식이다. 이러한 의미에서 테라조노 요시키는, 타키자와의 주장에는 인간적 존재인 예수의 표식으로서의 완전성이 있을 뿐이며, 그것은 배타성을 요구하는 것이 아니라고 이해한다. 또 예수가 완전한 표식이었다고 하는 그 완전성은, 완전성에 대한 가능성을 충족시킨 것에 다름 아니며, 표식의 완전성은 모든 이들에게 요구된다고 말한다.[127]

이와 같은 타키자와의 주장은, 특히 전통적으로 고백되어 온 '그리스도로서의 예수'라는 이해에 대한 도전으로 비추어진다. 나사렛의 예수가 하나님 그 자신이 아니며 그가 말하는 임마누엘을 드러내는 표식이라는 것, 또한 그러한 의미에서 예수는 우리들과 어떠한 차이도 없는 육신으로서의 존재이라고 하는 그의 주장은, 인간을 구원하기 위해 하나님 그 자신이 인간의 모습을 취하고, 십자가의 희생을 통하여 하나님과 인간이 만날 수 있는 길을 여셨다는 의미에서 하나님의 아들 그리스도라고 하는 그리스도로서의 예수를 부정하고 있는 것처럼 이해된다. 이 문제는 케라 유우지가 제기하고 있듯이, 예수 그리스도의 유일성 · 절대성의 문제와 연결된다.[128] 또는 위르겐 몰트만(Jürgen Moltmann)이 타키자와에게 제기하듯이, '신적인 임마누엘을 강하게 주장하는 것으로 인해, 육신으로서의 예수는 그리스도의 가현론적 위험성을 띠며 폄하되어'[129] 버리는 것으로 이해된다.

이상과 같은 이해를 통하여 타키자와의 기독론에 제기되어 온 문제가 단지 비판자들의 오해나 타키자와의 불충분한 설명에만 기인한 것이 아니라, 교부시대 이후로부터 지속적으로 제기되어 왔던 예수 그리스도의 신성과 인성의 관계라고 하는 신학의 중심 문제와 연결된다는 것을 확인할 수 있다. 더구나 오늘날의 기독교의 관용을 둘러싼 신학적 논점이 바로 이 점에 있다는 것을 생각한다면, 그 중요성은 아무리 강조해도 지나치지 않을 것이다. 그런데 여기서 문제의 핵심은 비판자들이 말하는 바와 같이, 어디까지나 자신들이 말하는 것과 다른 타키자와의 기독론이 과연 어떠한 점에 있어서 다른가라고 하는 것이다. 바로 이 다른 점이야말로 타키자와의 독자적 메시지라 할 수 있지 않을까.

본서는 1장을 통하여 타키자와 신학이 어떻게 성립되었는가를 살펴보았다. 타키자와는 바르트와의 공통성과 상이성의 사이에서 그가 말하는 하나의 실재점에 근거하여 그것이 바로 예수 그리스도라고 주장하였다. 그리고 거기로부터 평생에 걸쳐, 하나님과 인간이 하나라고 하는 임마누엘에 근거하여 이중적 의미구조라는 신학적 전개를 해 나아간다. 그런데 여기서 주의해야 할 것은, 그러한 타키자와의 신학적 전개가 전통적인 이해를 정면으로 비판하는 것이 아니라, 오히려 그 이해를 철저히 추구하고자 하는 결과였다는 것이다. 즉 그가 바르트와의 공통성과 상이성에 있어서, 상이성에 근거하여 공통성을 문제시했던 것이 아니라 공통성에 근거하여 상이성을 극복하려고 했던 것이다. 그 결과 그는 바르트를 근본적으로 부정하는 것이 아니라, 그 핵심을 이어받으면서도 그것을 좀 더 철저히 추구함으로써 신학적 반론을 시도했다.

이것은 예를 들어 1장에서 인용한 것처럼 "나는 결코 나로부터 분리되지 않는 이러한 '예수 그리스도'에 철두철미하게 머무르고자 했다."[130]라고 하는 그의 기술에 잘 드러나고 있다. 또 이번 장의 서두에서 인용한 "하나님과 인간이 함께 하는 기반으로서의 예수 그리스도의 발견이야말로 바울로부터 바르트에게로 그리고 바르트로부터 타키자와 교수에게로 이어진 운명적인 끈이었다는 것은, 고인이 되신 교수님 말씀에서도 잘 드러나는 것이다"[131]라는 이키 히로유키의 말도 이러한 이해를 잘 나타내고 있다. 이와 같이, 바르트와의 공통성에 머물고자 했던 타키자와의 자세는 그 후의 신학적 전개에서도 그대로 유지된다. 따라서 전통적 기독교의 이해에서 볼 때 그의 신학적 기술이 아무리 도전적으로 보인다고 하여도, 그 기본적 자세는 기독교 그 자체를 부정하는 것이 아니라 그가 생각한 본래적 기독교의 모습으로 돌아가려고 했던 근본주의적 성향을 띠고 있었던 것이다. 이러한 의미에서 그의 기독론은, 자신의 해석이 전통적 이해 안에 가두어지지 않는다고 하여 그것을 부정한 새로운 시도가 아니라 전통적 이해를 좀 더 철저히 추구한 것으로 이해할 수 있는 것이다. 또한 전통적 이해에 내재된 불분명한 점들을 부각시킨 것이며, 거기에는 전통적 해석의 계승과 그것에 대한 문제제기라고 하는 두 가지 측면이 함께 존재한다는 것을 간과해서는 안 된다.

그렇다면 타키자와는 전통적 기독론 이해로부터 무엇을 계승하였으며, 무엇에 대한 문제제기를 한 것일까. 기독교에서는 인류를 위한 하나님의 보편적 은혜가 예수 그리스도라고 하는 한정된 존재로서 드러났다고 전통적으로 고백해왔다. 이것이 약 2000년 전 이스라엘이라는 시공에서의 나사렛의 예수가 바로 그리스도라고 하는 기독교의 기본적 명제라고 할 수 있다. 타키자와의 기독론은 이러한 신앙고백과 예수 그리스도 이해를 기본적으로 계승한다. 그는 예수가 그리스도라는 것을 부정한 적이 없을 뿐만 아니라 그 신성을 부정한 적도 없다. 오히려 그가 말하는 하나님은,

하나님의 아들 그리스도라고 하는 한 점에서만 자기를 한정하는 존재이다. 이것은 그리스도 이외에 하나님에 이르는 어떠한 가능성도 철저하게 배제하려는 그의 자세, 예를 들어 자연신학에서 말하는 '신의 형상' [132]이나 '보존의 은총' [133]에 대한 그의 맹렬한 비판을 보더라도 명백히 드러나는 사실이다.[134] 이 점에서, 하나님의 자기한정으로서의 예수 그리스도는 타키자와에게 계승되었으며 철저하게 추구되었다고 말할 수 있다.

따라서 타키자와의 문제제기는 예수는 그리스도이다라는 명제를 부정하는 것으로부터 출발하는 것이 아니라, 그것을 받아들이고 그것에 근거하는 것으로 시작된다. 그리고 그 초점은 예수는 그리스도 '이다' 라는 말이 무엇을 의미하는가라는 점이다. 전통적인 예수 그리스도 이해에서는, 그리스도가 곧 예수이며 예수가 곧 그리스도이다. 이러한 이해는 그리스도가 예수로서 나타났으며 완전하게 자기 계시를 하였다는 의미에서 타당하다. 타키자와도 이 점을 부정하지 않았다. 성서의 기술에 의하면, 예수라고 하는 육신의 모습은 그 주체였던 그리스도에게 철저하게 순종한 존재였으며, 이러한 의미에서 예수는 그리스도였던 것이다. 하지만 문제는 나사렛 예수가 그리스도가 생성하고 취한 육신으로서의 모습이 아니라 예수 자신이 그리스도 그 자체이며 나사렛 예수 이외의 그리스도의 존재와 활동은 불가능하다는 주장이다.

타키자와의 그것은 그러한 주장을 하는 사람들이 굳게 믿고 있을 뿐, 어떠한 근거도 없는 주장에 불과하다.[135] 타키자와에게 예수는 어디까지나 그리스도에 의해 규정되는 존재일 뿐이지 결코 그리스도를 규정하는 존재가 아닌 것이다. 타키자와의 문제제기의 핵심은 바로 이 점에 있다. 예수 그리스도의 신성과 인성이라는 두 가지의 페르소나는 각각 주어 · 술어, 실질 · 표식이라는 관계에 서 있음에도 불구하고 예수 그리스도의 인간으로서의 측면을 마치 신의 측면처럼 생각하는 것에 타키자와의 비판의 초점이 맞추어져 있는 것이다. 따라서 전통적 기독론에 대한 타키자와의 문제제기는, 우리의 눈으로 보고 접할 수 있었던 예수라고 하는 존재에게만 하나님의 존재와 활동을 한정하려는 것에 대한 문제제기였던 것이다.

전통적 이해에서는 나사렛의 예수가 그리스도를 규정할 수 있다고 생각하여, 나사렛의 예수와 그 전승을 이은 기독교에 접하지 않고서는, 인간은 그리스도와 하나님과 관계하는 것이 불가능하다고 믿어 버렸다. 거기에는 자신의 체험과 전통에서 하나님을 이해하는 것에 멈추지 않고 하나님 그 자체를 한징·규정하려는 시도가 존재한다. 더구나 전통적 이해에서는 그러한 예수를 승인하는 존재로서, 즉 신앙하는 존재로서 자신을 한정할 수 있는 인간만이 예수를 매개로 하나님과 연결된다고 생각하였다. 이처럼 신앙하는 존재로서 자기한정을 하는 자만이 하나님의 자기한정에 접할 수 있다는 가정에는, 모든 존재는 그리스도에 의한다는 성서의 기술과, 하나님에 의한 인간존재의 근본적 규정에 반하여 하나님 없이 인간이 존재할 수 있다고 생각하는 무지와 인간이 자신의 존재를 자기한정·자기규정 할 수 있다고 생각하는 오만이 전제되어 있다. 아무리 그것을 하나님의 활동에 의한 것이라고 주장한다고 할지라도, 인간의 신앙고백이 하나님과 접하는 결정적 조건인 한 거기에는 인간의 자기를 규정하는 능력에 대한 한 없는 신뢰가 숨겨져 있다. 타키자와의 불가역은, 하나님에 의해 정해진 본래적 근본규정으로부터 벗어나, 자신이 자신을 규정할 뿐만 아니라, 하나님조차도 규정하려고 하는 인간의 거만함에 대한 문제제기였던 것이다.

이러한 타키자와의 문제제기는, 그가 신앙으로 인한 의인론을 부정한다는 점에서도 분명히 드러난다. 타키자와는 "그리스도 교회의 논리에서, '단지 신앙에 의해서만'이라고, 또는 신앙과 행위라고 주장하지만, 그것은 결정적인 것이 아니다."[136]라고 주장한다. 즉 타키자와에게는, "신앙이 하나님에 의해 주어진 것일지라도, 그것은 여전히 인간의 활동에 의한 하나의 표식이며, 그러한 의미에서 하나의 행위이다."[137] 인간은 죄된 존재이며 결코 의로운 존재가 될 수 없고 인정되지도 않는다. 그것은 신앙뿐만이 아니라 인간의 어떠한 행위에 의해서도 불가능한 것이다. 하나님은 단지 자신의 의지와 사랑으로 무조건적으로 인간을 받아들이셨다. 인간은 그것에 개입하는 것이 불가능하며, 단지 그러한 하나님의 은혜에 의해 받아들여진 것일 뿐이다. 죄된 존재로서의 인간은 어디까지나 죄된 존재이며, 의로운 존재는 하나님 뿐이다. 우리는 매 순간 자신의 죄를 깨닫게 하는 엄격하고 영원한 심판과 더불어, 거기서 바로 무조건적인 죄사함이라고 하는 영원한 은혜에 직면하는 것이다. 이러한 구별과 질서를 혼동하여 인간의 자기결정·자기한정의 가능성을 고집하는 것은 하나님이 아닌 것을 하나님이라고 생각하는 우상숭배이며, 자기숭배에 다름 아니라고 타키자와는 주장하는 것이다.

이처럼 우리는 타키자와 신학이 전통적인 예수 그리스도 이해로부터, 하나님의 자기한정이라는 측면을 계승하고 있으나, 인간의 자기한정이라는 측면에 대해서는 문제제기를 하고 있다는 것을 확인할 수 있다. 타키자와의 기독론은, 신성과 인성이라는 예수 그리스도의 페르소나의 통일과 구별을 밝히고, 전통적 해석에 의지하면서도 그것을 좀 더 철저히 함으로써, 거기에 남아 있는 인간의 거만함을 규명한 것이라고 생각된다. 따라서 타키자와가 기독교에서 전통적으로 고백되어 온 하나님의 자기한정으로서의 예수 그리스도를 부정하고 단순히 무조건적인 구원을 주장했다고 이해한다면, 혹은 그가 예수 그리스도의 신성을 부정하고 어디까지나 인간으로서의 하나의 모델을 주장했다고 이해한다면, 그것은 타키자와에 대한 근본적 오해라고 말할 수 있다. 그의 메시지는, 그리스도가 아닌 예수 혹은 예수 그리스도 없는 하나님과 인간의 화해를 주장하는 것이 아니라 예수 그리스도의 화해와 하나님으로의 길을 인정하면서도, 기존의 이해에 존재하는 인간적 거만함에 경종을 울리는 것이었다. 따라서 전통적 입장에서는 타키자와 신학을 단지 예수 그리스도의 신성을 부정했다는 것으로 이해하는 것이 아니라, 그의 메시지를 분별하여, 그가 말하는 인간적인 거만함에 대한 자기 검토를 한 후, 그의 주장을 수용 혹은 반론을 전개할 필요가 있다고 할 수 있겠다.

## 2) 새로운 기독론 이해에서

위와는 달리, 전통적 기독론에 불만을 가지며 그것에 대항하는 새로운 기독론 이해를 추구하는 사람들이 있다. 그 사람들은 예수 그리스도의 인간으로서의 측면에 좀 더 주목하며, 인간 예수라고 하는 시점에서 기독론을 전개한다. 이러한 1960년대 이후의 현대신학의 흐름, 즉 제2차 바티칸 공의회 이후의 신학, 혹은 종교다원주의의 흐름에서 전형적으로 보이는 새로운 기독론의 흐름은 오늘날 많은 지지를 얻고 있다. 그렇다면 이러한 사람들의 입장에서는, 타키자와의 주장이 어떻게 받아들여질 수 있을까. 그 사람들에게는, 나사렛의 예수가 하나님 그 자신이 아니라, 어디까지나 인간으로서 하나님과 사람 사이의 하나의 모범이라고 이해하는 타키자와의 주장에 동의하기 쉬울 것이다. 왜냐하면 그들의 주장을 단적으로 말한다면, 다음과 같은 것이기 때문이다. 예를 들어 궁극적 실재 혹은 초월적 존재와 같은 것이 있으며, 예수는 그러한 존재와의 관계를 완전히 드러낸 하나의 모델이다. 예수의 신성에 대한 기술과 전승은 종교적 언어 혹은 은유적 언어이며, 예수는 종교적 천재로서 하나님과 하나된 삶을 살았지만, 어디까지나 인간이다. 또한 그러한 존재는 각각의 종교에도 존재한다. 이러한 이해로부터, 타키자와의 임마누엘과 궁극적 실재가 또 예수와 우리들이 각각 궁극적 실재와 접해 있는 존재라고 대비시켜 본다면, 타키자와 신학은 분명히 현대의 새로운 기독론의 이해와 그렇게 다르지 않은 것처럼 보인다.

야기 세에이치는 타키자와의 주장을 받아들일 경우, 성서가 증거하는 예수 그리스도만이 하나님의 계시라고 하는 주장이 문제시된다고 말하며, 타키자와의 경우에서는 예수의 존재와 죽음·부활이 구원의 유일한 근거가 아니며, 예수는 분명히 다른 모든 인간의 척도가 될 수 있는 모범적인 존재였으나, 예수와 보통의 인간 사이에는 질적인 구별이 아니라 양적인 구별이 있을 뿐이라고 말한다. 더 나아가 예수는 진리 인식의 근거가 아니라 계기이며, 예수가 진리를 드러낸 것으로 인해 그것을 계기로 다른 이들이 진리에 눈뜨게 되었다고 말한다. 이러한 의미에서 예수는 고타마 붓다와 견줄 수 있는 인간이라 할 수 있다고 야기는 타키자와를 이해한다.[138] 하지만 타키자와 신학의 예수 그리스도를 그렇게 이해할 경우, 그가 주장하는 예수 그리스도의 매개성이 문제가 된다. 새로운 기독론의 이해에서는 하나님과 인간 사이의 매개성은 기본적으로 필요 없는 것 아니면 하나님과 인간 사이의 관계가 모범적으로 제시된 것으로 충분하다. 인간을 위하여 십자가에 달린 예수 그리스도의 행위와 그것에 대한 성서의 증언은 하나의 신앙적 고백이며 은유이다. 그러나 이에 반하여, 타키자와는 어디까지나 그것을 사실로서 전면적으로 계승하고, 그것으로부터 자신의 신학적 견해를 전개한다. 이러한 이유로 각각의 발 밑에 예수 그리스도가 활동하시며, 하나님과 인간의 절대적 매개자라고 하는 타키자와의 주장은 잘 이해되지 못하고 만다. 예를 들어 나카가와 히데야스(中川秀恭)는 타키자와의 주장에 따른다면, 역사상의 한 인물인 예수 그리스도의 중개를 통하지 않고 우리들 각자가 임마누엘의 역사적인 출현이지 않는가라고 말하며, 그러한 접점에 그리스도가 계신다는 타키자와의 대답이 이해 곤란하다고 비판한다.[139]

타키자와가 주장하듯이, 하나님과 인간이 기본적으로 하나라고 하는 임마누엘에 있어서 예수 그리스도는 그 사실을 드러내는 완전한 표식이기는 하지만 예수 그리스도와 우리들 사이에는 본질적인 차이는 없다. 이러한 점에서, 타키자와의 기독론은 전통적 해석으로부터 벗어나 있다. 하지만 이러한 이해에도 불구하고 타키자와는 전통적 기독론의 예수 그리스도의 신성과 그 매개성에 집착한다. 새로운 기독론의 입장에서의 의문은, 이러한 타키자와의 자세에 대한 것이다. 즉 기독론에 대한 새로운 해석의 흐름에 서 있는 사람들에게는 타키자와의 기독론이 전통적 해석으로부터 벗어난 것이기는 하지만, 전통적 기독론으로부터 자유롭지 못한 또는 인간으로서의 예수 그리스도 이해에 철저하지 못한 것으로 평가될 수 있는 것이다.

그런데 위와 같은 타키자와의 기독론에 대한 의문을 타키자와 신학에 대한 지금까지의 검토를 바탕으로 음미해 본다면, 그것이 타키자와가 주장하는 것과 조금씩 어긋나 있다는 것이 보이기 시작한다. 이 어긋남은 타키자와 신학에서의 하나님과 인간 사이의 통일과 구별에 충분히 주의를 기울이지 않기 때문에 발생하는 문제라고 할 수 있다. 그것은 첫째, '인간 예수' 의 문제이다. 앞서 몇 번이나 확인해 왔듯이, 임마누엘이라는 타키자와의 근본 주장은 하나님과 인간이 하나다라고 하는 절대적 기준점이다. 타키자와에게는 하나님도 인간도 그 기점에서 벗어나 존재하지 않는다. 그리고 그 기준점에서 하나님 '즉' 인간, 말씀 '즉' 육신, 그곳 '즉' 이곳 이라는 '즉(即)' 에 의해 결합되어 있는 관계를 규명한 것이, 그가 주장하는 세 가지의 불가이다. 타키자와가 그의 저술을 통하여 '나사렛 예수' 라는 표현을 사용하는 경우, 그것은 그리스도가 예수로서 드러난 측면에 주목했을 때의 표현법이지, 그것이 '인간 예수의 전인격 속에 숨겨진 핵' [140]으로서의 그리스도로부터 떨어져 있는 존재를 상정하고 말한 것이 아니다. 따라서 우리가 인간 예수를 상정하고 또 한편으로 인간인 나를 상정한 후에 그 양자를 비교하는 것은 타키자와에게는 원칙적으로 성립되지 않는 것이다.

그러한 이해에는 임마누엘이라고 하는 하나의 사건이 존재하며, 그것과는 별도로 인간 예수와 내가 있다라는 생각이 전제되어 있다. 즉 거기에는 그리스도와 예수 사이의 구별이 아닌 단절 또 임마누엘과 우리들 사이의 단절이 전제되어 있는 것이다. 이러한 해석의 경향은 타키자와 이해에 많이 보여지는 것인데, 예를 들어 '타키자와 선생님에게는 임마누엘의 근원적 사실이 '사건'(Sache)이며, 인간 예수는 그의 '표식'(Zeichen)이다. 양자는 구별될 뿐만 아니라 분리할 수 있으며(가분), 다른 표식으로 바꿀 수도 있다(대체가능)는 것이다."[141]라고 하는 모리 야스오(森泰男)의 기술에서 명료하게 드러나 있다. 하지만 이러한 이해는, 하나님과 인간이 구별과 질서를 유지한 채로 어디까지나 하나라고 하는 타키자와의 기본적 주장과 정면으로 충돌한다.

둘째, 그리스도의 문제이다. 인간 예수와 우리들을 비교하려는 시도는, 타키자와의 주장과는 달리 하나님과 인간의 가분을 상정함과 동시에 타키자와의 그리스도 이해에 대한 오해가 내포되어 있다. 거기에는 그리스도라고 하는 마치 궁극적 실재와 같은 것이 존재하며, 그 토대 위에 개별적 존재로서의 인간 예수와 우리들이 병렬적 관계라고 하는 이해가 전제되어 있다. 즉 하나님과 인간이 보편과 특수라는 구조로 대립적으로 이해되며, 우리들 각각의 개성이 나에게 속한 자기결정·자기규정으로 이해되는 것이다. 그러나 인간은 어디까지나 하나님에 의해 규정된다고 주장하는 타키자와에게는, 그러한 개성조차도 하나님의 규정에 의한 것이다. 인간과 접하는 제2격의 하나님이신 그리스도는, 우리들 각자에 준하여 개별적으로 존재한다. 우리들의 개성은 그러한 그리스도에 의한 것이다. 타키자와가 주장하는 그리스도는 우리들 한 사람 한 사람과 만나는 다양성 속에서 존재함과 동시에 아버지 하나님에 의해 통일되어 있다. 즉 나사렛 예수의 그리스도는 그러한 예수에 준하여 완전히 개별적으로 존재한 것임과 동시에 우리들의 발밑에서 현재도 활동하는 각각의 그리스도와 더불어 개별적이고도 통일적으로 존재하는 것이다.[142]

셋째, 나사렛 예수와 우리들 사이의 구별과 질서의 문제이다. 위와 같은 타키자와의 기독론 이해에서, 예수 그리스도의 인간으로서의 측면과 우리들의 관계를 다시 한번 생각해 본다면, 그것은 결코 병렬인 관계라고 할 수 없다. 앞선 야기의 이해와는 달리, 나사렛 예수와 우리들 사이에는 양적인 구별이 있을 뿐만 아니라, 질적인 구별이 있다. 타키자와에 따르면 그 양자는 육신으로서의 존재 · 표식으로서의 존재 · 제2의 의미에 속하는 존재이다. 그런데 이 제2의 의미에 속하는 것은, 앞서 예수 그리스도의 매개성을 검토할 때 확인한 바와 같이, 단지 병렬적 관계가 아니라 질서 있는 체계로서 존재한다. 예를 들어, 나사렛 예수는 임마누엘의 근원적 사실에 근거하여 인간에게 그 사실을 드러내기 위하여 그리스도가 생성한 육신으로서의 현실적 인간이다. 그는 어디까지나 죄의 지배를 받지 않는 인간이 된 하나님의 아들인 것이다. 한편으로 인간은 어디까지나 죄된 존재이며, 그리스도에 의해 무조건적으로 받아들여진, 하나님의 아들이 된 인간인 것이다. 이 양자의 구별은 어디까지나 계속되는 것이며, 그 어떤 것에 의해서도 이 구별이 없어질 수는 없다.

물론 타키자와는 그가 말하는 표식의 체계 속에서의 구별이 하나님과 인간 사이의 구별에 비해 상대적인 것이라고 말한다. 하지만 여기서 상대적이라고 하는 것은 그것이 때에 따라 있거나 없거나 한 것, 어떤 조건에 따라 변하는 것이라는 의미가 아니다. 그것은 하나님과 인간 사이의 통일과 구별이 절대적 근본 규정으로서 존재하고 그 사실로부터 파생하는 통일과 구별이라는 의미이다. 그 절대적 근본 규정이라는 것이 무엇보다도 앞서 주어진 근원적 사실이기 때문에, 거기에서 파생하는 통일과 구별도, 그 사실에 의해 반드시 발생하는 필연적인 것이다. 이러한 구별에 의해 드러나는 관계는 타키자와가 말하는 "정도의 차로는 환원할 수 없는 관계"[143]인 것이다. 따라서 이 세상의 표식으로서의 나사렛 예수와 우리들은 제2의 의미로서의 통일성을 가짐과 동시에 무시할 수 없는 구별을 갖는 것이다.

이처럼 타키자와 신학을 향한 새로운 기독론의 입장에서의 오해와 비판은 대체로 그의 신학을 단순한 이원론적 구조로 이해해 버린다는 것에 기인한다고 할 수 있다. 그러나 타키자와 신학은 그러한 이해에 반하여, 하나님과 인간 사이의 다차원적 통일과 구별을 인정하고 있다. 그것은 우선 임마누엘이라는 근본 규정에서의 하나님과 인간, 말씀과 육신 사이의 불가분·불가동·불가역의 절대적인 통일과 구별의 관계이다. 이 통일과 구별이 하나님과 인간 사이의 무엇보다 앞서는 근본 규정이다. 그리고 이러한 하나님과 인간의 절대적인 통일과 구별로부터 파생하는 제1의 의미로서의 아버지이신 하나님과 아들이신 그리스도 사이의 통일과 구별이다. 또한 제2의 의미로서의 예수와 우리들의 통일과 구별이다. 마지막으로, 하나님과 인간의 근본적 관계에 근거한 제1과 제2의 의미 사이의 통일과 구별이다. 이러한 통일과 구별에는 하나님·그리스도·예수·나라고 하는 네 가지의 지평이 교차하고 있으며, 각각이 통일과 구별 속에서 존재한다. 이러한 통일과 구별은 결코 거꾸로 할 수 없는 질서를 가진 것이다. 이러한 통일과 구별이야말로 이번 장의 서두에서 언급한 예수 그리스도의 세 가지 계기의 관계이며, 타키자와 신학의 핵심임과 동시에 예수가 그리스도 '이다' 라고 하는 타키자와의 명제에 포함되어 있는 내용인 것이다.

여기서 알 수 있듯이, 타키자와는 그리스도이지 않은 인간 예수를 상정하고 그것이 우리들과 다르지 않은 존재라고 주장한 것이 아니다. 예수 그리스도는 하나님과 인간 사이의 근본 규정에서 활동하는 존재이며, 그 사실을 우리들에게 드러내는 하나의 척도이고, 하나님과 인간 사이의 절대적 매개자이다. 이러한 의미에서 타키자와는 예수 그리스도의 신성을 단한 번도 부정한 적이 없다. 또한 나사렛의 예수는 어디까지나 그리스도에 순종한 존재에 불과하다라는 점에서, 그는 인간이 아닌 예수 그리스도를 주장하지 않았다. 더구나 임마누엘이라고 하는 근본규정을 벗어난 그 어떠한 존재의 양태도 없다고 주장하는 점에서, 그는 그리스도를 벗어난 인간으로서의 예수를 상정하고 있지 않다. 이것은 우리들과 그리스도와의 관계에서도 말할 수 있다. 우리가 그 근본 규정으로부터 벗어나서 자신을 규정하고, 존재할 수 있을 것이라고 가정하는 것이야말로 타키자와의 문제제기의 초점인 것이다.

결국 새로운 기독론의 입장에서, 타키자와를 단지 종교 다원주의의 아류라고 바라본다거나, 기본적으로는 자신들과 다르지 않으나 조금 이상한 것으로 이해하는 것은, 타키자와에 대한 근본적 오해와 자의적 해석에 의한 것이라 생각된다. 타키자와는 결코 전통적 입장을 근본적으로 부정하거나 그것에서부터 벗어나지 않았다. 기독교의 전통적 입장을 계승하면서도, 그것을 좀 더 철저하게 추구함으로써 문제제기를 해 나아간다는 것이야말로, 타키자와 신학의 기본적 자세이며, 이것은 전통적 입장과도 새로운 입장과도 다른 타키자와만의 독특한 위치를 형성하는 것이다. 그렇다면 이러한 타키자와 신학의 독특한 위치는 오늘날을 살고 있는 우리들에게 무엇을 시사하고 있을까. 본서에서는 마지막으로 이 문제를 생각해 보아야 할 필요가 있다.

## 5. 오늘날의 타키자와 신학의 의의

이번 장을 통하여 1장에서 제기되었던 타키자와의 문제의식이 어떻게 타키자와 신학으로 전개되었는지를 살펴보았다. 그리고 그것이 임마누엘과 이중적 의미구조라고 하는 신학적 전개였다는 것을 확인할 수 있었다.

또한 예수 그리스도의 매개성을 중심으로 신학적 논점을 부각시켜, 타키자와 신학이 말하는 예수 그리스도의 절대적 매개성을 규명하였다. 그리고 전통적 입장과 새로운 기독론의 입장에서 타키자와 신학을 검토하고, 그것을 통해 타키자와 신학이 전통적 입장을 계승하면서도 그것을 좀 더 철저하게 추구함으로써 역설적 문제제기를 하고 있는 것도 밝힐 수 있었다.

이와 같은 타키자와 신학의 특징은 1장에서 검토한 바와 같이, 바르트와 니시다라는 양축을 그가 말하는 하나의 실재점에서 변증법적으로 통합해 가는 그의 자세, 좀 더 구체적으로는 교회의 안과 밖의 두 가지 시점을 함께 갖는 그의 문제의식으로부터 기인한 것이라 할 수 있다. 다시 말해 1장에서 확인한 바와 같이, 그의 신학은 니시다라고 하는 교회의 밖을 배경으로, 바르트라고 하는 교회의 안을 향하여 전개한 논리의 연장으로 이해할 수 있는 것이다. 그러한 자세가 이번 장에서 확인한 것처럼, 전통적 기독교의 신앙고백을 계승하면서도, 교회의 밖을 향에 열린 시점을 가지는 타키자와 신학의 독특성으로 발전한 것이다.

그렇다면 이상과 같은 타키자와 신학은 오늘날에 어떠한 신학적 의의를 시사하는 것일까. 첫째로, 타키자와 신학이 기독교의 가장 중심적인 이해 중 하나인 기독론에 대한 새로운 해석을 시도한다는 것을 인정하지 않을 수 없다. 그의 기독론이 시도하는 예수 그리스도의 신성과 인성의 관계와 그 역할에 대한 해석은, 기존의 기독교에서 충분히 전개되지 않은 신선한 것이라 할 수 있다. 또한 그가 전개한 하나님과 인간 사이의 불가분·불가동·불가역적인 통일과 구별, 그로부터 파생하는 제1과 제2의 의미체계, 그리고 그 통일과 구별은, 독창적인 이해일 뿐만 아니라 역동적인 상관관계 속에서 치밀하게 전개된 것이다. 이러한 그의 기독론은, 울리히 쉔(Ulrich Schoen)이 말하듯이, 칼케돈 공의회의 '혼돈 없이, 변화 없이, 나눌 수 없이, 분리 없이'라고 하는 예수 그리스도의 본성에 대한 기독교의 전통적 과제

를 계승하면서도 새로운 돌파구를 열었다고 생각할 수 있는 것이다.[144]

둘째로, 타키자와의 기독론의 위치에 주목할 필요가 있다. 현대 기독교에서 전형적으로 보이는 기독론은 주로 다음의 세가지 방향에서 전개된다고 정리할 수 있다. 우선, 전통적 기독론을 고수하는 것이다. 이것은 기독교가 교회의 밖에 대하여 관용할 필요가 있다는 오늘날의 과제에 대하여, 그것을 기독교에 대한 하나의 도전과 위기라고 인식하고, 나사렛의 예수가 그리스도이며 유일한 하나님의 계시라는 기존의 입장에 보다 충실하고자 한다. 이러한 입장도 기독론의 하나의 전개일 수는 있으나, 그러한 입장에서는 기독교가 보다 관용적이어야 한다는 과제에 유연하게 대응하지 못하고, 하나의 독선적인 종교로 되어 버리고 만다는 위험성을 가지고 있다. 다음으로, 급진적인 기독론의 전개이다. 이것은 교회의 밖에 대하여 적대적이었던 전통적 기독론에 대한 반동이며, 기존의 이해에 대한 재해석 혹은 파기라고 할 수 있다. 즉 자유주의 신학의 흐름에서 전통적 해석의 많은 부분을 신앙 혹은 종교적 언어로서 이해하며, 예수 그리스도를 상대적인 하나의 인간적 모델로서 이해한다. 이러한 입장은 교회 밖에 대하여 열린 이해를 보여주고 있는 것에는 틀림없으나, 그 급진성으로 인하여 기존의 교회를 어떻게 아우를 수 있을 것인가라는 과제를 안고 있다. 마지막으로, 전통적 기독론의 보완이다. 이것은 전통적 기독론을 좀 더 확대 해석한 것이다. 그리스도의 신성에 대하여는, 예를 들어 우주적 그리스도와 같은 해석을 통하여, 그리스도의 초월적인 활동을 주장하며, 예수의 완전한 계시를 말한다. 그것을 통하여 전통적 기독교에서의 예수 그리스도에 대한 가치를 유지하면서도, 교회의 밖에 대하여 좀 더 관용적인 이해를 시도한다. 하지만 이러한 이해는 한편으로는 나사렛의 예수와 그리스도의 관계가 명료하지 못하다는 점에서, 또 한편으로는 교회의 밖에 대하여 충분히 열려 있지 못하다는 점에서 비판을 받고 있다.[145]

그렇다면 새로운 돌파구로서 평가되는 타키자와의 기독론은 오늘날의 이러한 기독론의 전개에서 어떠한 위치에 있는 것일까. 지금까지 검토한 바와 같이, 그의 기독론은 하나님의 자기한정과 자기계시로서의 예수 그리스도를 승인한다는 점에서 전통적 이해를 계승하고 있다. 동시에 인간은 하나님의 존재와 활동을 한정할 수 없기 때문에, 하나님 그 자신의 자유로운 활동을 승인한다는 점에서, 교회 밖에 대한 열린 이해를 보여주고 있다. 이러한 기독론은 예수는 그리스도이다라고 하는 전통적 신앙고백을 계승하면서도, 교회 밖을 향한 관용을 보인다는 측면에서, 위에 언급한 보완적인 입장과 형식적으로 비슷하다고 생각된다. 하지만 보완적인 입장의 문제였던 나사렛의 예수와 그리스도의 관계를, 예수 그리스도의 페르소나의 통일과 구별을 통하여 엄밀하게 규명한다는 점에서 또한 급진적인 입장을 넘어설 정도의 관용적 이해를 가져온다는 점에서 명백히 다른 입장이라고 말하지 않을 수 없다. 따라서 타키자와의 기독론은 전통과 급진을 좀 더 넓게 아우를 수 있는 새로운 입장이라고 이해할 수 있을 것이다.

셋째로, 타키자와의 기독론의 성격에 주목할 필요가 있다. 이상과 같이 현대의 기독론적 흐름 속에서 새로운 이해를 제시한 타키자와의 기독론은, 오늘날의 기독론이 직면하는 과제에 새로운 시야를 제공한다. 이번 장의 서두에서 언급한 것처럼, 기독교가 교회의 밖을 향하여 관용적이어야 한다는 것은 오늘날 많은 지지를 얻고 있다. 1930년대 타키자와가 경험한 유럽의 교회조차도 오늘날에는 종교 다원주의의 영향을 강하게 받고 있다.[146] 하지만 여기서 고민스러운 과제는, 그것이 예수가 그리스도이며, 하나님과 인간을 잇는 유일한 매개자라고 하는 전통적 신앙고백에 대한 근본적인 재해석 혹은 파기를 요구하고 있다는 점이다. 이러한 상황에서, 전통적 입장에 서 있는 기독교인들은 자신의 신앙의 핵심을 흔드는 모험을 단행하거나 오히려 강하게 저항한다. 오늘날의 기독교인들은 자신의 신앙고백과 관용의 문제 사이에서 양자택일 혹은 타협을 강요받고 있다고 해도 과언이 아닐 것이다.

오늘날의 기독교가 직면하는 이러한 과제에 대하여, 타키자와의 기독론은 하나의 해결의 단서를 보여주고 있다. 그것은 전통적 이해를 계승하면서도, 그것을 좀 더 철저하게 추구함으로써 교회 밖의 문제를 돌파하려고 했던 그의 기독론의 특징이 가져오는 하나의 가능성이다. 그것은, 신앙고백을 추구하면 관용의 문제가, 관용을 추구하면 신앙고백의 문제가 걸리는 양자의 대립적인 관계를, 신앙고백을 좀 더 철저하게 추구함으로써 관용의 문제를 해결하고자 하는 상호보완적 관계로 전환시켰다고 할 수 있다. 이것은, '오래된 신앙고백을 조금도 훼손하지 않고, 아니 오히려 (그러한) 신앙고백에 있어서야말로' [147], 교회 밖에 열린 기독론의 새로운 해석이 성립한다고 하는 타키자와의 주장에도 잘 드러나고 있다. 이 점에서 그의 기독론은 어떻게 기독교가 교회의 밖을 향하여 열려 있을 수 있으며, 그와 동시에 어떻게 전통적 이해와 조화할 수 있을까라는 과제에 대한 하나의 새로운 응답이라 생각되는 것이다.

이제 본서는 지금까지의 타키자와 신학의 이해와 의의를 바탕으로 타키자와의 또 다른 측면으로 눈을 돌리고자 한다. 그것은 다름 아닌 타카자와의 종교 간 대화이다. 1장과 2장을 통하여 확인한 바와 같이 타키자와 신학은 교회의 밖을 배경으로하며 교회의 안을 향하여 전개된 것이라 이해할 수 있다. 그렇다면 그에게 종교 간 대화라는 것은 어떠한 의미를 갖는 것이었을까. 그리고 그것은 타키자와 신학적 전개와 어떠한 관계가 있었을까. 종교 간 대화는 기독론을 둘러싼 과제와 더불어, 오늘날의 기독교가 직면하는 커다란 과제중 하나라 할 수 있다. 그러한 과제에 대하여 타키자와는 그의 신학적 시사와 더불어 또 다른 것을 제시할 수 있을 것인가. 다음 장을 통하여 이 문제를 상세히 검토해 보도록 하겠다.

# 3장 | 타키자와의 종교 간 대화에 대한 비판적 검토

 

 

타키자와의 종교 간 대화는, 타키자와 신학의 가장 커다란 공로의 하나로 평가되고 주목되어 왔다. 예를 들어, "현대 일본에서 가장 생산적인 기독교와 불교와의 대화는 타키자와가 히사마츠 신이치(久松眞一)와 시도한 대화를 통하여 시작되었다."[148]라고 평가되고, 그의 첫 논문으로부터 절필에 이르기까지의 전개가 종교 간 대화를 위한 것이었으며, 타키자와는 그것을 위해 생애를 바쳤다라고까지 말하여진다.[149] 그리고 그러한 그의 업적이 인정되어 독일의 하이델베르크대학으로부터 명예 신학박사 학위가 수여되었다. 이러한 사실에서 알 수 있듯이, 타키자와의 종교 간 대화가 가져온 영향과 반향은 적은 것이 아니었다. 이 때문에 타키자와에 대한 이해와 평가의 대부분은, 그러한 종교 간 대화에 초점을 맞춘 것들이 주류를 이루어 왔다.

그러나 이처럼 종교 간 대화라는 것이 타키자와의 중요한 테마였다는 것은 부정할 수 없는 사실이지만, 종교 간 대화라는 측면으로만 그의 사상과 신학적 전개를 환원하여 이해하는 것에 대하여는 의문을 느끼지 않을 수 없다. 왜냐하면 거기에는 다음의 두 가지의 문제가 있기 때문이다. 하나는 시기적인 문제이다. 종교 간 대화가 타키자와에게 중요한 학문적 주제로 되었던 것은 1950년의 『불교와 기독교』를 발표하면서부터라 할 수 있다. 타키자와에게 1950년은 2장에서 검토하였던, 「여전히 남겨진 바르트 신학에 대한 단 하나의 의문」이 발표된 1956년에 가까운 시기였다. 즉 그 시기의 타키자와 신학은 초기의 기본 뼈대와 문제의식을 유지하면서도, 아주 세련된 형태로 완성되어 가고 있었던 것이다. 다시 말해, 타키자와 신학은 1935년경에 1장에서 확인한 문제의식 속에서 성립하여 일관된 전개를 해 나아가며, 1950년경에는 세련된 형태로서 이미 확립의 단계에 이르렀다는 것이다. 따라서 1950년부터 시작되는 종교 간 대화의 측면에만 초점을 맞추게 된다면, 그 시기에 거의 완성되어 있었던 타키자와 신학에 대한 적절한 이해가 불가능하게 된다.

또 하나는 내용적인 측면의 문제이다. 타키자와 신학의 목적은, 1장에서 확인한 바와 같이, 교회의 안과 밖을 꿰뚫는 하나의 실재점에 대한 변증이었다. 그리고 그 전개는 전통적 기독교의 이해를 계승하면서도, 거기에 남아있는 인간적인 거만함에 대한 문제제기였으며, 오늘날의 기독교가 직면하는 과제에 응답하고 있다는 것도 2장의 검토를 통하여 확인하였다. 때문에 종교 간 대화에만 초점을 맞추게 된다면, 그러한 타키자와의 기독론을 중심으로한 전개와 그 의의를 간과하게 되는 것이다. 2장에서 검토한 것과 같은 그의 기독론의 신학적 의의와 가치가 지금까지 충분히 주목되지 못했던 이유 중 하나는 바로 이 점에 있을지도 모른다. 그러한 신학적 전개와 의의는 이후의 종교 간 대화라는 전개가 없었더라도 그 자체로 가치가 있는 것이었다. 오히려, 타키자와의 종교 간 대화는 타키자와 신학적 전개와 의의를 바탕으로 해서 이루어진 것이지, 종교 간 대화가 그의 신학적 전개와 의의를 견인한 것이 아니다. 이러한 이유로 종교 간 대화의 측면에만 초점을 맞추어, 타키자와 신학 전체를 이해하는 것보다는, 그의 신학적 전개를 바탕으로, 종교 간 대화의 측면을 이해하는 것이 바람직하다고 할 수 있다.

하지만 이상과 같이 이해한다고 하여도 타키자와의 종교 간 대화라는 것이 그에게 어느 날 갑자기 불현듯 떠오른 주제라거나, 혹은 그때까지의 문제의식과 동떨어진 것이라고 이해할 수는 없다. 1장과 2장의 검토를 통하여 확인 했듯이, 그의 문제의식은 바르트와 교회 안이라고 하는 하나의 축과, 니시다와 교회 밖이라고 하는 또 하나의 축이 변증법적으로 통합되는 과정 속에서 형성된 것이었다. 그리고 그러한 문제의식이 교회 내부를 향하여 전개된 것이 신학적 전개였다고 한다면, 종교 간 대화는 교회 외부를 향한 또 하나의 전개로서 이해할 수 있을 것이다. 즉 타키자와 신학의 문제의식 속에서 교회 안과 밖의 문제가 통합되었고, 타키자와는 그 통합된 시점에서 교회 안과 밖을 향하여 각각 논리를 전개하며, 그 교회 안의 논리가 신학적 전개로서, 교회 밖의 논리가 종교 간 대화라는 전개로서 확장되어 간 것으로 이해할 수 있다는 것이다.

그렇다면 여기서 적어도 다음과 같은 세 가지의 문제를 규명할 필요가 있다. 첫째, 타키자와가 어떠한 종교 간 대화를 전개해 나아갔는가 하는 문제이다. 둘째, 1장과 2장에서 검토한 그의 신학적 전개가, 종교 간 대화와 어떠한 관계가 있었는가라고 하는 문제이다. 셋째, 그의 종교 간 대화의 의의와 특징을 밝힐 필요가 있다는 점이다. 이러한 작업을 통하여, 그의 종교 간 대화에 대하여 적절한 이해와 평가를 내릴 수 있을 것이다.

## 1. 타키자와의 종교 간 대화

타키자와의 종교 간 대화는 1950년의 『불교와 기독교』를 통하여 시작되었다. 이후 그의 종교 간 대화는 핵심적인 테마의 하나로 전개되는데, 그 기본적 입장과 방법론은 『불교와 기독교』를 통하여 이미 구축되었다고 할 수 있다. 여기서는 『불교와 기독교』를 중심으로 타키자와의 종교 간 대화를 확인해 보도록 하겠다.

### 1) 대화의 상대

대화는 기본적으로 대화의 상대가 존재함으로 성립한다. 그리고 상대에 따라 대화의 기본적 자세와 내용이 결정된다는 것을 생각해 본다면, 타키자와의 상대가 누구였는지를 확인하는 것은 중요하다. 타키자와는 예를 들어 '세계의 종교 교류를 위하여'라는 거창한 슬로건을 내건 적도 있지만, 그의 중심적인 대화의 상대는 언제나 불교였다.[150] 좀 더 구체적으로는, 불교 중에서도 히사마츠 신이치의 사상이 그의 대화의 상대였던 것이다. 나중에는 선불교만 아니라 정토진종(浄土眞宗)도 대화의 상대로서 거론되지만, 그것은 『불교와 기독교』에 의해 드러난 대화의 입장과 방법론에 근거한 대화의 연장이었다. 그렇다면 타키자와는 그의 대화의 상대였던 히사마츠의 주장을 어떻게 이해하였던 것일까. 타키자와가 묘사하는 히사마츠의 주장을 정리해 보자면, 다음과 같다.

히사마츠는 현대의 위기적인 상황을 근대적 인식의 한계로서 이해한다. 근대적 인식이라는 것은 중세적 인식으로부터 벗어난 자각의 방법이다. 중세적 인식이라는 것은, 인간이 자기인식의 궁극적 근거를, 인간 그 자체로부터 동떨어진 천국이나 신에게 있다고 생각하고, 인간의 구원이 '거기서부터 이곳으로' 오는 것이라고 이해하는 것이다. 이러한 구원은 거기로부터의 일방적인 계시에 의해 가능한 신앙의 결단에 의해 성립되는 것이고, 그것은 결코 인간 자신의 인식에 의한 것이 아니다. 히사마츠는 이러한 타율 혹은 신율(神律)적인 중세적 인식으로부터 벗어난 인간의 자기인식의 방법을 근대적 인식으로 이해한다.[151]

인간은 과학의 발전과 같은 성과로 인해, 타율 대신에 자율의 방법을 모색했다. 과학적인 법칙이나 이성의 법칙이 그것이다. 신은 오히려 그러한 법칙에 의해 믿을 수 있는 것이 되었다. 히사마츠는 이것이 '근대적 무신론'이라고 말한다. 하지만 그러한 근대적 인식을 갖고 있는 인간은, 현대의 위기적인 상황 즉 사회적 · 정신적 혼란이라는 위기에 직면하여, 자신의 자율과 그 능력에 대한 자신감을 잃어 가고 있다. 예를 들어 위기신학이나 니힐리즘, 실존주의라고 하는 것은, 중세적 인식으로 돌아갈 수 없게 된 인간이 그러한 위기를 극복하려는 시도이다. 그러나 그러한 시도는, 중세적 타율과 반근대적 비합리주의에 대한 동경을 내재한 근대적인 자율의 내부에서 근대적 자율을 혐오하는 것에 불과하며, 현대의 위기를 극복할 수 있는 것이 아니라고 히사마츠는 주장한다. 히사마츠는 이러한 위기적인 상황은, 자기 자신의 근본으로부터 자기 자신을 근본적으로 부정하는 진실된 불교적 자각으로서만 극복될 수 있다고 말한다.[152]

히사마츠는 근대적 · 자립적 인간이 직면한 위기의 극복이라는 것이 자기 자신과는 다른 그 어떤 것에 의한 것이 아니라, 단지 자기의 존재 그 자체의 본성에 의해서만 가능하다고 이해한다. 인간의 한계 혹은 인간에게는 어찌할 수 없는 죄라고 하는 인식은 인간이 그 궁극적 근거를 인간 내부의 활동에서 만들어 내려고 하기 때문이다. 인간의 궁극적 근거는 자기를 넘어서 자기를 부정하는 것이면서도, 그것이 어디까지나 자기 그 자체에 포함되어 있는 것이 아니면 안 된다. 인간은 이러한 자기 본래의 근거를 망각하고 비합리적인 신비주의에 빠지거나 자기의 활동과 그 성과에 빠져있다. 오늘날의 인간이 직면하고 있는 근대적인 위기는 '아(我)'를 부정하는 본래적인 자기에 직면하여, 본래적인 자기로 거듭나는 궁극적 근거에 대한 자각, 곧 불교적 깨달음에 의해서만 극복할 수 있다고 히사마츠는 말한다.[153]

이러한 히사마츠의 주장에서, 기독교는 인간존재에 내재한 궁극적 근거를 인간으로부터 벗어난 신에게 추구하는 중세적 · 신율적인 타율의 극단적 형태인 유신론 또는 유신론적 종교로 정의된다. 히사마츠는 그러한 신과 계시 또 불교에서 말하는 부처라고 하는 것도 모두가 그가 말하는 본래적인 자기의 활동에 다름 아니라고 이해한다.[154] 그는 그러한 본래적인 자아를 근원불(根元仏)이라 하고, 우리가 신이나 부처라고 부르는 것은 인간을 그러한 본래적인 자기로 인도하기 위한 방편불(方便仏)이라고 한다. 그러나 이러한 방편불은 근원불에 이르기까지의 하나의 방편에 불과하며 그것 자체가 궁극적 근거가 될 수 없다. 우리는 각자 근원불로서 거듭날 필요가 있으며, 그것은 다른 어떤 것의 활동이나 인도에 의해서가 아니라, 어디까지나 인간 그 자체의 활동에 의해 인간 그 자체에 내재해 있는 본래적인 모습으로 돌이키는 것에 지나지 않는다. 그리고 이러한 것이야말로 현대의 위기를 극복하는 유일한 길이라고 히사마츠는 주장한다.[155]

위와 같은 히사마츠의 입장을 정리해 본다면, 현대의 상황 속에서 불교의 가치를 재평가하여 불교의 존재적 의의, 필요성을 주장한 것이라 할 수 있다. 물론 "하지만 박사는, 박사가 말하는 '불교적 자각'에 의해, 예를 들어 기독교인이 '단지 성서에 의해', '단지 나사렛의 예수에 의해'라고 하는 의미에서 불교의 유일한 절대성을 주장하려고 하는 것은 아니다."[156]라고 타키자와가 지적하는 것처럼, 히사마츠의 주장은 예를 들어 기독교의 성서 절대주의와 같은 불교 절대주의라고는 할 수 없다. 왜냐하면 히사마츠가 말하는 본래적 자기로서의 근원불의 활동은 불교도뿐만 아니라 모든 인간에게 존재하기 때문이다.[157] 하지만 그러한 인간관이 불교에 의하여 그중에서도 선불교에 의해 성립된다는 점에서, 히사마츠의 주장은 불교 절대주의는 아니라 할지라도, 현대의 불교적 이해의 가치와 유효성을 주장하는 하나의 불교적 변증론이라고 이해할 수 있는 것이다.

## 2) 대화의 기반

위와 같은 현대의 불교 변증론 혹은 호교론(護教論)적인 주장에 대하여 성립할 수 있는 종교 간 대화는 크게 다음의 세 가지 방향성에서 생각해 볼 수 있다. 우선, 주장자의 견해에 동의하여 그 종교의 가치를 인정하는 것이다. 이러한 대화는 대화의 주체가 자신의 종교의 가치나 이해에 그렇게까지 강하게 집착하지 않거나, 그 일부를 포기함으로써 성립되는 대화의 형태이다. 다음으로, 어떠한 공통적 기반을 찾아 그 외의 부분을 상대화시킴으로써 호교론적인 입장을 철회시켜 서로의 가치를 인정하도록 유도하는 대화도 가능할 것이다. 이러한 대화는 양자가 합의할 수 있는 접점을 어떻게 찾을 것인가라는 것이 문제의 핵심이라 할 수 있다. 마지막으로, 어떤 종교의 호교론적인 주장에 대하여 그것에 대항할 수 있는 자신의 종교의 존재의의와 우월성을 주장함으로써, 자신의 종교를 변증하는 형태의 종교 간 대화이다. 이러한 대화는 상대의 가치를 부정하던지, 부분적으로는 인정하지만 궁극적인 우월성은 자신의 종교에 있다고 마지막까지 주장한다.

　이와 같은 대화의 가능성 중에, 타키자와가 취한 종교 간 대화는 어떠한 것이었을까. 타키자와가 취한 방법은 둘째에 해당한다. 즉 그는 하나의 공통적 기반을 찾는 것으로, 각각의 가치를 주장하는 방법론을 취한다. 그렇다면, 기독교와 불교라고 하는 서로 다른 종교 사이에서 타키자와가 찾은 기반은 어떠한 것이었을까. 그것은 다름 아니라 본서에서 검토해 온 타키자와가 임마누엘이라고 표현하였던 하나의 실재점이었다. 그가 하나의 실재점이라는 것을 종교 간 대화의 기반으로 삼았다는 것에는 다음의 세 가지의 의미가 포함되어 있다. 첫째, 불교가 그러한 실재점으로부터 유래되었다는 것이다. 본서에서 검토해 온 것처럼, 그 실재점은 무엇보다도 앞서는 인간에 대한 근본적 규정이기 때문에, 누구도 그 규정 밖에 존재할 수 없다. 타키자와는 이같은 임마누엘의 근원성을 종교 간 대화의 공통의 기반으로 삼았던 것이다. 이러한 이해에서, 불교는 임마누엘이라는 인간의 존재양식에 대한 또 다른 인식의 흐름이 된다. 2장에서 검토한 것처럼, 기독교가 실질을 드러내는 표식으로서 형성된 하나의 체계라면, 불교는 같은 실질에 근거하는 또 하나의 체계로서 이해할 수 있는 것이다. 즉 기독교와 불교는 서로 다른 것이기는 하지만, 하나의 근본적인 실질에 근거한 표식의 체계라고 하는 점에서는 공통성을 가진다.

둘째, 히사마츠의 주장은 그러한 실재점에 대한 인식에 근거하여 그 실재점을 가리키고 있다는 것이다. 타키자와는 진실된 불교적 자각이라는 히사마츠의 주장이 그러한 실재점에 근거한 기술이라고 인정한다. 예를 들어, '자기 자신의 근거로부터 자기 자신을 근본적으로 부정하는 진실된 불교도의 자각'[158]이나, '나의 '아(我)'를 절대적으로 거부하는 본래직 자기'라는 불교적 용어를 사용하는 히사마츠의 주장에 대하여, 그것이 타키자와가 주장하는 하나의 실재점과 연관된다고 그대로 인정한다.[159] 오히려 그것이 정말로 그러한 실재점과 연관되는가에 대한 어떠한 검증도 시도하지 않고서 히사마츠의 주장을 당연하듯 인정하는 것이 이상하게 여겨질 정도이다.

셋째, 히사마츠의 주장이 타키자와가 말하는 하나의 실재점과 이어져 있는 이상, 그것은 예수 그리스도에 의해 드러난 기독교의 이해와 병렬적인 관계에 있다는 것이다. 제2장에서 검토한 바와 같이, 표식은 하나의 체계로서 질서를 가진 것이다. 예를 들어 하나의 실재점에 대한 인간의 인식은, 예수에 의하여 드러나고, 기독교의 전통에 의해 나의 발밑에 존재하는 근본 규정에 대한 인식으로 이어진다. 만약 이러한 것이 불교라는 체계에서도 존재한다면, 한 불교도의 인식과 기독교인의 인식 사이에는 어떠한 질서도 인정하기 어렵고, 병렬적인 것으로 이해된다. 즉 하나의 표식의 체계 내부에서는 상하·전후 관계가 질서 정연하게 존재한다면, 서로 다른 표식 체계 사이에서는 그러한 질서가 존재하지 않으며, 단지 병렬적으로 존재한다는 것이다.

타키자와는 하나의 실재점으로부터 유래하는 표식 간의 병렬적인 시점에서, 기독교와 불교가 이해할 수 있는 가능성을 발견한다. 그리고 타키자와는 '일부러'라는 조건을 걸면서도 불교적 인식의 기독교적 설명 또는 기독교적 인식의 불교적 설명을 시도한다. 예를 들어 타키자와는 "만일 우리가 부처나 하나님이라고 하는 인간의 언어에 집착하지 않고 '내용' 그 자체를 직시한다면, 그리고 그러한 같은 내용을 기독교적 언어를 사용하여 일부러 표현해 본다면, 그것은 바로 그 자체가 본래 하나님인 현실의 인간, 거꾸로 이야기한다면 진실된 인간의 형태를 취한 영원한 하나님의 아들, 다시 말하면 어디까지나 인간인 그 사람 자신의 활동이 곧 절대적으로 초월적인 하나님 자신의 활동이며, 또한 그 반대이기도 한 하나의 페르소나에 다름 아니다."[160]라고 말하는 것이다. 물론 이것은 그 둘의 인식이 완전히 동일한 것이며 바꿀 수 있다는 뜻은 아니다. 단지, 위와 같은 표식의 병렬적인 관계에서 우리들은 각자의 인식과 동일한 부류의 것으로 서로를 이해할 수 있다는 것이다.

여기서 타키자와가 제시하는 이러한 불교와 기독교의 공통적 기반을 통하여, 타키자와 신학의 중요한 변화를 확인할 수 있다. 즉 하나의 실재점으로부터 유래하는 표식의 체계라고 하는 수직적인 시야와 더불어, 그러한 실재점으로부터 유래하는 표식 체계 사이의 수평적인 시야가 등장한다는 것이다. 본서에서 확인해 온 바와 같이 타키자와 신학은, 기독교라는 인식의 체계 속에서 하나님과 인간이 만나는 하나의 실재점을 규명하려 한 것이었다. 이에 비해 그의 종교 간 대화는, 그러한 실재점을 표식의 체계라는 타키자와 신학의 기본 구조에서 불교를 또 하나의 인식의 체계로서 인정하고 그 하나의 실재점에서 양 종교를 고찰한 것이라 할 수 있다. 이러한 점에서, 그의 종교 간 대화는 타키자와 신학이 말하는 하나의 실재점으로부터 수직적인 시야와 더불어 수평적인 시야가 전개된 것이라고 이해할 수 있는 것이다.

### 3) 대화의 내용과 결과

그렇다면 타키자와는 위와 같은 대화의 상대와 더불어, 공통의 기반 위에 전개된 수평적 시야를 가지고 어떠한 대화를 해 나아갔을까. 기독교와 불교가 그가 말하는 하나의 실재점으로부터 유래한다고 확신하고 있었던 타키자와는 다음의 두 가지 방향에서 대화를 시도한다.

첫번째의 대화의 방향은 각각의 종교에 존재하는 상대의 종교에 대한 편견을 제거하고 서로의 종교가 그가 말하는 하나의 실재점에 근거한다는 것을 변증하는 것이었다. 여기서 편견이라는 것은, 상대의 종교가 사신의 종교와 달리 그 실재점에서 유래하지 않는다는 생각이다. 예를 들어 히사마츠는 앞서 살펴본 바와 같이 인간존재의 분석에서, 중세적 타율과 근대적 자율 그리고 그것을 넘어서는 대안으로서 후근대적 자율적 타율, 혹은 타율적 자율을 말한다.[161] 히사마츠가 말하는 자율적 타율이라는 것은, 타키자와가 말하는 하나의 실재점에 근거한 절대적 자기부정 '즉' 절대적 자기긍정이라고 하는 인간존재의 근본적 규정이다. 즉 타키자와의 용어로 표현해 본다면 절대적으로 인간이 아닌 하나님에 의해 자기가 규정되는 것으로 인해, 임마누엘의 본래적 자기 혹은 진실된 자기로 거듭난다는 것이다. 히사마츠는 이러한 자각의 방법이 진실된 불교적 자각이며, 이것에 반하여 기독교는 중세적 타율의 대표적인 예라고 주장한다.[162]

타키자와는 이러한 히사마츠의 주장 즉 기독교를 거기서부터 이곳으로 오는 신의 계시 또는 거기에 존재하는 신에 대한 신앙으로 여겨, 기독교를 유신론적으로 이해하는 그의 주장이 하나의 편견이라고 말한다. 기독교의 계시와 신앙의 핵심인 예수 그리스도는 거기서부터가 아니라 여기서 살고 죽은 나사렛의 예수이며, 기독교인의 신앙은 그러한 예수로서의 영원한 하나님의 아들이 지금 이곳에서 나 자신을 받아들여 주신다는 것을 믿는 것이기 때문이다.[163] 이러한 의미에서, 기독교는 히사마츠가 의미하는 유신론적 종교가 아니다. 오히려 히사마츠가 주장하는 진실된 자각과도 같은, 하나의 실재점과 연결되어 있다는 것이다. 따라서 타키자와는 "인간에게 '거기서부터 이곳으로' 라는 것이 성립하는가 아닌가라는 점에서, 불교와 기독교를 나눌 수 없다. 기독교인은 단지 불교도가 '인간 자신의 거기서부터 이곳으로' 라는 것과 동일한 사실을 '성령으로 거듭난다' 라고 하거나 '성령을 받는다' 라는 말로 표현하는 것에 다름 아니다."[164]라고 말한다.

한편으로 타키자와는 히사마츠의 주장으로 발생할 수 있는 기독교의 편견에 관해서도 언급한다. 즉 위와 같은 히사마츠의 주장이 '신을 모독하는' 것이며, 하나님 없는 인간의 가능성을 주장하는 거만함이라는, 기독교의 입장에서 던질 수 있는 문제제기가 부당하다고 타키자와는 말한다. 왜냐하면, 절대적으로 인간을 부정하면서도 그것이 어디까지나 인간 그 자신이라는 것은, 단지 인간존재 그 자체를 긍정하려는 것이 아니기 때문이다. 인간 자신에게 성립되어 있는 그곳으로부터 이곳이라는 것은, 어디까지나 인간 그 자체를 초월한 것이며, 일반적인 자아의 소멸을 의미한다. 그것과 동시에 진실된 자기가 되살아 남을 통하여 본래적 자기로 돌아오게 되는 것이다. 따라서 히사마츠의 주장은 단지 죄된 인간의 모습에 만족하여 신의 존재를 부정해 버리는 것이 아니라, 오히려 지금 여기에서 나를 받아들이는 진실된 하나님을 부정하고, 여기서부터 벗어난 존재로서 하나님을 가정하거나 하나님이 아닌 것을 하나님으로 생각하는 우상숭배를 공격하는 것이라고 타키자와는 말한다.[165]

타키자와의 또 하나의 대화의 방향은, 그가 말하는 하나의 실재점에서 양 종교를 비판적으로 검토하는 것이었다. 위와 같이, 기독교와 불교가 서로에게 가지고 있는 편견을 불식시키고 서로가 하나의 실재점으로부터 유래한다고 주장하는 타키자와는, 이번에는 그 하나의 실재점으로부터 서로의 종교를 비판적으로 검토한다. 타키자와는 우선 기존의 기독교가 '그 때, 그곳에 태어난 나사렛의 예수를 떠나서는, 인간이 진실된 하나님의 구원을 얻을 수 없다고 생각하여'[166], 그 예수와 관계를 갖지 않는 기독교 이외의 종교에는 구원이 없다고 단정해 왔다고 말한다. 그리고 그는 "인간이 예수의 선교를 듣지 않고서도 진실된 하나님 그 자체를 받아들임으로써, 혹은 진실된 사람으로 된다는 것이 지금까지 이 세상에 일어나지 않았다고 할지라도, 그러한 역사적 경험과 그것이 절대로 불가능하다고 단정하는 것 사이에는 여전히 무한한 간격이 있다. 그것이 절대로 불가능하다고 하는 기독교의 단정에는, 그들이 그렇게 믿고 있는 것 이외에 어떠한 근거도 없다."[167]라고 주장한다. 그러한 잘못된 믿음은 '하나님의 아들이 사람이 되었다' 라는 성서의 증언의 의미를 오해하여, 처음부터 영원히 결정되어 있는 하나님과 인간의 근본 규정이 나사렛의 예수에서 처음으로 발생한 것처럼 생각하는 것으로부터 생기는 문제라고 타키자와는 말한다.[168] 그 결과 예수 그리스도의 종의 모습인 나사렛의 예수를 하나의 표식이 아니라 본질 그 자체로서 이해해 버리고 말았다. 하지만 그것은 하나님이 아닌 것을 하나님이라 하는 우상숭배라고 타키자와는 주장하는 것이다.[169]

한편 타키자와는 불교에도 기독교와 같은 문제가 존재하지는 않는가라고 의문을 던진다. 그는 "종래의 기독론의 애매함은, 단지 우리들이 나사렛의 예수를 하나님 혹은 하나님의 아들로 부를 때, 거기에 영원한 창조자이신 하나님(삼위일체의 하나님) 그 자체와, 그 하나님의 피조물로서의 완전한 표현, 즉 진실된 인간이라는 이중의 의미가 존재한다는 점을 주의 깊게 구별하지 않았다는 점에 있다."[170]라고 하고, 히사마츠가 주장하는 불교에도 같은 문제가 있다고 말한다. 그것은, 히사마츠가 "거듭난 진실한 인간 외에는 신이나 부처라는 것은 없다. 환상(還相, 아가페)의 주체는 어디까지나 인간이며 나 자신이다라고 고집"[171]할 때, 거기에 존재하는 '생사적(生死)인

나와 멸도(滅度)적 나' 사이의 연속성과 비연속성이 충분히 규명되지 않다는 것이다. 이것은 타키자와의 다음과 같은 말에 잘 드러나고 있다.

> 이러한 의미에서 불행(仏行) 혹은 아가페는 절대적 보편·유일하고도 영원한 부처 그것과, 그것에 근거하는 인간 자신 사이의 직접적 관계로서 일어나는 것이다. 아무리 그것이 '부처가 된 진실한 인간'이라고 할지라도, 결코 인간과 인간 사이에 일어나는 것이 아니다. 혹시 박사는 다음과 같이 말할지도 모른다. 즉 그렇다고 할지라도 그 아가페를 현실에서 성취하는 근거는 유신론적 신이 아니라, 어디까지나 인간 자신이라고. 분명히 그러하다. 그러나 그 '인간 자신'이, 사실상 영원한 부처에 있어서 부처의 빛을 밝히도록 설정되어 있는 것이다. 그렇게 설정되어 있는 것이외에는, '인간에게 아가페의 현실을 가능케 하는 근거'는 어디에도 없는 것이다. 박사가 말하는 '인간 자신'을 보다 철저하게 분석해 본다면, 이 아가페의 주체가 인간과는 절대적으로 구별되는 유일한 절대적 부처 자신이며, 인간은 단지 그것을 받아들이는 객체, 아니 그것을 받아 들임으로써만이 진실로 주체적으로 될 수 있는 종에 불과하다고 하지 않을 수 없다.[172]

타키자와의 이러한 문제제기는, 지금까지 우리가 검토해 온 임마누엘에서의 하나님과 인간의 통일과 구별의 문제로 이해할 수 있다. 즉 하나님과 인간 사이의 불가분·불가동·불가역의 근본적 관계와, 거기로부터 파생하는 이중의 의미구조 그리고 그 사이의 관계라고 하는 타키자와 신학의 근본적 이해가 깔려 있는 것이다. 하지만 타키자와는 지금까지 검토해 온 것과 같은 기독교적인 용어를 자제하고 『불교와 기독교』에서 새롭게 접촉(接触)이라는 용어를 도입한다.[173] 물론 이러한 접촉이라는 것은 새로운 개념이라고는 할 수 없으며, 대화를 위해 기독교적 색채를 뺀 용어로서, 그 내용은 앞서 언급해 온 임마누엘과 다른 것이 아니다. 또한 거기와 여기라는 이중의 의미구조를 접촉이라는 용어에 적용하여 제1과 제2의 의미의 접촉이라고 표현한다. 타키자와는 이 제1과 제2의 의미 사이의 통일과 구별에 비판의 초점을 맞추고 있는 것이다.

타키자와의 기독교에 대한 문제제기는, 그러한 임마누엘의 근본 규정에 대한 통일과 구별의 이해가 불충분했다는 것이었다. 그리고 지금 히사마츠가 말하는 불교에서도, 그러한 관계에 같은 문제가 있다고 주장하는 것이다. 이러한 불가분·불가동·불가역의 긴장관계가 명확히 규명되지 않은 채, 기독교는 하나님에게 중점이 놓여져, 우리들의 자리에 성립하여 있는 근원적 사실을 망각하여 어딘가 멀리 있는 하나님이라는 존재를 추구한다는 문제가 발생한다. 그리고 히사마츠가 말하는 불교에서는, 인간에게 중점이 놓여져, 인간의 자리이며 동시에 하나님의 자리이기도 한 것을 우리들 각자에게 속한 것으로 이해해 버리는 위험성이 있다. 이 점에서 기독교와 불교는 같은 하나의 실재점에 근거해 있으면서도, 그 성격에서는 정반대의 것이라고 타키자와는 이해한다.

타키자와는 이상과 같은 기독교와 불교의 상호변증과 상호검토를 한 후, 불교는 기독교의 문제점을 자각시키는 하나의 자극이라고 결론을 내린다. 타키자와의 이러한 불교 이해에서, 다음의 두 가지 사실을 확인할 수 있다. 하나는, 그가 어디까지나 기독교의 입장에서 불교와 대화하고 있다는 것이다. 또 하나는, 그가 기독교에 대해 가지고 있던 문제의식 속에서, 그것을 자각시킬 존재로서 불교의 위치를 확인하고 있다는 점이다. 그의 문제의식이란 본서에서 여러 번 확인하고 있듯이, 하나님과 인간, 예수 그리스도의 페르소나의 통일과 구별을 혼동함으로써 일어나는 문제, 즉 하나님이 아닌 것을 하나님으로 섬기는 우상숭배와 그것이 가져오는 배타적인 자세이다. 그러한 문제로 기독교는 우리의 발밑에 현존하는 임마누엘의 사실로부터 유리되어 어딘가 다른 장소나 대상에 하나님과 구원을 추구하는 경향을 지니게 되었다. 그리고 그러한 기독교에게, 불교는 우리의 발밑에 있는 하나의 실재점을 환기시키는 좋은 자극이라고 타키자와는 이해하고 있는 것이다. "히사마츠 박사의 '무신론'은 분명 오늘날의 기독교에게는 쓰지만 아주 좋은 약이라고 할 수 있다. 그 치료의 효과는, 분명히 하나님과 인간의 영원하며 보편적인 접촉점으로부터, 즉 진실된 유일한 절대적인 창조의 주(용어상 가장 엄밀한 의미에서의 '절대적 능동적 주체'·'주체적 주체')로부터 온 것이다"[174]라고 타키자와는 이해한다.

여기서 주목을 끄는 것은, 이러한 타키자와의 문제의식과 종교 간 대화가 기독교의 장래를 걱정하는 것으로 이어진다는 것이다. 그는 그러한 우상숭배가 기독교의 본래적 의의와 모습을 왜곡하며, 그 미래를 어둡게 한다고 한다. 또, 미래에도 기독교가 본래적 가치와 의의를 발휘하기 위해서는 그 문제를 넘어설 필요가 있다고 한다. 그는 기독교가 '세상의 소금'으로서의 역할을 수행하기 위해서는, 기독교 그 자체의 근본적인 비판과 개혁이 필요하다고 주장하고, "기독교의 진실된 대칭점이라고 할 수 있는 불교로부터의 기독교 비판은, 적어도 그것이 히사마츠 박사의 『무신론』과 같이 명확한 형태를 취할 경우, 그것은 바로 기독교인에게 혼신의 용기를 필요로 하는 그러한 근본적인 개혁의 한 걸음을 내딛기 위한 가장 적절한 자극이 되는 것이다. 우리는 '하나님을 모독하는 것'이라고 성급히 그것을 거부하기보다는 …(중략)… 깊은 감사와 주의를 기울여 이러한 비판을 받아들이지 않으면 안될 것이다."[175]라고 주장한다.

이상과 같이, 타키자와의 종교 간 대화는 두 종교가 서로에게 가지는 편견을 불식시키고, 그가 말하는 실재점에 근거한 것임을 상호변증하는 것이었다. 또한 그러한 하나의 실재점에 근거하여 서로의 종교를 상호검토하는 것이었다. 그러한 검토를 통하여 드러난 기독교와 불교의 공통의 문제는, 하나님과 인간의 접촉에 존재하는 제1과 제2의 의미관계를 엄밀하게 구별하지 않는다는 것이며, 그 양태에서는 서로가 정반대의 모습을 하고 있다고 정리하고 있다. 그리고 기독교의 대칭을 이루는 불교가 기독교의 장래의 과제를 극복하기 위한 하나의 계기라고 타키자와는 이해하는 것이다.

이러한 검토를 통하여, 타키자와의 종교 간 대화에 대한 이해가 명료해졌다고 할 수 있다. 하지만 이러한 이해를 가지고도 아직 해결되지 않은 본질적인 문제가 몇 가지 남아 있다. 그것은 첫째, 그가 왜 종교 간 대화를 하게 되었는가라는 문제이다. 제1부에서 검토한 바와 같이, 그는 철학에 머무르지 못하고 신학의 중심으로 나아가게 된다. 그런데 이번에는 신학적 전개에 멈추지 못하고 종교 간 대화로 나아간다. 그 원인은 무엇이었을까. 둘째, 그 대화의 상대는 왜 불교, 그것도 히사마츠가 주장하는 불교였던 것일까라는 문제이다. 기독교와 비견되는 종교는 불교 이외에도 존재한다. 또한 불교에도 여러 종파가 있으며 각각의 견해가 있다. 그중에서, 타키자와는 도대체 왜 히사마츠의 불교를 거론하지 않으면 안 되었을까. 셋째, 타키자와는 종교 간 대화에서 어떻게 그때까지 전개해 왔던 신학적 이해를 그대로 대화의 기반으로 삼는 것이 가능했는가라는 문제이다. 타키자와 신학은, 성서를 중심으로 하나님과 인간의 관계, 예수 그리스도의 문제를 말하는 교회 내부의 논리이다. 그러한 교회 내부의 논리가 어떠한 위화감도 없이 그대로 교회 외부의 논리로 전환되어 종교 간 대화에 사용되고 있다. 타키자와 신학은 어떻게 그것이 가능했던 것일까.

이러한 문제는 타키자와의 종교 간 대화와 그의 신학과의 관계를 이해하는 데 있어서 아주 중요한 문제이지만, 지금까지의 검토를 통해서는 해결되지 않았다. 더구나 선행 연구에서도 이 문제는 간과되어 왔다. 여기서 다시 한번, 타키자와 신학과 종교 간 대화의 배후에 존재하는 문제의식의 흐름에 주목해 보도록 하겠다.

## 2. 타키자와의 종교 간 대화를 둘러싼 문제점

### 1) 타키자와의 가슴속에 있었던 두 가지의 축

보다 넓은 시야에서 타키자와의 종교 간 대화를 바라본다면, 다음과 같은 타키자와의 기술이 우리의 주목을 끈다. 즉 "불교와 기독교, 문제는 30년간 나의 가슴속에 있었다."[176]라는 그의 말이다. 그의 종교 간 대화의 중심 저작인 『불교와 그리스도』는 이 한 문장으로 시작되며, 이것은 그의 종교 간 대화를 이해하는 하나의 단서이다. 그렇다면, 이것은 도대체 어떠한 의미일까. 여기서 말하는 30년간이라는 것은, 그가 철학적 · 종교적 근본문제에 직면했던 12살의 시기부터, 니시다 철학과 만나 그 문제를 해결한 경험과, 바르트와 만나 타키자와 신학을 구축한 1935년 전후를 거쳐, 『불교와 기독교』가 등장하는 1950년 전후까지의 시간이다. 다시말해 그 시간 속에서 불교와 기독교의 대화라는 주제가 전면에 나서는 일 없이 그의 가슴속에서 숨어 있었으며, 그것이 비로소 모양을 갖춘 것이 『불교와 기독교』였다는 것이다. 이것은 그의 종교 간 대화가 1950년을 경계로 잠재적 주제에서 현저한 주제로 변화하였다는 것을 의미한다.

그렇다면 타키자와의 가슴속에 남모르게 숨겨져 있던 종교 간 대화의 씨앗은 어떠한 것이었으며, 어디서 그것을 확인할 수 있는 것일까. 본서에서 지금까지 검토해 온 타키자와의 문제의식과 그 전개를 되돌아본다면, 그것을 찾아내는 것은 어려운 일이 아니다. 1장에서 밝힌 바와 같이, 타키자와의 문제의식은 니시다 철학에서 발견한 하나의 실재점이 바르트가 주장하는 것과 같은 것이며, 정당한 것이라는 사실을 변증하는 것이었다. 그것을 위해 타키자와는, 하나님과 인간의 관계에서의 궁극적 기점이 하나님 그 자신의 자기한정이며, 그것이 바로 예수 그리스도라는 것을 규명했다. 또한, 그러한 주장에서 신학적 논점이 되었던 것은, 교회 밖에서의 신인식의 가능성이었다. 이러한 전개에서 타키자와는 기독교의 안과 밖의 경계선에 서 있었으며, 그의 신학은 교회의 안과 밖이라는 두 가지 시점을 함께 가지는 것이었다. 이것이 임마누엘과 이중의 의미구조라는 타키자와 신학의 독특한 전개로 이어졌다는 것은, 2장의 검토를 통하여 확인한 바와 같다. 이러한 타키자와의 문제의식과 그 전개는 그 시작부터 그가 말하는 하나의 실재점을 놓고 니시다와 바르트라는 두가지 축 사이에서 형성되었던 것이다. 이 양 축은 예를 들어, 니시다와 바르트 또는 신앙에서의 원리적 가능성과 사실적 가능성, 교회의 안과 밖이라는 대비되는 개념들에서 확인할 수 있다.

우리가 이러한 타키자와 신학의 성립의 과정을 확인한다면, 타키자와의 가슴속에 숨겨져 있던 것, 즉 아직 표면으로 나오지 않은 내재적인 것으로서의 대화가 처음부터 그의 속에서 존재했었다는 것을 쉽게 예상할 수 있다. 그는 이러한 양 축 사이에 서서, 끊임없이 각각의 축을 오가며 대화를 해 나아갔을 것이다. 그의 신학에 존재하는 교회의 안과 밖이라는 양 시점은, 그러한 양 축에 의해 형성된 자연스러운 결과였다고 생각할 수 있으며, 타키자와 신학은 그러한 양 축이 변증법적으로 통합된 결과라고도 생각할 수 있는 것이다. 하지만 그 시기의 대화는 그의 가슴속에 있었을 뿐이며 아직 드러난 것이 아니었다. 왜냐하면 그 시기의 타키자와의 우선적 과제는, 기독교의 안과 밖에서 자신이 발견하고 경험해 온 것을 하나의 실재점으로 통합하여 기독교에 변증하는 것이었기 때문이다. 또한 그 시기의 타키자와에게는 바르트나 사실적 가능성, 교회의 안, 기독교라고 하는 축에 맞서는 또 하나의 축이 불교에까지는 이어지지 않았다는 것도 확인할 수 있다. 즉 니시다와 원리적 가능성, 교회의 밖까지는 등장하고 있으나, 그것이 불교까지는 다다르지 않았던 것이다. 따라서 종교 간 대화라고 하는 시점에서 타키자와 신학의 성립을 바라본다면, 후일에 기독교와 불교의 대화로 전개될 수 있는 기반이 타키자와에게 신학적인 것으로 형성되어 있었다고 이해할 수 있는 것이다.

이와 같이, 종교 간 대화의 씨앗이 이미 타키자와의 문제의식 속에 포함되어 있었으며, 타키자와 신학이 내적인 대화의 산물이었다는 것을 이해한다면, 그가 종교 간 대화로 나아가게 될 충분한 가능성을 지니고 있었다고 말할 수 있다. 그렇다면 그 구체적인 계기는 무엇이었을까. 즉 잠재적인 주제로부터 현저한 주제로 바뀌었던 것은 무엇 때문이었을까. 또 그것은 어떻게 불교로 이어지게 된 것일까.

## 2) 전단계

우리가 이러한 종교 간 대화의 측면에서 다시 한번 『불교와 기독교』 이전의 타키자와의 저작에 주목한다면 종교 간 대화의 전단계를 발견할 수 있다.

그중 하나가, 그가 독일 유학을 마치고 일본에 돌아와 출판한 1936년의 『니시다 철학의 근본 문제』이다. 이 책의 성격을 단적으로 말해 본다면, 바르트의 밑에서 형성한 자신의 신학적 입장에서 니시다 철학을 재해석한 것이다. 그 기본적인 주장은, 니시다 철학이 신에 대한 직관적 깨달음에 의한 것이며, 타키자와가 말하는 하나의 실재점을 말하고 있다는 것이다. 따라서 거기서는 예수 그리스도나 임마누엘이라는 타키자와의 중심 개념이 적극적으로는 나타나지는 않지만, 철학 서적 더구나 니시다 철학을 해석하는 서적으로서는 이상하리만큼 무수히 성서를 인용했다. 그것에 대하여, 그는 서문에서 다음과 같이 말한다.

나는 이 책에서 많은 성서의 말씀을 인용했다. 그것이 니시다 철학에 대한 종교적 왜곡이며, 더 나아가서는 성서의 이성적인 모독일지도 모르겠다. 하지만 사실 그 자체를 진실로 밝히 드러내려 할 때, 나는 어쩔 수 없이 그렇게 할 수밖에 없었던 것이다.[177]

타키자와 신학의 성립의 단계에서는 그가 니시다 철학과 바르트 신학의 사이에서 기독교를 니시다 철학의 입장에서 이해한 부분이 있다고 할지라도 그것이 전면으로 드러난 적은 없으며 이디까지나 그 배후에 있었다. 하지만 그것이 니시다 철학의 근본문제에 와서는 적극적으로 성서나 기독교적 표현을 사용하며, 니시다 철학을 이해하려 하고 있다. 즉 그의 내면에서 이루어져 왔던 대화가 점점 형태를 드러내며 표현되기 시작했던 것이다. 그리고 그러한 대화의 결과 그는 니시다 철학을 다음과 같이 정의한다.

니시다 철학은 이 나라의 이 시대의 말로 표현된 진실된 신의 증언으로서의 회개의 철학이다. 그 선한 것들은 모두 거기로부터 온 것이다. 그 근저에 있는 신의 빛에 대해 우리들의 언어를 사용한 반영이다. …(중략)… 니시다 철학의 근본을 규명한다는 것은, 우리들에게 있어서 단지 마음을 다하고, 정신을 다하고, 힘을 다하고, 생각을 다하여 주이신 하나님과 이웃을 사랑하는 것이 아니면 안 된다. 그리고 그것이 결국 우리가 진실로 철학하고, 엄밀하게 과학하며, 각각의 주어진 곳에서 거짓 없이 생활하는 것이 되지 않으면 안 되는 것이다.[178]

니시다와 바르트를 그가 말하는 하나의 실재점에서 통합시킨 타키자와 신학의 입장을 이해한다면, 니시다 철학에 대한 타키자와의 이러한 위치는 당연한 결과였다고 할 수 있다. 또, 이 인용에 나오는 '이 나라의 이 시대'와 '거기'라고 하는 두 가지의 지평의 융합이, 임마누엘의 이중적 의미의 이해에 근거한 것이며, '하나님과 이웃'을 사랑한다는 것이 하나님 앞에서 인간의 겸손함을 요구한다는 타키자와 신학의 기본적 입장에서 언급되고 있다는 것을 간과할 수 없다. 즉 그는 자신의 신학적 입장에서부터 니시다 철학을 재해석하고, 그가 바르트에게 주장한 것과 같이, 니시다 철학이 임마누엘과 연관된 것임을 말하는 것이다. 그가 '종교적 왜곡'이나 '이성적인 모독'이라는 조심스런 자세를 보이고는 있지만, 이 서적이 앞서 서술한 그가 말하는 양 축 사이의 대화였다는 것은 이론의 여지가 없다.

그런데 이 책에서 주목을 끄는 곳이 또 한 군데 있다. 즉 "불교가 니시다 철학에 대하여 깊은 영향을 끼쳤다는 것은 말할 것도 없지만, 불교에 대하여 잘 모르는 나는 여기서 이 문제를 논하기는 어렵다."[179]라고 하는 타키자와의 기술이다. 이러한 기술에서 드러나듯이, 타키자와는 니시다 철학에 영향을 끼친 불교를 명료하게 의식하기 시작한다. 단지 이 시기의 타키자와는 불교를 논할 수 있을 정도의 자신이 없었다는 것이다. 또한, 이 기술에서는 그것을 하나의 과제로 생각하게 되었다는 인상도 받게된다. 즉 기독교와 불교의 대화를 언젠가 불교를 논할 수 있는 자격이 생길 때까지 하나의 과제로서 보류하겠다는 뜻이 아니었을까. 이것은 『불교와 기독교』의 서문에 나오는 다음과 같은 말과 대비된다. "부족한 나는 불교에 대해서는 말할 것도 없고 기독교에 대해서조차 많은 것을 알지 못한다. 그간 만약 내가 약간의 불교의 진실에 접할 수 있었다고 한다면, 그것은 단지 은사이신 니시다 키타로오, 히사마츠 신이치 두 분의 선생, 벗 호시노 겐포오(星野元豐) 씨의 간절한 가르침의 결과이다."[180] 즉 그는 불교와의 대화를 하나의 보류된 과제로 여겨 불교에 대한 공부를 하고, 그 성과로 『불교와 기독교』의 대화를 이루었다고 생각할 수 있는 것이다.

타키자와의 종교 간 대화의 전단계로 또 하나 주목할 만한 것은 1940년에 발표된 「기독교의 미래」라는 논문이다. 이 논문은 「신앙」과 「페르소나」에서 형성된 자신의 신학적 입장에서 기독교의 문제를 비판하고 그 문제의 극복 여부에 기독교의 미래가 걸려 있다는 논지가 전개되어 있다. 거기서 말하는 기독교의 문제를 간단히 정리한다면, 불가분·불가동·불가역적인 신과 인간의 관계를 이해하지 않고, 하나님 그 자체가 아닌 예수의 육체를 하나님으로 생각하는 것은 우상숭배이며, 본말이 전도된 왜곡이고, 그것은 기독교의 배타적인 자기도취라는 주장이다. 이러한 중심적인 논점과 주장은 「신앙」과 「페르소나」에서 형성된 기본적 입장을 따르고는 있지만, 앞선 두 논문에서 보이는 완곡한 표현이 일절 없으며 좀 더 직접적으로 논지를 전개한다. 따라서 기독교에 대한 다음과 같은 과격한 비판도 언급된다. 예를 들어, "참으로 기독교의 하나님은 '전지전능한 인격적 하나님'이다! 이제는 명석한 로고스 대신에 멋대로의 운명적 하나님이 지배하며, 넘치는 자연적인 생명 대신에, 멋대로의 '은총'을 시인하는 비굴하며 교활한 노예적인 근성이 드러난다."라는 과격한 표현도 마다하지 않는다. [181]

　그런데 이 논문이 종교 간 대화의 측면에서 주목되는 이유는 다음의 두 가지 점에서이다. 하나는, 앞서 언급한 타키자와의 내부에서 이루어지던 대화가 외부로 명확히 드러나고 있다는 점이다. 그는 이 논문의 앞부분에서 각각 가상의 기독교인과 비기독교인을 상정하고 그 둘의 대화를 시도했다. 그 대화에서 비기독교인은 기독교인에 대하여 기독교를 비판하며, 그가 생각하는 바른 길로 인도하려고 한다. 그에 반해 기독교인은 자신의 신앙에 근거하여 변증한다. [182] 우리들이 앞서 언급한 바와 같은 타키자와의 양 축과 그의 내부에서 이루어지던 대화를 떠올린다면, 이 두 인물이 타키자와의 내부에 존재하던 양 축의 인격화이며, 그의 내부에서 일어나고 있었던 대화의 표출이라고 이해할 수 있다. 또한 이 단계의 대화는 아직까지 타키자와 내부의 대화의 연장일 뿐이며, 기독교인이 아닌 사람이 불교도라고 특정되어 있지 않다는 것도 확인할 수 있다.

또 하나는, 이 논문에서 불교와 기독교에서 나타나는 종교 간 대화의 기본적 입장과 방법론이 드러나고 있다는 점이다. 예를 들어 이것은 다음과 같은 기술에서 잘 나타나고 있다.

> 나는 또한 다른 사람에게도, 특히 그가 고뇌하는 사람일 경우, 또 그가 성서를 읽으며 성례전에 참여하는 것을 마음으로부터 권하지 않을 수 없을 것이다. 하지만 그럼에도 불구하고 나는 자신을 하나님과 같이 여기지 않는 한, 다른 이가 성서와 성례전 없이도 이미 같은 하나님을 믿으며, 같은 진리를 깨닫고 있을지도 모른다는 것을 기쁘게 인정하지 않을 수 없는 것이다. 그 사람은 다른 누구에게도 듣지 않으며, 단지 하나님 그 자신에 의하여, 그 어느 때와 장소에서 '혼자서' 그것을 깨달았을 지도 모른다. 혹은 분명히 같은 하나님 자신의 은혜로 인하여, 그러나 다른 이의 말이나 행동을 통하지 않고 그것을 깨달았을지도 모른다. 하지만 단 한 가지 확실한 것은, 내가 하나님을 믿는 한 그 사람의 말(혹은 경전)과 의식이, 그가 속한 민족과 시대와 여타의 사정에 의해, 나 자신의 성서와 성례전과는 겉으로는 아무리 다르게 보인다 할지라도 또 서로 총을 겨누는 위치에 있다고 할지라도, 나는 그와 더불어 반드시 이해할 수 있으며, 각각의 방법으로 서로 같은 하나님을 찬양하리라는 것이다.[183]

여기서 타키자와는, 인간은 하나님에 의하여 규정되는 존재이며, 결코 사람에 의해 하나님이 규정될 수 없다는 불가역적인 관계에서, 기독교인가 아닌가에 관계없이 활동하는 하나님의 자유로운 활동이, 기독교와는 다른 전통의 사람과 서로 이해하며 같은 하나님을 찬양하는 기반이 될 수 있다는 것을 말한다. 이것이 나중에 불교와의 대화에서 타키자와의 기본적 입장이 되는 것이다.

이러한 입장에는 외형적 요소보다 그 안의 내용을 중시하며, 그 내용이 같은 것이라면 그것은 동일한 하나님에 의한 것이기 때문에, 기독교는 다른 종교의 전통과 서로 이해할 수 있다는 종교 간 대화의 기본적인 자세가 드러나고 있다. 이것은 1장에서 검토한 바와 같이, 기독교와 예수 그리스도의 이름에 중점을 두는 바르트와, 예수 그리스도라는 존재의 내용에 중점을 두고 동일한 실재점을 말하는 타키자와와의 상이점에서 그 발단을 찾을 수 있다. 단지 그 시기의 타키자와는 "우리를 반대하지 않는 사람은 우리를 지지하는 사람이다."[184]라는 마가복음 9장 40절을 인용하며, '이교도'에 대한 존중을 요구하는 것에 그쳤다.[185] 그것이 「기독교의 장래」에서는 적극적으로 자신의 견해를 드러내게 된 것이다.

이러한 타키자와의 입장은, 그가 『불교와 기독교』의 서두에서 마태복음 21장을 인용하며 말하는 종교 간 대화의 기본적인 입장과 공명한다. 거기서는 자신의 권위가 하나님으로부터 온 것이라고 굳게 믿으며, 예수의 활동의 권위가 어디로부터 온 것인가라고 비난했던 당시의 제사장과 장로들의 모습과, 그에 대하여 요한의 세례는 어디서부터 온 것인가라고 반문하는 예수의 모습이 묘사되고 있다. 타키자와는 그들의 고지식한 신앙이 진실 그 자체의 권위가 아닌, 단지 그들만의 권위와 안심에 불과했다는 사실이 폭로되었다고 말한다. 그리고 그는 그러한 형식적인 신앙이 아니라 내용 그 자체가 갖는 권위에 주목할 필요가 있다고 주장한다. 이러한 그의 자세는 후에 『속·불교와 기독교』에서, 기독교와 불교의 정토진종(浄土眞宗)을 비교하며, 예수 그리스도의 이름에 집착하는 바르트를 비판하고, 양 종교가 동일한 하나의 사실에 근거한다고 주장하는 타키자와의 입장으로 이어진다.[186]

또한 「기독교의 미래」에서는 『불교와 기독교』에서 나타나는 종교 간 대화의 입장뿐만 아니라 대화의 방법론도 드러나고 있다. 타키자와는 이 논문에서, 기독교에 대한 비판이 오해로부터 기인한 것이라고 말하며, 그 오해의 유래를 검토한다. 타키자와는 그 오해가 편견이나 선입관에 의한 단순한 오해와 기독교 그 자체가 가지고 있는 문제로 나누어 생각할 수 있다고 이해한다. 예를 들어, 기독교의 하나님이 단지 초월적인 신이라고 하는 것은 오해이며, 이 오해는 예수 그리스도의 페르소나에 대한 혼동의 문제로부터 온 것이라 말한다. 그리고 예수 그리스도의 페르소나와 하나님과 인간의 관계를 밝히는 것으로, 그러한 문제가 해결될 수 있다는 자신의 신학적 주장을 펼친다. 이러한 주장과 방법론은 『불교와 기독교』에서 그대로 적용된다. 거기서는 오해와 그 유래, 자신의 주장이라는 「기독교의 장래」에서의 대화가 불교와의 대화에 적용된다. 양 논문의 차이는 히사마츠 신이치와 불교라고 하는 분명한 상대가 존재하며, 자신의 입장에서 히사마츠의 주장을 검토하는 것이 추가되었을 뿐이다.

더구나 「기독교의 미래」에서의 타키자와 신학적 주장, 즉 예수 그리스도와 하나님과 인간 사이의 통일과 구별이 불분명하게 될 때 기독교의 미래가 어둡다는 견해, 또 그 문제의 극복 여부에 기독교의 미래가 걸려있다고 하는 그의 주장은 그대로 『불교와 기독교』에서 이어지고 있다. 『불교와 기독교』에서는 자신의 주장에 근거한 불교의 존재와 대화가, 기독교가 미래에도 '세상의 소금'이 되기 위해서 필요한 하나의 자극으로서 이해되고 정당화되고 있는 것이다.

### 3) 타키자와의 종교 간 대화

이상의 검토를 통하여 밝혀졌듯이, 타키자와의 가슴속에 있던 양 축의 대화는 『니시다 철학의 근본문제』을 통하여 조금씩 외부로 드러나기 시작했으며, 「기독교의 장래」에서는 완전한 대화의 형식을 갖추어 그 기본적인 입장과 방법론을 확립했다. 그리고 『불교와 기독교』에서 기독교와 불교의 대화라는 종교 간 대화에 다다른 것이다. 이러한 이해를 통하여, 타키자와의 종교 간 대화에 대하여 앞서 제기되었던 의문의 답이 조금씩 보이기 시작한다.

첫째, 타키자와가 왜 종교 간 대화를 하게 되었는가라는 의문이다. 불교와 기독교의 관계는 12살의 타키자와가 고민했던 철학적·종교적 근본 문제로부터 출발한다. 타키자와 신학의 성립은 그가 말하는 하나의 실재점을 둘러싼 두 가지 축이 벌인 대화의 결과였다. 타기자와 신학은 그러한 대화 가운데서 교회의 밖이라고 정의되는 하나의 축을 염두에 두며 기독교라고 하는 또 하나의 축 안에서 전개된 논리였다. 이후의 신학적 전개는 이러한 대화의 연장에 있으면서도, 당시에는 교회의 밖이라고 막연하게 이해되었던 하나의 축이 니시다 철학과의 연관 속에서 불교로 구체화된다. 그리고 양 축이 기독교와 불교로서 확립되고 대화의 입장과 방법론의 성립과 더불어 그는 본격적인 종교 간 대화를 시도한 것이다. 이러한 과정에서 그가 종교 간 대화를 수행한 것은 우연이라기보다는 처음부터 그의 가슴속에 존재했던 대화의 씨앗이 때가 차서 개화한 것이라고 이해할 수 있다.

이것은 『불교와 기독교』의 시기적인 필연성과도 연관된다. 즉 그는 『니시다 철학의 근본 문제』이후에 불교적인 것을 흡수할 시간이 필요했다. 또한 『불교와 기독교』의 시기는, 2장에서 살펴본 타키자와 신학의 하나의 완성형이라고도 생각할 수 있는 「무엇이 나의 세례를 방해하는가?」가 발표되는 1956년과 가깝다. 즉 1950년경의 타키자와는 자신의 신학을 세련되게 완성시켜 가고 있었다는 것이다. 기독교라고 하는 축은 타키자와 신학으로 숙성시키면서, 또 하나의 축은 불교로 특정화되며 그 깊이를 더해 가고 있었다. 따라서 이러한 조건들이 충족된 1950년 전후에 『불교와 기독교』가 발표된 것은 결코 우연이라고 할 수 없는 것이다.

둘째, 그 대화의 상대가 왜 불교, 그것도 히사마츠가 주장하는 불교였는 가라는 의문이다. 타키자와 신학의 배경에 있던 양 축이 바르트 신학과 니시다 철학을 중심으로 한 것이라는 점은 지금까지의 검토를 통하여 밝혀진 바와 같다. 니시다 철학은 '교회의 밖' 이라는 카테고리의 배경에 있는 것이었으나, 『니시다 철학의 근본문제』에서는 전면으로 나오게 되며, 타키자와는 그것에 대하여 신학적 재해석을 시도한다. 그 작업에서 니시다 철학의 배경에 있는 불교가 과제로서 제기되었다. 그리고 그 과제에 응답한 것이 『불교와 기독교』에서의 종교 간 대화였다. 이러한 흐름에서 그에게 불교라는 것이 니시다라고 하는 축의 연장이라는 것은 명백한 사실이다. 따라서 타키자와의 종교 간 대화의 상대가 다른 종교가 아니라 불교였다는 것은 하나의 필연적인 결과라 할 수 있다. 또한 그 대화의 상대가 왜 히사마츠였는가라는 문제도 니시다와의 관계에서 이해할 수 있다. 히사마츠는 니시다의 제자이며, 타키자와가 주장하는 하나의 실재점에 대한 지식을 잇는 사람이었다. 즉 히사마츠의 불교 이해는 타키자와가 형성한 대화의 기반을 공유할 수 있는 것이었다. 이 점은 『불교와 기독교』에서 히사마츠의 주장이 그가 말하는 하나의 실재점에 근거한 것이라고 어떠한 의문도 없이 받아들이는 그의 자세에서도 잘 드러나고 있다.

마지막으로, 그가 어떻게 자신이 그때까지 전개해 왔던 신학적 이해를 그대로 대화의 기반으로 삼을 수 있었는가라는 의문이다. 위에서 언급한 것처럼, 타키자와는 바르트와 니시다라는 양 축을 그가 말하는 하나의 실재점에 근거한 것이라는 독특한 이해를 형성했다. 타키자와 신학은 그러한 하나의 실재점을 예수 그리스도의 이름으로 변증한 것이며, 교회의 밖을 전제로 하여 교회 내부의 논리로서 전개한 것이다. 이것을 종교 간 대화의 측면에서 생각해 본다면, 타키자와 신학은 하나의 실재점에 대한 확신과, 그것에 근거한 기독교라는 축에서의 전개라고 이해할 수 있다. 이때 교회의 밖이라고 하는 또 하나의 축은 그 배후에 존재하고 있었다. 그것이 기독교와 견주는 또 하나의 축으로 모습을 드러낸 것이 바로 불교인 것이다. 따라서 기독교와 불교의 대화에서 그는 자신의 신학적 논리를 어느 것 하나 바꿀 필요를 느끼지 못했다. 그의 종교 간 대화는, 그 배경에서 하나의 축이 전면으로 나오고, 그때까지 하나의 실재점과 기독교라는 수직적인 시점에서 전개되었던 것에 수평적인 시점이 더해진 것이었다.

따라서 이러한 시점의 확장은 다키자와 신학의 기본적 구조나 입장의 변화가 아니다. 즉 "나는 결코 나로부터 분리되지 않는 이러한 '예수 그리스도'에 철두철미하게 머무르고자 했다."[187]라는 그의 입장을 수정한 것이 아니다. 이미 언급한 것처럼, 그가 예수 그리스도에 근거한다는 것은, 또 하나의 축이었던 니시다로부터 벗어난다는 것이 아니었으며, 기독교에만 머무른다는 의미가 아니었다. 이 양 축은 그가 말하는 하나의 실재점, 즉 예수 그리스도에 의해서 통합되어 있었기 때문이다. 이렇게 예수 그리스도에 의하여 통합된 그의 입장은 어디까지나 그러한 예수 그리스도가 가리키는 기독교의 입장에서 불교와의 대화를 하는 자세로 이어진다. 이러한 하나의 실재점을 둘러싼 두 가지의 축이라는 다키자와 신학의 일관된 구조에 의하여 기독론을 중심으로 하는 신학적 전개가 그대로 종교 간 대화의 기반이 되었다고 생각되는 것이다.

이상의 검토를 통하여 본서는 다키자와의 종교 간 대화를 둘러싼 문제들을 이해해 보았다. 이제 이러한 이해들을 바탕으로 다음 단계로 나아갈 필요가 있다. 즉 이상과 같은 다키자와의 종교 간 대화가, 어떠한 특징을 지니고 있으며, 어떠한 문제를 지니고 있는가라고 하는 것이다. 다음으로 그의 종교 간 대화를 향한 평가와 비판을 검토함으로써 좀 더 깊은 이해를 추구해 보도록 하겠다.

## 3. 타키자와의 종교 간 대화에 대한 평가와 비판

앞서 살펴본 타키자와의 종교 간 대화는 커다란 반향을 불러일으켰다. 예를 들어 아키츠키 류우민(秋月龍珉)은 "앞으로 기독교와 불교에 대하여 논하고자 하는 이는, 타키자와의 이 작은 책(『불교와 기독교』)을 결코 무시할 수 없을 것이며, 그의 업적을 이해하지 않고 불교와 기독교의 문제를 논하는 것은 상호간의 무의미한 오해와 독선이라는 출발점으로 되돌아가는 어리석음을 범하는 것이 될 것이다."[188]라고 타키자와의 종교 간 대화를 평가하였다. 또한, 타키자와가 전개한 하나님과 인간 사이의 제1과 제2의 접촉의 구조는 이후에 이루어진 불교 기독교의 대화에서 자주 거론 되었다. 더구나 그의 명예박사 학위도, 그 중심에는 독일에서 이루어진 기독교와 불교의 대화에 관한 강연이 중요한 평가의 하나가 되었다는 점을 생각해 본다면, 타키자와의 종교 간 대화가 가져온 영향은 결코 작은 것이 아니었다고 말할 수 있다.

하지만 타키자와의 종교 간 대화를 비판적으로 검토해 온 본서는 그러한 영향력과 평가를 인정하더라도 한편으로는 다음과 같은 의문을 갖게된다. 하나는, 그의 종교 간 대화에 대한 평가는 무엇에 대한 것이었는가라는 문제이다. 그러한 평가는 그의 종교 간 대화 가운데 어떠한 부분에 대한 것이었으며, 그것은 타당한 평가였을까. 또 하나는, 그의 종교 간 대화를 둘러싼 문제점은 어떠한 것이 있었을까라는 문제이다. 그의 종교 간 대화에 대하여 좋은 평가만이 있으며, 비판은 존재하지 않았던 것일까. 만약 비판이 있었다면 그 중요한 논점은 무엇이었을까. 여기서는 이러한 문제를 중심으로 타키자와의 종교 간 대화에 대한 비판적 검토를 시도해 보겠다.

## 1) 긍정적인 평가

타키자와의 종교 간 대화가 어떠한 점에서 평가되었는가에 대하여, 그의 좋은 대화의 벗이었던 야기 세에이치(八木誠一)는 다음과 같이 말한다.

불교와 기독교의 대화에서 자주 보이는, 예를 들어 가톨릭에서 좌선이라는 명상의 방법만을 선종에게 배운다던지, 또는 개신교의 경우에, 진종(眞宗)의 경우 신란(親鸞)의 순수한 신앙의 깊이를 배우지만, 기독교의 성스러운 부분, 즉 예수 그리스도에 있어서 하나님과 인간의 세1의 의미의 접촉이 성립한다는 그 점은 다루지 않는다는 그러한 방법이 아니라, 타키자와 선생님은 기본적으로 종교 간 대화가 성립하는 근거를 규명하셨다고 생각합니다. 나 자신도, 타키자와 선생님의 『불교와 기독교』라는 호오죠오칸(法藏館)으로부터 나온 책을 통하여 처음으로 그 구별을 배울 수 있었습니다. 아마도 선생님도 그 책에서 무엇보다도 분명히 이 구별을 밝히셨다고 생각합니다만, 이 구별은 제가 막연하게 생각하고 있었지만 확실하게 인식하지 못한 것이었기에, 저는 타키자와 선생님께 이 점을 배우고 또 크게 공감할 수 있었던 것입니다.[189]

이러한 야기의 기술에 의하면, 타키자와의 종교 간 대화는 '종교 간 대화가 성립하는 근거'를 밝힌 것이라는 점이 부각된다. 이것은 이번 장의 검토를 통하여 보아 왔듯이, 타키자와가 거기에서 상호변증과 상호비판을 수행할 수 있었던 하나의 실재점이라는 근거라고 이해된다. 타키자와가 이러한 하나의 실재점을 제시하고 거기에 근거하여 이중적 의미를 전개한 것에 대해, 야기는 크게 공감하였던 것이다. 야스이 타케시(安井猛)도 "타키자와 카츠미(1909-1984)가 일본 개신교 신학에 공헌한 것 중 하나는, 그가 종교 간 대화의 모델을 제공한 것이었다."[190]라고 말하고 있다. 즉 타키자와의 종교 간 대화가 기독교와 불교 사이의 적극적인 대화의 근거와 방법론으로서 하나의 모델이 되었다는 것이 사람들에게 커다란 의미로 받아 들여졌던 것이다.

그렇다면 타키자와가 제시한 종교 간 대화의 모델이 어떠한 점에 있어서 매력적이었던 것일까. 이것에 대하여는 다음의 두 가지를 생각해 볼 수 있다. 첫째, 그의 종교 간 대화는 하나의 선구적인 모델이었다는 것이다. 주지하는 바와 같이, 기독교가 타 종교와의 관계에서 커다란 변화를 이룬 것은 1960년대 중반부터이다. 그때부터 기독교는 소위 기독교 중심주의로부터 벗어나 자신을 상대화시키며, 다른 종교와 적극적인 의미의 대화를 해 나아간다. 그에 따라 기독교가 자신의 존재를 어떻게 이해하고 타자를 어떻게 이해할 것인가를, 또한 교회의 안과 밖의 연속성과 비연속성의 문제를 고민하게 된다. 바꾸어 말하자면 그때까지의 기독교에는 그러한 의미의 자기와 타자이해에 근거한 종교 간 대화의 모델이 크게 눈에 띄지 않았던 것이다. 그러한 상황에서 타키자와는 시대에 앞서, 1950년에 『불교와 기독교』를 발표한다. 본서에서 검토한 것처럼, 그것은 교회의 안과 밖의 시점이 같이 존재하는 기독교의 자기이해이며 타자이해라고 하는 신학적 특성을 지닌 것이었다. 또한, 기독교와 불교라는 표식의 체계에 앞선, 인간과 함께 계시는 하나님이라고 하는 실재점을 그 기반으로 하는 것이었다. 이러한 그의 종교 간 대화가 적어도 당시의 독자들에게 가져온 충격은 적지 않은 것이었을 것이다.

위와 같은 이해가 종교 간 대화라는 기독교의 흐름 속에서 타키자와의 시도에 대한 의의라고 생각할 수 있다. 그런데 일본이라는 콘텍스트에서는 그것에 더하여 또 다른 의미가 부여된다. 여기서 다시 한번 야기의 말을 인용하자.

우리나라(일본)에서도, 불교와 기독교의 대화는 이미 긴 역사가 있다. 우선 키리시탄[191]이 불교도와 전쟁을 하고, 메이지 이후에도 대결이 있었다. 그러나 전후 새로운 국면이 전개되었다고 생각한다. 우선 니시다 키타로오와 칼 바르트에게 수학한 타키자와 카츠미가 종교적 삶의 근거가 하나님이 우리와 함께 계신다라고 하는, 모든 이에게 현존하는 근원적 사실에 있는 것이지, 예수 그리스도의 삶·죽음·부활에 있는 것이 아니라고 하며, 불교와 기독교의 대화의 길을 개척하였다. 기독교와 불교 모두 이러한 근원적인 사실에 서 있기 때문이다.[192]

여기서 야기도 지적하고 있지만, 일본이라는 콘텍스트 속에서는 기독교가 일본의 전통종교와 긴장관계에 있었다는 것은 쉽게 이해할 수 있는 일이다. 즉 기독교는 그 전래의 시기부터 기독교와 타 종교가 상호이해를 시도하고 대결의 형태를 이루었다는 것이다. 그것이 일본제국시대에, 소위 천황제 이데올로기를 중심으로 전례가 없을 정도의 상호이해와 종교 간 대화, 실천적인 협력으로 나타난다. 즉 부정적인 의미에서 천황제 이데올로기는 일본의 종교 간 대화의 하나의 기반이었던 것이다. 그러나 그러한 기반은 패전과 더불어 사라지고, 일본의 종교 간 대화는 전혀 다른 새로운 길을 개척하지 않으면 안 되었다. 전후 얼마 지나지 않은 시기에, 타키자와 는 야기가 말한 것처럼 그러한 새로운 종교 간 대화의 길을 열었던 것이다. 이것은 단지 새로운 길로서만이 아니라, 이전의 부정적인 이미지의 대화로부터 타키자와가 말하는 '같은 하나님을 찬양하는' 상호이해를 목적으로 하는 긍정적인 이미지로의 전환이었던 것이다. 이러한 의미에서 "현대의 일본에 있어서 가장 생산적인 기독교와 불교와의 대화는, 타키자와가 히사마츠 신이치(久松真一)와 한 대화를 통하여 시작되었다."[193]라는 평가는 적절하다고 생각된다. 따라서 야기를 포함한 많은 사람들이, 이러한 새로운 흐름에 공명하고 참여하게 된 것이라 생각된다.

둘째, 타키자와의 종교 간 대화의 모델 그 자체가 갖는 매력이다. 이것에 대하여는 다음의 두 가지 측면에서 생각해 볼 수 있다. 하나는, 타키자와가 제시하는 모델이 명확하고도 알기 쉬운 구조를 갖고 있다는 것이다. 예를 들어 실질과 표식, 제1의 의미와 제2의 의미의 접촉과 같은 개념은 이해하기 쉬워 종교 간 대화에 진입하기 쉽게 해 준다. 물론 이러한 단순한 이원론적 이해는 자주 오해를 초래했다. 그것은 2장에서 거론하였듯이, 그 둘을 가분할 수 있는 것으로 이해한다거나, 또는 테라조노가 지적하듯이 "타키자와의 기독론의 구조에 내재하는 하나님의 아들에 관한 문제는, 타키자와의 기독론이 한편으로는(임마누엘 · 하나님과 인간의 근원적 관계에 대하여) 존재론적이며, 또 한편으로는(표식으로서의 인간 예수에 관하여) 역사주의적이라는, 말하자면 이원론적인 구조의 모습을 보여주고 있다는 인상을, 타키자와의 본의는 그것이 아니더라도 우리에게 그러한 인상을 주고 있다."[194]라는 오해의 여지를 남기고 있는 것일지도 모른다. 하지만, 처음에는 단순하게 보이는 구조가 한발 들어가게 되면 거기에는 하나님과 인간의 네 가지의 지평이 교차되고 있으며 그 모든 관계에서 세 가지의 불가가 엄격하게 적용되며 치밀하게 전개된다는 것은 본서에서 확인해 온 바와 같다. 하지만 그러한 오해의 여지에도 불구하고, 그것이 아주 단순명료하게 정리된 형태를 취하고 있다는 점에서 이후의 종교 간 대화에 커다란 프레임으로서의 역할을 수행할 수 있었던 것이다.

또 하나는 타키자와의 기독교와 불교 이해가 갖는 친근함이다. 모든 대화가 그렇듯이 그 대화에 임하는 사람의 자기한정은 필연적인 조건이라고 할 수 있다. 타키자와의 경우 그것은 바르트와 니시다를 중심으로하는 두 가지의 축의 연장으로서의 기독교와 불교였다. 즉 타키자와의 종교 간 대화에는 바르트로 대표되는 기독교 이해와 니시다로 대표되는 불교 이해가 각각의 기독교와 불교를 한정하고 그 둘을 하나의 실재점에서 비판적으로 이해하는 타키자와의 견해가 존재한다. 이러한 자기한정의 형태가 기독교와 불교 각각에게 아주 매력적이었다고 생각된다. 예를 들어 기독교에게는 20세기 개신교 신학의 핵심적 인물이라고도 할 수 있는 바르트의 이해에 근거하여, 거기서부터 자신의 견해를 전개하며 불교와의 대화를 이끌어 가는 타키자와 시도가 매우 흥미로운 것이었을 것이다. 이러한 측면에서 타키자와의 작업은 전통적인 유럽 신학에 대한 도전이면서도, 동시에 기독교의 에큐메니칼적인 전개와 연관되어 이해되었다고 할 수 있다.[195] 또 한편으로 불교에게는 선불교적인 이해, 그중에서도 당시의 일본을 대표했던 니시다 철학에 근거한 불교 이해가 익숙한 것으로 이해·공감되었을 것이다. 이것은 예를 들어 "타키자와 카츠미의 '불가분·불가동·불가역'의 학설을 니시다 키타로오의 '장소적 역대응(場所的逆対応)'이나 스즈키 타이세츠(鈴木大拙)의 '반야즉비(般若即非)'의 연장선상에서 이해한다."[196]라고 하는 아키츠키 류우민의 말에도 잘 드러나고 있다. 이러한 바르트와 니시다를 중심으로한 기독교와 불교 이해가, 양 종교에게 타키자와의 종교 간 대화를 받아들이게 한 하나의 이유였다고 생각할 수 있다.

위와 같은 이유에서, 적어도 종교 간 대화를 중요한 과제라고 인식하고 있었던 사람들에게 타키자와의 시도가 시사한 바는 적지 않았을 것이다. 이 때문에 타키자와의 종교 간 대화에 대한 긍정적인 평가가 많았다고 생각할 수 있다. 그렇다면 타키자와의 종교 간 대화에 대해서는 긍정적인 평가만이 있었으며 비판은 존재하지 않았을까. 만약 비판이 있었다면 그것은 무엇에 대한 어떠한 비판이었을까. 예를 들어 기독교에서의 비판은 이미 2장에서 검토한 바와 같이, 그의 바르트 해석과 예수 그리스도의 매개성의 문제가 제기되었다.[197] 그렇다면 불교에서는 어떠했을까. 특히나 선불교와 니시다의 흐름에 있었던 사람들에게 타키자와에 대한 불만은 없었을까.

## 2) 불가역을 둘러싼 문제

타키자와와의 종교 간 대화를 향한 불교 측의 반응도 긍정적인 것이 대부분이었다. 그럼에도 불구하고 제기되었던 비판에 주목해 본다면, 그것은 그가 주장했던 불가역을 둘러싼 문제였으며, 그 대표적인 비판자가 아베 마사오(阿部正雄)였다는 것을 알 수 있다. 아베는 『불교와 기독교』에서 타키자와가 말하는 제1과 제2의 의미의 하나님과 인간의 접촉을 근거와 기연(機緣)이라는 카테고리에 적용하여 다음과 같이 말한다. "타키자와씨가 강조하는 제1의 의미의 접촉과 제2의 의미의 접촉 사이에 존재하는 불가분·불가동·불가역의 관계는—특히 역사적 존재로서의 나사렛의 예수와의 연관성에서 말한다면—구원이 성립하기 위한 근거와 기연 사이의 불가분·불가동·불가역으로 이해할 수 있다. 이러한 의미에서만 제1의 의미의 접촉과 제2의 의미의 접촉 사이의 불가분·불가동·불가역이라는 타키자와의 주장을 전적으로 받아들일 수 있다."[198] 즉 아베는 기연이라는 하나의 계기가 근거보다 앞서는 것이 불가능하기 때문에, 그 둘 사이의 불가역을 인정하지 않을 수 없다고 말하며, 특히 예수 그리스도의 이해에서 그것은 타당하다고 인정하고 있다.

하지만 그와 동시에 타키자와가 말하는 제1과 제2의 의미 사이의 불가역적인 관계가 제1의 의미 내부에서의 불가역적인 관계로부터 오는 것이 아닌가라고 말하며, 타키자와가 말하는 제1의 의미의 접촉, 즉 임마누엘의 근원적 사실이 선불교와 니시다의 흐름에서 이해되는 절대무(絶対無)와는 다른 실체적이며 불가역적인 관계를 가지는 것으로 아베는 이해한다. 그리고 "만약 그러하다면 그러한 실체적이며 불가역적인 구조를 갖는 임마누엘의 근원적 사실은 과연 구원이 성립되는 궁극적 근거라고 할 수 있을 것인가."[199]라고 묻는다. 또 "타키자와 씨에 의하자면, 임마누엘의 근원적 사실에서도 하나님은 창조주로서, 즉 창조주라는 상(相)을 가진 존재로, 또 인간은 피조물로서, 즉 피조물이라는 상을 갖는 존재로 이해되고 있다."[200]고 말한다.

그러나 인간의 궁극적 근거가 될 수 있는 것은 그러한 유상적(有相的)인 것이 아니라 모든 상을 초월한 공(空)이 아니면 안 된다고 말하며, 거기에는 유상과 무상 사이의 색즉시공(色即是空) 공즉시색(空即是色)의 가능성이 존재한다고 아베는 주장한다.[201] 따라서 '생사적(生死的)인 나에게 멸도적(滅度的) 주체라고 하는 것은, 피조물인 내가 결코 창조주로서의 신적인 주체가 아니라 무상의 주체·절대무적인 주체·주체가 아닌 주체·그렇기 때문에 진실된 주체가 되는 절대적인 자기부정적 주체'[202]이기 때문에, "진실된 나(真人)와 진실된 멸도적인 주체(真仏)는, 구별이 있으면서도 가역적(可逆的)이다. 거기에 진실된 인간 즉(即) 진실된 부처, 진실된 부처 즉(即) 진실된 인간이라고 하는 관계가 성립한다. 이것은 결코 불가역적으로 불가분·불가동한 것이 아니다."[203]라고 타키자와에게 반론한다.

이 같은 아베의 반론은 크게 두 가지의 측면에서 제기된다고 볼 수 있다. 하나는 타키자와의 임마누엘은 유상적이기 때문에 궁극적 근거가 될 수 없다는 것이다. 또 하나는 궁극적 근거라고 할 수 있는 공은 가역적인 것이라는 것이다. 즉 아베는 궁극적 근거의 무상성과 가역성을 근거로 타키자와를 비판하고 있는 것이다. 따라서 타키자와의 주장은 기독교에는 적절할지 모르겠으나, 그것을 종교 간 대화, 특히 불교에 적용하는 것을 의문시하며, 궁극적 근거가 될 수 있는 것은 다름 아닌 불교적인 절대무라고 말한다.

이러한 아베의 비판이 전개된 것은 '타키자와 카츠미와의 대화를 요청하며'라는 부제를 붙이고 출판된 『불교와 기독교―타키자와 카즈미와의 대화를 요청하며』(三一書房, 1981)에서인데, 거기서는 아베를 포함하여 아키츠키와 야기, 혼다 마사아키(本多正昭) 네 명이 불가역을 놓고 논쟁을 벌인다. 그 가운데서도, 타키자와의 불가역을 부정하며, 가역성을 주장하는 아베와 아베와 동일하게 선불교의 입장이면서도 아베와는 반대의 입장에 서 있었던 아키츠키의 논쟁이 주목할 만하다. 이러한 논의에 대하여 타키자와는 『당신은 어디에 있는가 : 실재 인생의 기반』(三—書房, 1983) 전체를 통하여 자신의 입장에 대한 포괄적인 변증과 반론을 시도한다. 여기서는 타키자와의 주장을 염두에 두며, 불가역을 놓고 상반된 입장에 있었던 아베와 아키츠키의 논점에 따라 타키자와의 불가역을 좀 더 상세히 이해해 보도록 하겠다.

첫째, 타키자와의 임마누엘이 유상적인가라는 문제이다. 앞서 기술한 것처럼 아베는 타키자와가 말하는 임마누엘이 유상적인 것이라고 판단하고, 구원이 성립하는 궁극적 근거가 될 수 없다고 말한다. 아베에 따르면, 그러한 근거는 상(相)을 초월한 공(空)이어야 한다는 것이다. 이에 반하여 아키츠키는, "아베의 진종(眞宗) 비판 · 기독교 비판은 그 자신이 본 진종, 그 자신이 본 기독교에 대한 비판에 불과하다고 말하지 않을 수 없다"[204]고 하며, "신란(親鸞)교인나 기독교인 안에도 히사마츠나 아베가 비난하는 '상(相)' 같은 것을, 이미 초월한 '무상(無相)'의 신과 부처를 바라보고 있는 사람들이 분명히 있지 않는가."[205]라고 말하고 있다. 즉 타키자와의 임마누엘이 아베가 주장하는 것과 같은 '상(相)'을 가지고 있는 것이 아니라, 오히려 '무상(無相)', 혹은 아베가 말하는 '상을 초월한' 것이라고 아키츠키는 이해하는 것이다.

그렇다면 과연 타키자와의 임마누엘은 상을 가지고 있는 것일까. 아니면, 그것은 모든 상을 초월한 것일까. 이 문제는 지금까지의 본서의 검토를 되돌아본다면, 그 답이 분명해진다. 그것은, "'창조주'나 '피조물'이라는 용어 때문에 아직도 현실의 유상적인 것에 집착하는 환상에 불과하다는 편견을 가지는 것은 …(중략)… 결코 성서의 '하나님', 그중에서도 예수가

'아버지'라고 부른 그 '하나님'의 이름을 바르게 분별한 것이라고는 말할 수 없는 것이다."[206]라고 단언하는 타키자와의 말에도 잘 드러나고 있듯이, 그가 이해하는 하나님은 유상적인 하나님이 아니다. 오히려 무상적인 하나님이, "다름 아닌 (유상적인) 나 자신에게, 나의 존재라는 사실도, 인간으로서의 나의 근원적 본질도 전혀 나의 활동에 의존하지 않는다는 사실, 이러한 나는 절대로 내가 아닌 무상의 주체에 의해 단순히 자유로워지도록 매 순간 결정되고 있다는 것, 이러한 존재로서 나는 진실로 그 자체로 존재하며 살아있는 무상의 주체와, 절대적으로 불가분·불가동·불가역적인 관계로 결합되어 있다."[207]라는 것이 타키자와가 주장하는 임마누엘이다. 즉 임마누엘이라는 기점이, 우리들 한 사람 한 사람에게 연관되어 있는 한 그것은 유상적이며 실체적인 것이 아닐 수 없다. 좀 더 정확히 말하자면 그것은 단지 유상적이며 실체적이라고 하기보다는 유상과 무상이 접하는 기점이다. 그것은 바로 아베가 타키자와를 부정하며, 자신이 구원의 근거라고 주장하는 공의 현실, 즉 '거기서는, 진공묘유(眞空妙有)라고 말하듯이, 일체의 유·일체의 개체가 그 여실한 상을 가지고 분명히 현존한다. 거기서는 소나무는 소나무이며, 장미는 장미로서, 모든 상을 초월한 공의 부정태(否定態)로서 각각 현존하는'[208] 상태와 같은 것이라 할 수 있는 것이다.

여기서 알 수 있듯이, 아베의 타키자와 이해는 그 카테고리가 조금 어긋나 있다. 즉 아베가 주장하는 절대무는 하나님에 해당하는 것이며, 절대무의 다른 표현인 공의 상태, 즉 위의 인용처럼 공의 부정태로서의 개체와 개체의 부정태로서의 공이 만나는 기점이 타키자와가 말하는 임마누엘이다. 그러한 임마누엘이 유상적이기 때문에 구원의 근거가 될 수 없다는 아베의 주장은, 마치 위의 아베의 공에 대한 설명이 유상적이기 때문에 구원에 근거가 될 수 없다는 것과 같은 것이다. 왜냐하면 타키자와가 말하는 임마누엘에서 하나님과 인간·창조자와 피조물이라는 상은 그것 자체의 상이라고 하기보다는 둘의 관계를 통하여 비로소 발생하는 관계적인 상이기 때문이다. 이것은 아베가 말하는 서로의 부정태로서의 상이라고도 말할 수 있다. 타키자와의 표현에 따르면 그것은 하나님이 인간을 받아들인 존재로서, 인간은 하나님에게 받아들여진 존재로서의 근본적 규정이다. 타키자와의 임마누엘이 무엇보다 앞서는 근원적 사실이라는 것은, 아베가 말하는 공의 현실이 근원적 사실이며, 그것 이외에는 어떠한 공도 개체도 존재하지 않다는 의미이다. 따라서 아베는 타키자와의 하나님을 단순히 유상적인 것으로 혹은 히사마츠가 말하는 것과 같은 중세적·유신적인 신으로 이해하지만, 그것은 명백히 오해라고 할 수 있는 것이다. 타키자와가 말하는 하나님은 아베가 주장하는 무상적인 것에 해당하며, 타키자와 신학의 용어로 한다면 자유롭게 활동하는 하나님이다. 이러한 의미에서 아키츠키의 주장이 좀 더 설득력이 있다고 이해할 수 있다.

둘째, 궁극적 근거의 가역성·불가역성의 문제이다. 아베는 구원이 성립하는 궁극적 근거는 가역적인 것이어야 하며, 타키자와의 임마누엘은 불가역적인 것이기 때문에 그러한 근거가 될 수 없다고 주장한다. 하지만 이것에 대하여 아키츠키는 다음과 같이 이해한다.

'우선 하나가 존재하고, 그 후에 다른 하나가 나온다'라고 하는 의미의 '앞선' 것은 성립하지 않는다. 만약 그렇다면 그것은 '불가분'이라고도 말할 수 없는 것이기 때문이다. 하지만 여기서는 그것과는 다른 의미에서의 '앞선' 관계가 분명히 존재한다. '개체'를 말하지 않는다면, 아무것도 말할 수가 없다. 하지만 "선에 있어서도 개체는 엄연한 사실이다"(스즈키 타이세츠)라고 하는 이상, 그리고 그 개체의 존재는 일원론적인 출발론(플로티누스)으로는 다 설명할 수 없다. 거기에 어떠한 장소적인 이원적 구조가 등장하지 않으면 안 되는 한, 그 '장소'와 '놓여져 있는 것'(개체)이라는 이원(二元)의 사이에는 엄연히 '장소(신·부처 = 절대무)가 앞서고 개체(인간 = 중생)가 뒤인 것이다'라는 '불가역'의 질서가 존재한다. '태초에 자비가 있었다"라는 것이다.[209]

아키츠키는 아베와는 다르게 불교에서의 불가역성을 말하는데, 여기서 우리의 주목을 끄는 것은 아베와 아키츠키의 불가역에 대한 이해의 차이이다. 아베의 불가역 이해가 선후 개념에 머물고 있는 것에 반해, 아키츠키의 이해는 두 가지 서로 다른 차원의 존재가 만날 때 성립하는 관계의 이해로까지 이어지고 있는 것이다.

그렇다면 타키자와가 말하는 불가역이라는 것은 과연 어떠한 것이었을까. 타키자와는 "깨달음이 단지 절대 무상의 자기 활동이라고 할 경우, 그 절대무적인 주체의 '활동'이, 근원적 결정의 발생 그 자체를 의미하는 활동과 그 근원적 결정의 세계 내부를 향한 활동으로, 말하자면 두 가지 측면을 가지고 있다는 것을 간과하면 안 된다."[210]라고 말한다. 여기서 타키자와는 하나의 깨달음을 놓고 이중의 의미에서의 이해를 말하고 있다. 이것을 지금까지의 검토에 비추어 달리 표현하자면, 임마누엘에서 하나님과 만나는 인간의 관계와, 그 인간이 이 세상 속에서 수행하는 표식 간의 관계 사이의 구별이다. 본서에서는 이러한 구별을, 하나님과 인간 사이에 네 가지의 차원이 교차한다는 임마누엘의 성질로서 2장에서 밝혔으며, 하나님과 인간의 관계가 절대적인 것임에 비해, 표식 간의 관계가 상대적이라는 것도 밝혔다.

따라서 타키자와가 말하는 불가역은 네 가지 지평의 교차 속에서 이해할 수 있다. 즉 아버지 하나님과 아들인 그리스도, 그리스도가 생성한 육신으로서의 모습, 그리스도에 의해 받아들여진 우리들이라는 네 가지의 지평이다. 그리고 이러한 지평이 교차할 때 거기서는 다음과 같은 불가역이 발생한다. 첫째, 하나님과 인간의 절대적인 관계에서의 불가역이며, 이것을 위의 용어로 바꾸자면 '제1의 의미의 접촉 내부에 있어서의 불가역'이 된다. 둘째, 그러한 절대적인 관계와 그 관계를 깨닫는 것 사이의 불가역이다. 이것이 '제1과 제2의 의미의 접촉 사이의 불가역'이다. 셋째, 깨달은 사람들 사이의 불가역이다. 이것이 '제2의 의미의 접촉들 사이의 불가역'이다. 이러한 불가역 이해에서 드러나듯이, 거기에는 하나님과 인간이라는 존재의 차원과 질이 서로 다른 존재가 만날 때 반드시 생기는 관계로서의 불가역과, 존재의 차원과 질은 동일하나 활동하는 존재와 그것을 받아들이는 존재 사이의 관계로서의 불가역이라는 두 가지의 측면이 존재한다. 예를 들어 하나님과 인간 사이의 불가역은 그 존재의 차원이 전혀 다르기 때문에 생기는 필연적인 관계이다. 한편으로 표식의 체계에서 제1의 표식인 예수 그리스도와, 그 표식에 의해 태어난 교회와 그 전통에 서 있는 우리들 사이의 불가역은, 표식이라는 측면에서는 동질의 존재이나 원인과 결과라는 의미에서는 거꾸로 할 수 없는 관계이다.

그런데 여기서 지금 문제가 되는 것은, "한편에서 다른 한편으로 넘어가는 것, 상호 간에 혼동할 수 없는 절대적인 차이를 인정하는 것으로, 비로소 상호 간에 분리할 수 없이 하나라는 것"[211]이라고 말하는, 하나님과 인간 사이의 불가역이다. 아베는 "제1의 의미의 접촉과 제2의 의미의 접촉의 관계가 불가역이라는 것은, 제1의 의미의 접촉으로서의 임마누엘의 근원적 사실의 구조가 가역적이지 않고 불가역적인 구조를 가진 것으로 이해되기 때문이 아닌가."[212]라고 말한다. 즉 타키자와가 종교 간 대화에서 사용하는 신과 인간의 제1과 제2의 의미의 접촉의 관계로부터 불가역을 이해하고, 거기서부터 하나님과 인간 사이의 불가역을 유추하고 동일한 개념으로 이해하한다는 것이다. 그러나 앞서 살펴본 바와 같이, 타키자와의 불가역은 전후 관계로서의 측면뿐만 아니라, 신과 인간의 질적인 측면도 함께 가지고 있는 것이다. 아베는 타키자와 신학의 이러한 구별을 보지 못하고 전후적인 의미에서만 불가역을 이해한다. 그리고 그러한 불가역 이해에 근거하여 타키자와의 주장이 부당하다고 비판하는 것이다.

아베는 "모든 상을 초월한 공은, 그 자신의 자기부정으로서의 공이 아닌(不空) 것으로, 일체의 개체들 각각에게 준하며, 일체의 개체는 각각의 특수상(特殊相)의 부정으로서 무상(無相)의 공에 준한다. 여기에 색즉시공, 공즉시색이라는 유상(有相)의 색과 무상의 공 사이의 가역적인 상관관계가 실현되어 있다."[213]라고 타키자와에게 반론한다. 하지만 다키자와의 이해에서는, 그러한 가역적인 상관관계는 타키자와의 불가분 · 불가동의 관계에서도 충분히 말할 수 있는 것이다. 즉 공과 색의 관계를 표현하는 아베의 말은, 예를 들어 2장에서 검토한 것처럼, 아버지이신 하나님의 통일과 구별 속에서, 우리들 한 사람 한 사람과 접하시는 그리스도라는 타키자와의 설명에서 충분히 설명되는 것이다. 이에 대하여 아키츠키도, 아베가 말하는 가역성이라는 것은 '타키자와가 말하는 '불가분 · 불가동' 속에 이미 충분히 포함되어 있다."[214]라고 말한다. 오히려 타키자와가 말하는 불가역은, 색이 색으로서, 공이 공으로서 둘이 무차별적으로 합일하는 것이 아니라, 불가분 · 불가동적인 구별을 가지며 접하는 한에 있어서, 그 둘의 색과 공으로서의 성질로 인하여 필연적으로 생기는 불가역적인 관계인 것이다. 이러한 이해를 통하여, 엄밀한 의미에서 아베는 타키자와의 주장에 대한 반론을 전개한 것이 아니다. 따라서 그것이 불가역적이며 유상적이기 때문에 궁극적 근거가 될 수 없다는 아베의 반론은 적절치 못한 것이었다고 말하지 않을 수 없다. 오히려 아베 자신의 가역성에 대한 이해의 불철저함을 노출하고 만 것이다. 아베의 비판이 그 정당성을 확보하기 위해서는 타키자와의 불가역을 다시 한번 정확히 파악하고, 같은 선불교의 입장에서 타키자와의 불가역을 인정하는 아키츠키의 입장을 참고하여, 자신의 가역론을 변증할 필요가 있다고 할 수 있겠다.

　이상으로 본서는 타키자와의 종교 간 대화를 향한 적극적인 평가와 함께 불가역을 둘러싼 논점을 검토해 보았다. 그 결과 적극적인 평가에는 시대를 앞선 종교 간 대화의 모델이 제시되고, 그것은 그때까지 보기 힘든 긍정적 의의를 가지고 있었기 때문이라는 것을 확인할 수 있었다. 또한 바르트와 니시다라는 양 축이 갖는 매력도 부각되었다. 불가역을 둘러싼 불교로부터의 비판은 불교의 시각에서는 불가역에 대한 논의의 여지가 있다는 점을 확인 하였으며, 타키자와가 말하는 불가역에 대한 적절한 이해가 부족했기에 엄밀한 의미에서의 비판이 전개되지 않았다는 점도 지적하였다. 이러한 의미에서 앞으로의 불교 측 논의의 전개도 기대해 볼 수 있을 것이다. 그렇다면 이상과 같은 이해를 바탕으로, 본서는 타키자와의 종교 간 대화에 대한 마지막 과제를 검토해 봐야 할 것이다. 즉 그것이 오늘을 사는 우리에게 어떠한 점을 시사하는지에 대한 것이다.

## 4. 타키자와의 종교 간 대화의 의의

　지금까지의 검토를 통하여 알 수 있듯이, 타키자와 신학에 대하여는 위의 아베의 이해와 비슷한 문제가 자주 제기되었다. 즉 타키자와에 대한 미묘한 오해로부터 생기는 문제는 2장에서 검토한 예수 그리스도의 통일과 구별에서의 불가역의 문제와 이어져 있다. 그리고 그 문제의 가장 큰 원인은 타키자와 신학의 핵심인 예수 그리스도에 대한 이해와 불가역의 의미가 충분히 음미되지 않았기 때문이라고 생각할 수 있다. 본서에서 반복하여 확인해 온 바와 같이, 타키자와의 근본 주장은 하나님과 인간의 근본적인 규정으로서의 아르키메데스적 기점이다. 불가분·불가동·불가역은 그러한 근본 규정에서의 하나님과 인간의 관계의 방법이다. 이러한 근본 주장에 이은 제2의 주장은 그 기점이 다름 아닌 예수 그리스도라는 것이다. 이 두 가지의 주장이 타키자와 신학을 관통하는 기본적 입장이다. 이러한 타키자와 신학과 그의 종교 간 대화는 서로 다른 것이 아니라, 그의 신학적 기본 입장을 중심으로 임마누엘로부터 파생하는 표식의 수직적인 이해로부터 표식 사이의 수평적인 시야의 전개라는 것은, 이번의 3장의 논의를 통하여 확인한 바와 같다.

여기서 문제는 그러한 타키자와의 전개의 열쇠라고 할 수 있는 불가역의 의의를 우리가 어떻게 이해할 것인가라는 점에 있다. 앞서 서술한 바와 같이 타키자와가 말하는 불가역은 하나님이 먼저인가 인간이 먼저인가, 아니면 누가 위이고 아래인가와 같은 단순한 것이 아니다. 만약 그렇다면 타키자와의 논리는 1장과 2장에서 검토한 것과 같은 전통적 기독교에 대한 반론이 될 수 없었을 것이다. 왜냐하면 그러한 하나님과 인간 사이의 질서와 구별은 전통적 기독교의 이해와 어떠한 마찰도 발생하지 않기 때문이다. 그의 불가역의 표적은 그러한 질서와 구별에 감추어져 있는 인간의 자기규정에 대한 욕망이었다. 즉 하나님에 의해 받아들여지고 규정되는 존재인 인간이, 자신의 힘으로 자신을 규정하려고 하는, 하나님마저도 그러한 규정 안에 가두려고 하는 것에 대한 문제제기인 것이다. 그 대표적인 일례가 신앙의 문제이다. 타키자와에 의하면, 종래의 기독교에서는 신앙이 어디까지나 하나님으로부터 촉발된 것이라고 주장하여도, 그것이 하나님 자신의 자유로운 활동의 한정, 혹은 결정적인 조건이 되는 한, 거기에는 이곳에 속하는 것으로 그곳을 한정 · 규정하려는 인간의 욕망이 존재한다는 것이다. 다시 말해 타키자와의 불가역은, 인간이 자신을 하나님과 만나는 존재로 자신을 한정하는 것, 아니 그렇게 한정할 수 있다고 착각하는 것, 또 그러한 가정에 근거하여 이번에는 그러한 자기한정을 하는 인간에게만 하나님이 자기한정을 하거나, 자기한정의 영향이 미친다는 것, 더구나 그러한 가운데 알게 모르게 인간 자신 속에 이 세계뿐만 아니라 하나님조차도 가둘 수 있다고 착각하는 것에 대한 문제제기인 것이다.

따라서 타키자와는 아베에 대해서도 반복하여 다음과 같이 말한다. "불범일체(仏凡一体) · 생불불이(生仏不二)라고 하는 절대무상(絶対無相)에 의한 근원적 결정(혹은 그 활동)에 대해, 유상(有相)으로서의 인간의 자기결정이 개입할 여지는 전혀 없다."[215] 또 "절대무상의 근원적 결정(인간 본래의 자리의 성립)에서, 유상의 활동과 모습으로서의 깨달음(깨달은 자)과, 절대무상의 근원적 결정(의 활동) 사이에서의 엄격한 불가역성을 인정하지 않고, 그 사이의 '절대적인 가역성'에 집착한다면, 그것은 단지 '근원적 리얼리티', 생명 그 자체의 건강한 흐름과 조화를 훼손하고 상실할 뿐이다."[216]라고 말하는 것이다.

여기서 타키자와가 말하는 '절대무상의 근원적 결정'이 그가 말하는 임마누엘이라는 것은 말할 것도 없다. 그러한 하나님의 자기규정과 인간에 대한 규정에 인간이 개입하는 것은 불가능하다고 타키자와는 주장하는 것이다. 여기서 말하는 개입이라는 것은 앞서 말한 바와 같이, 인간이 하나님에 의해 규정되는 것이 아닌, 인간이 자신을 규정하려고 하는 시도이다. 따라서 불가역을 둘러싼 이해의 차이는, "우리들이 '절대무(絶対無)적 주체'(주체적 주체)라는 의미에서 '진정한 자기'라고 말할 때, 그 '진정한 자기'를 떠나서 '보통의 자기'(유한한, 우발적 주체로서의 자기)가 사실상 그 어디에도 존재하지 않는다는 것, 그것이 태초부터 성립되어 매 순간 새롭게 그러한 '진실된 자기'를 자신 속에 표현 · 체현하도록 규정되어 있다는 근원적 사실을 조용히 바라보는 것에 소홀했다."[217]는 것에 그 원인이 있다고 할 수 있다. 즉 불가역은 인간이 자신을 규정하지 않는 것, 인간은 단지 임마누엘이라는 근원적 사실로만 규정되며, 그 이외의 존재의 양태를 갖지 않는 다는 것이다.

이러한 불가역 이해는, 1장에서 밝힌 바와 같이, 하나님의 자유로운 활동을 인정하는 하나님 앞에서의 인간의 겸손함과 연결된다. 이 겸손함이 신학에서 논하여질 때에는, 그 자신이 하나님이신 그리스도에 있어서, 인간은 태초부터 하나님께 받아들여진 존재로서, 하나님은 인간을 받아들인 존재로서 존재해 왔다라고 하는 임마누엘의 근원적 사실로 전개된다. 이것이 바로 인간은 그저 그대로 수용할 수밖에 없는, 인간을 받아들이고 함께 하시는 하나님의 자유로운 활동이다. 그리고 그렇게 인간을 받아 들이신 하나님, 즉 제2격의 하나님이신 그리스도 이외에, 그 어떠한 하나님과 인간의 관계도 존재하지 않는다는 의미에서, 그리스도는 하나님과 인간 사이의 절대적 매개자임과 동시에, 그 사실을 우리에게 전하기 위해 자신이 육신을 생성하여 예수로서 드러내신 인식적 매개자인 것이다. 이 점에 있어서 그의 불가역은, 교회 밖에서의 그리스도의 활동을 인정하는 겸손함으로 이어지며, 서로를 이해하고 같은 하나님을 찬양할 수 있는 그의 종교 간 대화의 기본적 입장을 구축했던 것이다.

타키자와는 이러한 불가역적인 입장을 불교 측에도 제시한다. 이때 불교에 대하여 불가역을 말하는 것은, 직접적으로는 기독교에서 예수 그리스도의 페르소나의 문제가 명백히 규명되어 오지 않았던 것처럼, 불교에 있어서도 공(무상)과 개체(유상)사이의 관계가 충분히 규명되어 오지 않았다는 것에 대한 문제제기였다. 하지만 그 의의는 단지 공과 개체 혹은 하나님과 인간 사이의 전후 관계나 양자의 질적인 관계에 머무는 것이 아니라, 앞서 언급한 인간의 겸손함에 대한 요구에까지 이어진다. 즉 불가역을 통하여 기독교가 기독교 밖, 즉 불교에서의 하나님의 활동을 인정하지 않을 수 없듯이, 불교는 기독교의 예수로서 드러난 그리스도를 인정하도록 요구하고 있는 것이다.

그것은 단지 표식으로서의 예수의 측면만을 말하는 것이 아니라, 기독교에서 그것이 그리스도에 의해 생성된 유일한 표식이라는 것, 다시 말해 그가 인간이 된 하나님의 아들이며, 우리들은 그 유일한 기준에 의해 측정되는 존재이라는 것, 그와 우리들 사이에는 인간이 된 하나님의 아들과 하나님의 아들이 된 인간이라는 본질적인 구별이 있다는 것을 주장한다. 그는 불가역을 통하여 불교가 그러한 존재의 출현 가능성을 인정하는 것, 그리고 실제로 출현했다는 것을 이해하도록 요구하는 것이다. 물론 타키자와 자신도 기독교의 입장에서 불가역에 충실하고 있기 때문에, 몇몇 종교의 창시자들을 견주고, 그것이 예수 그리스도와 동일한 존재라거나, 예수 그리스도가 하나의 일례라고 하는 거만함을 보이지 않는다. 단지 기독교에서 예수 그리스도의 이해를, 그가 말하는 하나의 실재점이라는 입장에서 변증하고, 불가역에서 기독교 밖의 하나님의 자유로운 활동을 인정하고 있을 뿐이다. 그리고 이것과 같은 것을 대화의 상대인 불교에 요구하는 것이다.

여기서 타키자와의 불가역의 의의를 명확히 확인할 수 있다. 그것은, 하나님 앞에서 인간의 겸손함이라는 커다란 의의 안에서, 기독교의 경우에는 기독교의 밖에서의 하나님의 활동을 인정하는 겸손함으로, 불교의 경우에는 하나님의 활동으로서의 예수 그리스도를 인정하고 이해하는 겸손함으로 각각 다른 의의를 갖게 된다. 이것이 타키자와의 종교 간 대화의 특징이라고 할 수 있다. 즉 타키자와의 종교 간 대화는 기독교가 교회의 밖에 대해 열린 입장에서 불교를 이해할 수 있으면서도, 불교에 대해서도 기독교의 가치와 특징을 이해시키는, 상호변증과 상호비판을 가능하게 하는 종교 간 대화의 하나의 모델인 것이다.

이와 같은 특징은, 바르트와 니시다라고 하는 교회의 안과 밖의 양 축 사이에서 고뇌하며, 그가 말하는 하나의 실재점에서 변증법적으로 통일시킨 타키자와의 문제의식으로부터 유래한 것이라 할 수 있다. 타키자와가 잉태한 문제의식의 씨앗은 기독교 내부에서는, 2장에서 검토한 것과 같이, 기독교의 전통적 이해와 새로운 이해를 이어주는 기독론으로서 개화하였다. 그리고 기독교 외부를 향하여서는, 이번 장에서 검토한 것처럼, 교회의 안과 밖을 이어주는 대화의 논리로서 개화하였다는 것을 확인할 수 있다. 이러한 기독교의 전통적 이해와 새로운 이해를 이으며, 교회의 안과 밖을 잇는 타키자와 신학의 특징은, 전통적 이해와 새로운 이해 사이에서 교회의 안과 밖 사이에서 종교 간 대화의 필요성을 요청받는 오늘날의 상황에서도 충분히 참고할 수 있는 것이 아닐까.

지금까지 본서는 타키자와의 문제의식을 확인하고, 그의 신학적 전개를 검토 하였으며, 이번 장을 통하여 그의 종교 간 대화도 살펴보았다. 이를 통하여, 타키자와 신학에 대한 좀 더 깊은 이해에 이르렀다고 생각된다. 이제 지금까지의 이해를 바탕으로 타키자와 신학을 오늘날의 구체적인 신학적 과제와 연결하여 생각해 볼 필요가 있다. 따라서 다음 장에서는, 타키자와 신학의 적용이라는 측면에서 그 신학적 의의를 고찰해 보고자 한다. 그것을 통하여 우리는 타키자와 신학의 가능성을 발견하고 신학적 가치를 음미할 수 있을 것이다.

# 4장 | 타키자와 신학에 대한 선교론적 검토

    지금까지 본서는 타키자와 신학의 문제의식을 규명하고, 그러한 문제의식에 근거해 타키자와 신학의 두 가지 전개를 검토해 왔다. 이제는 그러한 이해를 바탕으로 보다 구체적인 상황에 타키자와 신학을 적용해 보고자 한다. 즉 타키자와 신학에 대한 이해를 명료히 하는 것뿐만 아니라, 오늘날의 상황 속에서 그 가능성과 한계를 검토하고자 하는 것이다. 이를 통하여 타키자와가 남긴 유산의 가치를 좀 더 잘 이해할 수 있을 것이다.

    그렇다면 지금까지 이해해 온, 전통적인 신앙고백과 새로운 해석을 잇는, 또한 교회의 안과 밖을 잇는 타키자와 신학의 특징은 오늘날의 어떠한 과제와 공명하는 것일까. 우리는 어떠한 측면에서 타키자와 신학을 주목해야 하는 것인가. 이러한 타키자와 신학의 가능성과 한계의 문제를 규명하기 위해서는, 막연한 상황을 상정하는 것이 아니라, 오늘날의 과제를 좀 더 한정하여 보다 구체적인 상황 속에서 타키자와 신학과의 접점을 발견하고, 그것을 비판적으로 검토하는 것이 필요하다. 이를 위해 가톨릭의 경우이기는 하지만, 다음의 한 가지 사건에 주목해 보자.

    1997년 아시아 주교 연합회(Federation of Asian Bishops Conferences)에서는, 'The Spirit at Work in Asia Today(오늘날의 아시아에서 활동하는 성령, 1997)'을 통하여, 구원의 중심을 그리스도에서 성령으로 바꿀 것을 요청했다. 그것은 아시아 인구의 3%에 불과한 기독교가 타 종교를 이해하는 실존적인 입장이, 다수를 기독교인으로 가정하는 유럽의 입장과는 다르다는 인식으로부터의 문제제기였다. 즉 기독교의 전통적인 기독론 이해가 가져오는 특수성과 배타성이 아시아 기독교의 활동과 선교적 사명에 지장을 초래하기 때문에, 기독교의 구원에 대한 이해의 중심을 기독론에서 좀 더 포괄적인 성령론으로 바꾸어야 하지 않겠는가라는 요청이었던 것이다. 그러나 이러한 요구에 대하여 로마는 'Dominus Jesus(주님이신 예수, 2000)'라는 선언을 통하여 예수 그리스도가 구원의 중심이며 그 외에는 불가능하다는 입장을 견지하였다.[218]

이러한 일례는, 오늘날의 기독교가 직면하는 하나의 과제를 명료히 보여주고 있다. 즉 기독교를 사회의 종교문화적인 배경으로 하지 않는 지역에서, 기독교인은 그 사회의 전통과 문화에 속하는 다수의 비기독교인과 함께 생활하고 대화를 하며 살아가게 된다. 이러한 상황 속에서 기독교인을 둘러싼 절대다수의 비기독교적인 문화와 그에 속하는 사람들을 적대시하고 열등한 존재로 보는 것은, 바람직하지 않을 뿐만 아니라 자신의 자멸을 초래할 수도 있는 것이다. 아시아 주교 연합회는 이러한 문제의 핵심으로, 기존의 기독론의 특수성과 배타성을 성령론의 보편성과 포괄성으로 해결하려고 하였다. 이에 대하여 로마는 기독론을 중심으로 하는 전통적인 이해를 포기할 수 없다는 입장을 표명하였던 것이다.

이것은 기독교의 중심적 이해로서의 기독론과 그 기독론이 가지는 배타성에 대한 문제제기이며, 2장에서 살펴본 기독론을 둘러싼 전통적인 입장과 새로운 요구 사이의 과제라 할 수 있다. 뿐만 아니라 타 종교가 그 사회의 다수를 점하는 지역에서 기독교가 어떻게 존재할 것인가라는 과제와도 연결되어 있는 것이다. 이러한 과제는 단지 아시아와 유럽의 가톨릭 교회만의 문제가 아니다. 오히려 우리들의 사회에 기독교가 전래된 때부터 항상 존재해 왔던 과제이다. 즉 이스라엘이라는 작은 지역에서 시작된 기독교가 세계로 퍼져 나아가는 역사 속에서 항상 존재해 왔던 문제이며, 기독론이라는 기독교의 본질과 연관되는 문제이며, 오늘날의 구체적인 상황과 연결되는 문제인 것이다.

예를 들어 지금 본서가 주목하는 타키자와 신학의 배경이었던 일본은 기독교인이 1%에 불과하다. 그 사회 속에서 기독교인은 주위의 99%가 비기독교인이라는 것을 가정하지 않으면 안 된다. 그러한 상황 속에서 기독교인의 자기이해와 활동은 필연적으로 비기독교인과의 대화·협력·교제를 필요로 하게 된다. 이런 의미에서 기독교가 전통적으로 고백하여 왔던 신앙적 가치를 잃지 않으면서도, 종교적으로 평등한 가치를 확보하는 것, 또 대화와 협력, 교제하는 것은 선택조건이 아니라 필수조건이 된다. 왜냐하면 종교의 평등성을 전제로 한다는 것은, 단지 기독교가 타종교에 대하여 적대적인 자세를 취하지 않는다는 것만이 아니라, 절대적 소수인 기독교가 이른바 사교(邪敎)가 아니며, 진리에 속하여 있다는 자기변증과 더불어, 하나님과 이웃을 사랑하라는 기독교의 기본명제와 연결되고 있기 때문이다.

혹자는 기독교 인구가 많은 한국의 상황은 다르지 않은가라고 할지 모르겠으나, 사실은 그렇지 않다. 기독교가 소수라고 하는 것은 단지 양적인 문제가 아니라 그 존재의의와 가치와 연관된 문제이다. 한 사회에서 그 자신의 존재의의가 되물어지지 않을 때야말로 진정한 의미에서 주류의 종교가 되는 것이다. 예를 들어 한국에는 전통종교가 있음에도 불구하고 왜 기독교를 믿어야 하는가라는 물음을 받지 않을 때, 비로소 기독교는 그 사회의 주류종교가 되는 것이다. 하지만 아직까지 한국은 그러한 상황이 아니며, 오히려 안티 기독교적인 흐름이 보이는 지금의 상황은 기독교의 한국에서의 위치를 잘 보여주는 것이다. 오히려 한국 기독교의 문제는 비주류로서의 위치를 자각하지 못하고 자신을 주류의 종교라고 착각하는 데서

오는 문제라고 할 수 있지 않을까.

이러한 상황 속에서 우리가 매일 접촉하며 교제하는 비기독교인들을 형제와 자매, 이웃으로 받아들일 수 있는 신학적 기반이 필요하다고 할 수 있다. 또한 그러한 이해가 단지 타자에 대한 이해에 머무는 것이 아니라, 그 지역의 기독교의 자기이해와 연결되는 것이어야 한다. 왜냐하면 우리의 기독교는 단지 기독교 그 자체로서 존재하는 것이 아니라, 우리의 정서와 그 배경이 되는 전통적인 세계관과 종교관 위에 기독교적 인식과 활동이 이루어지고 있기 때문이다. 따라서 우리가 추구해야 할 신학적인 이해는 기독교가 주위의 사람들을 존경과 애정을 갖고 대할 수 있어야 할뿐만 아니라, 그 접촉을 통하여 예수 그리스도를 드러내는 것이어야만 한다. 이러한 과제에 대하여, 전통적인 기독교의 신앙에 충실하면서도 교회의 밖에 대해 열린 시야와 하나님의 활동과 예수 그리스도에 대한 교회 안과 밖을 꿰뚫는 신학적인 시점이 필요한 것이다.

이러한 신학적 과제에서 타키자와 신학을 다시 바라볼 때, 기독교를 사회·문화적 배경으로 하지 않는 지역에서 기독교의 자기이해라는 과제와 또 기독교와 전통종교의 관계라는 과제와 타키자와 신학이 서로 공명한다는 것을 알 수 있다. 바로 이점에서 우리는 우리의 과제와 타키자와 신학의 접점을 발견할 수 있는 것이다. 즉 기독교를 사회적·문화적인 배경으로 하지 않는 일본의 상황 속에 태어나고 자란 타키자와가 기독교와 만나며 형성한 문제의식은, 그와 같이 기독교를 사회적·문화적인 배경으로 하지 않는 지역에서 기독교와 만나는 사람들의 고민과 겹쳐 있는 것이다. 또한 그의 문제의식 속의 두 가지 축은, 자신의 전통종교와 기독교 사이에서 고민하는 많은 이들의 공감을 얻을 수 있는 것이라 할 수 있다. 즉 타키자와 신학은 많은 점을 시사하고 다양한 가능성을 보여주고 있지만, 그 가운데서도 우선적으로 위와 같은 측면에 주목하지 않을 수 없는 것이다.

본서에서는 위와 같이 기독교를 그 사회의 종교 · 문화적 배경으로 하지 않는 지역에서 발생하는 기독교의 자기이해와 존재의의, 활동에 대한 과제를 기독교의 선교적 과제로 이해하고 그것을 해결하려는 신학적 논의를 선교론으로 이해해 보고자 한다. 물론 여기서 말하는 선교론은 단지 기독교인이 비기독교인에게 기독교인이 되는 것을 권하는 것만을 의미하지는 않는다. 그것은 복음을 드러낸다는 커다란 목적에 따른 모든 행위, 예를 들어 기독교인의 삶의 형태나 교회의 양태, 활동을 의미하는 것으로 이해할 수 있다. 그리고 본서가 검토해 온 타키자와 신학을 이러한 과제에 응답하고 있는 하나의 모델로 이해해 보고자 한다. 즉 비기독교인을 기독교인으로 만드는 구체적인 방법론으로서가 아니라, 보다 넓은 의미에서의 선교론으로 사회적 · 문화적 배경과 일치하지 않는 지역에서의 기독교의 존재와 활동을 위한 하나의 신학적 기반으로서 타키자와 신학을 적용해 보고자 하는 것이다.

　따라서 이번 장에서는 우선 우리의 신학적인 과제를 기독교를 사회적 · 문화적인 배경으로 하지 않는 지역에서의 선교적 과제로 한정하고, 그것에 응답하는 신학적 모델로서 타키자와 신학을 검토해 보도록 하겠다. 그리고 그 구체적인 일례로, 타키자와 신학과 일본 기독교의 좌표가 교차한 1960년대 일본의 토착화 논의에 주목하고, 타키자와 신학이 그것에 응답하는 신학적인 기반이 될 수 있음을 제시하겠다. 마지막으로 이러한 이해를 바탕으로, 타키자와의 문제의식과 전개가 단지 과거의 것으로 머무는 것이 아니라, 기독교를 사회적 · 문화적인 배경으로 하지 않는 지역에서의 기독교라는 우리들의 상황과 문제의식과도 통하는 부분이 있음을 확인하도록 하겠다.

　그런데 이상과 같은 논의를 해 나아가려는 본서의 시도를 방해하는 하나의 문제가 존재한다. 그것은 다음과 같은 타키자와 신학에 대한 이해이다. 예를 들어 모리 야스오(森泰男)는 "타키자와 선생님은 교회론·성례전론을 다루지 않았다. 거기에서 선생님의 사상적 특색을 볼 수 있다. 하지만 선생님은 세례를 받아 교회에 들어옴으로써, 교회의 소중함을 보여 주신 것이 아닐까."[219]라고 말한다. 또한 하마베 타츠오(浜辺達男)는 "타키자와도 결코 추상적으로 사유한 것은 아니지만, 구체적인 인간의 공동체로서의 '교회'는 그의 관심 밖이었다."[220]라고 말한다. 타키자와 신학에 대한 이러한 이해는, 타키자와에게 기독교인의 구체적인 공동체로서의 교회가 관심의 대상도 신학의 주제도 아니었으며, 그가 세례를 받은 것은 중요한 의미가 있으나 그것이 아주 늦은 시점이었다는 문제를 제기하고 있다.

이러한 이해를 따르자면, 타키자와 신학에서 교회는 그의 관심 밖의 것이었으며, 그는 세례를 받는 것으로 어느 정도의 관심을 보인 것에 지나지 않게 된다. 그리고 이러한 이해 속에서는, 타키자와 신학에 대하여 기독교의 존재와 의의를 생각하는 선교론적 이해를 추구하는 것은 어렵게 보인다. 하지만 타키자와는 정말로 교회를 경시하며, 기독교의 선교를 적극적으로 말하지 않았던 것일까. 여기서 타키자와 신학의 적용에 앞서, 이러한 의문들에 대해 타키자와의 선교론이 어떠한 것이었는지를 확인하고, 거기에 존재하는 의문들을 규명해야 할 필요가 있다.

## 1. 타키자와 신학의 선교론적 이해

### 1) 타키자와 신학의 선교론

오늘날 타키자와가 교회에 관심이 있었는지를 본인에게 직접 들을 수는 없다. 물론 그의 아들 타키자와 토오루(滝沢徹) 씨를 통하여 생전의 타키자와가 결코 교회를 경시하지 않았으며, 특별한 일이 없는 한 성실히 주일을 지켰다는 것을 확인할 수는 있으나, 그의 신학적 전개와의 구체적인 연관

을 찾기는 힘들다. 여기서 다음의 두 가지 측면에서 이 문제를 검토할 필요가 있다. 첫째, 타키자와는 교회론과 선교론을 전개하지 않았는가라는 점이다. 분명 타키자와는 교회론이나 선교론이라는 것을 독립된 것으로 전개한 적이 없다. 그의 저작들 속에서 그러한 분야에 해당하는 제목으로 출판된 『기독교와 일본의 상황(キリスト敎と日本の現情況)』(1972)을 보아도, 또 그 속에서도 가장 비슷한 제목을 가지고 있는 「『복음의 선교』와 일본의 상황」이라는 논문을 보아도, 그 중심 내용은 '예수가 하나님의 아들이라는 것이 도대체 무엇인가?'라는 타키자와 신학의 중심 문제가 전개되어 있을 뿐, 이른바 교회론이나 선교론이라는 말은 거의 언급되지 않는다.[221] 이러한 의미에서는, 분명 그는 교회론이나 선교론을 전개하지 않은 것이 된다.

그렇다고 교회론이나 선교론이 타키자와의 관심 밖이었으며, 거의 언급되지 않았다는 의문에는 쉽게 동의하기 어렵다. 왜냐하면 타키자와 신학은 일반적인 조직신학의 틀에서 전개된 것이 아니기 때문이다. 즉 타키자와의 전개는 이른바 신론이나 인간론이라고 하는 독립된 카테고리에서 전개된 것이 아니다. 본서에서 확인해 온 바와 같이, 타키자와 신학은 그 중심개념인 임마누엘에 의해서 성립된 것이며, 그 임마누엘 외에는 어떠한 신도 인간도 말할 수 없다는 것이 근본적인 주장이다. 그러한 임마누엘이, 인간을 받아들인 하나님·하나님에 의해 받아들여진 인간이라는 신과 인간의 근원적인 결합인 이상, 그 임마누엘로부터 독립한 신론이나 인간론이라는 카테고리는 타키자와에게 성립하지 않는다. 따라서 타키자와 신학은 전통적인 조직신학의 카테고리를 사용하여 전개되지 않았으며, 우선 임마누엘을 제시하고, 그것과의 관계 속에서 신과 인간을 서술하는 방법을 취한 것이다. 본서에서 편의상 기독론으로 정의한 것조차도 엄밀한 의미에서는 임마누엘로서의 예수 그리스도이며, 구속사적인 틀로서 독립된 카테고리의 기독론이 아니다. 타키자와 신학이 갖는 이러한 신학적인 특성 때문에, 그의 신학을 전통적인 조직신학의 카테고리로서 이해하는 것은 적절치 않다.

따라서 타키자와 신학에서 교회론이나 선교론이 독립된 카테고리로 전개되지 않았다고 해서, 타키자와가 그것을 다루지 않았다고 할 수는 없다. 실제로 그의 저작을 주의 깊게 읽어 본다면, 교회론이나 선교론, 성례전론 등의 주제는 그의 최초의 신학논문인 「신앙」으로부터 시작하여 후의 저작에서도 여러번 전개되었다. 그에게 있어서 선교는 '단지 그 주어와의 관계 속에서만 의미를 갖는 술어로서' 라는 전제를 두기는 하나, '선교는 기독교적인 생활의 유일한 이정표이며, 구원을 가져오는 강력한 길(방법)'[223]이라고 이해된다. 그의 저술에서 공동체로서의 교회는 그의 경험에 근거하여 가정된 구체적인 대상이었으며, 그의 신학적인 전개도 구체적인 교회의 과제에 대한 것이었다. 따라서 그것이 사람들이 기대하는 것만큼의 적극적인 전개가 아니었다고는 하여도, 교회의 존재와 활동이 그의 관심 밖이었다고 할 수는 없는 것이다. 즉 이러한 그의 기술에 근거하는 한, 교회와 선교는 그의 관심의 대상이었으며, 그는 교회를 그의 신학적인 주제의 하나로서 다루었다고 말하지 않을 수 없다.

둘째, 교회라는 것이 타키자와 신학의 중요한 주제는 아니었지만, 타키자와의 세례는 그것을 뒤집는 중요한 의미를 갖는다는 이해에 대해서이다. 타키자와는 1958년의 크리스마스에 그의 부인과 함께 일본 기독교단 후쿠오카 샤케마치(福岡社家町) 교회에서 세례를 받는다. 그런데 그가 세례를 받는 직접적인 동기는 어이없을 정도로 단순하다. 당시 타키자와는 사고로 인해 친구를 잃게 되고, 친구의 죽음에 대한 대책을 논의할 때 사토오 토시오(佐藤俊男) 목사를 알게 된다. 그리고 얼마 후 사토오는 타키자와에게 다음과 같이 권했다고 한다. 즉 자신이 기독교를 절대시하지 않는다는 입장을 밝히고, 선교에 협력해 주지 않겠는가라며 기독교인이 되는 것을 권했다는 것이다. 그것에 대해 타키자와는 거절할 이유가 없었기 때문에 세례를 받았다고 한다.[224] 그것에 대해 타키자와는 2장에서 확인한 바와 같이, 임마누엘과 기독교라는 각각의 측면에 연관되는 표식으로 세례를 이해한다.

이러한 이해에서 잘 드러나듯이, 타키자와의 세례라는 것은, 기독교인으로서 신앙의 결정적인 계기가 아니라, 이미 자신 안에 형성되어 있던 것이 세례라는 표식으로서 드러난 것에 지나지 않는다. 실제로 타키자와가 세례를 통하여 그의 사상의 중요한 전기를 맞이하였다거나, 좀 더 활발한 기독교에서의 활동을 전개하였다는 사실은 찾아볼 수 없다. 물론 타키자와에게 세례가 중요한 의미였다는 것은 분명한 사실이나, 그것이 타키자와 자신이 교회를 다시 생각하는 하나의 계기가 되었다고는 볼 수 없다. 즉 세례는 그의 안에 이미 형성되어 있던 것 혹은 그 이해가 눈에 보이는 형태로 드러난 것에 불과하며, 우리가 그것을 통하여 그의 교회를 향한 관심을 찾고자 한다면, 그것은 이미 그의 신학안에 담겨져 있었던 것이라고 말하지 않을 수 없는 것이다.

## 2) 타키자와 신학의 선교론을 둘러싼 문제점

이상과 같이 타키자와 신학에는 선교론적 시각이 없었다는 이해와는 달리, 그것이 타키자와 신학의 하나의 주제였다는 것을 확인할 수 있었다. 그렇다면 과연 이러한 견해의 차이는 어디로부터 오는 것일까. 우선, 이 문제가 본서가 지금까지 검토해온 주제의 연장선상에 있음을 이해할 필요가 있다. 즉 타키자와의 교회론이나 선교론에 대한 부정적인 이해는 제1의 의미와 제2의 의미의 관계에 대한 오해나 자의적인 해석에 근거했을 가능성이 있다는 것이다. 그것은 예를 들어, 이곳에서의 의미라는 제2의 의미가 그곳에서의 절대적인 제1의 의미에 비해 상대적이라는 타키자와의 주장에 기인하는 바가 크다. 그러한 이해 속에서 예수 그리스도의 표식으로서의 측면이 좀 더 주목되어, 예수 그리스도의 매개성이나 불가역에 대한 비판이 일어난다. 또 그것은 예수 그리스도의 표식으로서의 역할을 이어받은 기독교의 존재와 활동에 대한 상대적인 이해와 맞물려, 타키자와 신학이 제2의 의미에 속하는 것을 경시한다는 이해로 나아간다. 따라서 타키자와 신학의 선교론이나 교회론에 대한 문제의 초점은 제2의 의미에 속하는 것의 상대성을 둘러싼 이해에 있다고 할 수 있다.

지금까지 살펴본 바와 같이, 타키자와 신학이 구성하는 이중의 의미구조 속에서 제2의 의미를 설명하기 위하여, 그는 표식·술어·상대적, 우발적이라는 용어를 사용한다. 그러한 용어를 통하여 타키자와가 드러내고자 하는 것은, 그것이 본질적·자립적·자기결정적이 아니라는 것이다. 분명 타키자와는 불가역을 내걸어 제1과 제2의 의미 사이의 엄격한 구별을 강조하였으며, 그것을 본질적·자립적·자기결정적으로 이해하는 것이 우상숭배라고 경고한다. 이러한 측면에 주목한다면, 타키자와의 기술이 독자들에게 제2의 의미에 속하는 것들을 경시하고 있다는 인상을 주는 것도 이상한 일은 아닐 것이다. 더구나 그가 강하게 주장하는 교회의 밖이라는 문제에서는 그 인상이 좀 더 강해진다.

하지만 문제는 제2의 의미의 상대성을 주장하는 타키자와의 의도가 그것을 경시하거나 제1의 의미만을 중요시하는 것이 아니라는 점이다.

'예수 그리스도'라는 성서 속의 이름이 어떤 특수한, 이미 형성된 어떠한 사상을 드러내는 편리한 기호라던가, 개념의 일례에 불과하다던가, 나사렛의 예수가 그의 사도들에게 '단순한' 인간이었으며, 그들은 단지 예수의 사랑과 순수함과 활동의 위대함에 이끌려, 그 결과 고유한 신화적인 사고를 통하여 '하나님의 아들 예수 그리스도'라는 이름으로 예수를 장식했다라는 것이 것이 결코 아니다. 우리와 함께 계시며 우리들의 죄를 용서하는 힘이 있고 살아계신 주가, 그의 '기독교회'로부터 독립하여, '예수 그리스도'라고 하는 이름에도 의존하지 않는다는 것, 그는 그의 진리, 그의 은혜와 심판을, 즉 그 자신을 '예수 그리스도'라는 문자가 없이도(auch ohne die Buchstaben) 우리들에게 선포할 수 있다는 것, 따라서 그는 그의 페르소나에 관한 한, 자신을 골고다의 예수의 십자가라는 시공에조차도 속박하지 않는 것 ― 즉 '이스라엘적 · 기독교적'인 전승을 통하지 않고서는, 어느 인간에게도 자신에 대한 신앙에 눈뜨게 할 수 없다는 식으로 속박하지 않는다는 것 ― 이야말로 중요한 것이다.[225]

타키자와는 결코 불가분 · 불가동이 아닌 하나님과 인간을 가정하지 않았다라는 것을 상기하며 위의 인용을 주의 깊게 읽는다면, 불가역에 담긴 그의 의도가 명료히 드러난다. 즉 그는 우리를 위하여 그리스도가 예수로서 자신을 드러낸 예수 그리스도나 교회를 경시하는 것이 아니다. 여기서 '독립'이라는 표현은 그것이 따로 존재한다는 의미라기 보다는, 그 후의 문맥과 연결되어 속박되지 않는다는 것, 혹은 의존하지 않는다는 주체성의 의미라고 할 수 있다. 따라서 그의 의도는 예수 그리스도나 교회의 의미와 기능이 그 본래적인 이해로부터 벗어남으로써 생기는 본말의 전도에 경종을 울리는 것이다.

이와 같은 타키자와의 의도가 충분히 이해되지 않은 또 하나의 원인으로, 그의 신학의 구조적 문제를 들 수 있다. 즉 타키자와 신학이 거기와 여기라는 이중적인 의미구조에 의해 성립되어 있다는 것, 또, 그 관계가 불가분 · 불가동뿐만 아니라, 불가역이라는 것, 더구나 그 양자의 성질이 실질 대 표식, 절대 대 상대라는 상반되는 개념에 의하여 설명된다는 것이다. 이러한 구조 속에서는, 제2의 의미는 제1의 의미보다 어쩔 수 없이 열등한 것으로 비추어지지 않을 수 없으며, 사실상 타키자와 신학은 그러한 이해에서 전개된다. 이것은 타키자와 신학의 구조상의 문제라고 할 수 있다. 따라서 이러한 문제 때문에 타키자와의 본의와는 달리 독자는 그가 제2의 의미를 경시하고 있다고 이해하기 쉽다. 이러한 이해의 연장선상에 우리가 주목하는 선교론의 문제가 놓여있는 것이다.

하지만 우리가 타키자와 신학을 주의 깊게 경청하는 한, 그의 주장이 단지 제1의 의미만을 중시한다고는 결코 말할 수 없을 것이다. 왜냐하면 타키자와 신학의 근본 주장인 임마누엘에서, 절대적인 것과 상대적인 것은 그 상태로 머물러 있지 않기 때문이다. 불가역이라는 것은 어디까지나 불가분과 불가동을 전제로 성립된 것이다. 즉 하나님이 인간과 혼동되지 않으며 함께 계시다는 사실에 입각하는 한, 상대적인 것의 상대성은 그것을 받아들이는 절대적인 것의 절대성으로 인하여 극복된다. 거기에는 고정된 절대성·상대성은 존재하지 않는다. 상대적인 것은 더 이상 상대적인 것이 아니며, 절대적인 것의 상대적인 측면으로 거듭난다. 즉 상대적인 것의 죽음과 새로운 삶이 교차되고 있는 것이다. 달리 표현하자면, 인간은 단지 인간으로서만 존재하는 것이 아니라, 하나님에 의하여 받아들여진 존재로서, 절대성의 상대적인 존재로 존재하는 것이다. 이 사실에 눈뜨는 것이, 곧 자신이 서 있는 그 장소에서 상대적인 자신의 죽음을 맞이하며, 하나님의 아들로서의 절대성에 참여하는 존재로 거듭난다는 것이다. 그리고 그 사이에서 발생하는 필연적인 관계, 즉 절대적인 것의 상대적인 현현(顯現)은, 그 상대적인 것에 준한 절대의 필연적인 드러남이다. 그 장소에 입각한 절대는 다른 것으로 바꿀 수가 없다. 따라서 이스라엘에서 예수로서 나타난 그리스도는 필연적인 것이 되는 것이다. 타키자와 신학의 불가역은 이렇게 철저히 불가분·불가동의 역동성에 근거한 것이라 할 수 있다. 타키자와 신학의 이러한 측면을 간과하고 단지 구조적인 문제만을 바라본다면, 그의 근본 주장을 놓치게 된다. 이러한 이유로, 타키자와 신학이 인간에 불과한 상대적인 예수 그리스도를 주장하며, 기독교의 존재와 활동이 그의 관심 밖이었다는 오해가 생기게 되는 것이다.

### 3) 타키자와 신학의 선교론적 의의

지금까지의 검토를 통하여 타키자와 신학에는 선교론적 시야가 존재하지 않는다는 이해가 부당하다는 것을 확인했다. 그렇다면 타키자와 신학의 선교론적 시야란 어떤 것일까. 타키자와에게 선교라는 것은, '하나님 안에 있는 인간적 실존의 근원적 존재 양태를, 그 감추어진 근거로부터 드러내는 것'[226]이다. 이러한 정의에 따르자면, '하나님 안에 있는 인간적 실존의 근원적 존재양태'가 선교의 내용이며, '그 감추어진 근거로부터 드러내는 것'이 선교의 행위가 된다. 지금까지 우리가 살펴본 바와 같이, 타키자와 신학은 임마누엘이라는 하나님 안에 있는 인간적 존재양태를 해명하는 것이었다. 그리고 제1의 의미가 실질과 내용으로서, 제2의 의미가 그것을 드러내는 표식으로서 전개된 것이었다. 다시 말해, 타키자와 신학에서의 제2의 의미에 속하는 것들의 의의와 역할은 제1의 의미를 드러내는 것이며, 그것은 구체적으로 예수 그리스도의 인간으로서의 측면과 그것을 계승하는 교회를 포함한 모든 기독교의 존재와 활동이다. 이러한 이해에서, 타키자와 신학에서 선교의 내용은 제1의 지평에 해당하며, 그것을 드러내는 선교의 행위는 제2의 지평에 해당하는 것이라 할 수 있다. 이와 같은 타키자와 신학의 선교론적 의의를 재확인해 본다면 다음과 같이 말할 수 있을 것이다.

첫째, 임마누엘로서의 예수 그리스도에 대한 선교론적 이해이다. 본서에서 확인해 온 바와 같이, 예수 그리스도는 우리를 위해 그리스도가 생성한 하나의 현실존재이다. 아버지이신 하나님과의 통일과 구별을 유지하며, 예수의 주체인 그리스도는 우리의 발밑에서 우리를 받아들이는 존재이며, 그와 동시에 그 사실을 드러내기 위하여 예수라는 구체적인 형태로 자신을 나타내었다. 이러한 의미에서, 예수 그리스도는 임마누엘의 하나님 그 자신이면서도 그것을 전하는 존재이다. 본서 2장의 분석에 근거해 바꾸어 말해 본다면, 예수 그리스도는 임마누엘이라고 하는 근원적인 사실로 절대적·인식적으로 우리를 매개한다. 이것이 예수 그리스도에 대한 타키자와의 선교론적 의의이다.

둘째, 그러한 예수 그리스도로부터 유래하는 기독교와 그 전통에 대한 선교론적 이해이다. 위와 같이 그리스도와 그리스도가 취한 종의 모습으로서 예수 그리스도를 이해한다면, 그 예수 그리스도의 사명을 이어가기 위해 세워진 교회는 그의 선교적인 사명과 역할을 이어받았다고 할 수 있다. 즉 기독교는 그리스도를 교회의 선교적인 주체로, 또 궁극적인 근거로 하며, 그리스도의 종의 모습이 수행했던 역할을 이어받고 있는 것이다. 교회의 전통과 역사는, 예수 그리스도로부터 유래하는 표식 체계의 일부인 것이다. 2장에서 확인한 바와 같이, 표식의 목적과 기능이 임마누엘을 향한 인식적인 매개라고 한다면, 바로 그 인식적인 매개야 말로 복음을 전하는 선교적인 의미에 다름 아니다. 타키자와에게 교회와 그 전통은 그러한 표식의 체계에 속하는 것으로, 우리의 발밑에 현존하는 임마누엘의 사실을 가리키는 존재인 것이다.

셋째, 우리들 자신에 대한 선교론적 이해이다. 위와 같은 예수 그리스도와 그를 잇는 기독교의 활동으로 인해, 임마누엘의 근원적 사실에 직면할 때, 거기에는 반드시 두 가지 측면의 의의가 발생한다. 하나는, 임마누엘이라는 하나님과 인간의 근본적 규정을 깨달음으로써, 그 규정에서 벗어나 자신을 인식해 왔던 헛된 공상으로부터, 임마누엘의 본래적인 자신을 회복한다는 의미이다. 다시 말하자면, 인간이 되신 하나님의 아들의 인도하심으로, 하나님의 자녀로서 거듭난다는 것이다. 또 하나는, 그러한 거듭나는 사건이 이 세상에 속하는 것이기 때문에, 하나님의 자녀로서 거듭난 후의 나의 존재는 이 세상에서 임마누엘을 가리키는 하나의 표식으로 자리잡는다는 것이다. 즉 임마누엘에 눈뜬 우리들 한 사람 한 사람의 존재가 바로 복음을 증거하는 선교론적 의의를 갖는 것이다.

이러한 이해를 통하여, 다시 한번 타키자와 신학이 그 선교론적 의의에서도 이중의 의미구조를 갖는다는 것을 확인할 수 있다. 그것은 임마누엘이라고 하는 예수 그리스도 이해로부터 파생되는 것으로, 하나는 '기독교적 선교의 신적·종말론적인 근원'[227]으로서의 이해이며, 또 하나는 '인간적·역사적인 기원'으로서의 이해이다. 우리를 위하여 활동하신 절대적인 주체로서의 그리스도는 가장 구체적이며 현실적인 선교적 기반이다. 또 한편으로 우리들이 눈으로 보고 접할 수 있었던 한 사람의 육체로서의 나사렛의 예수는 그러한 선교적인 기반에 근거하여 활동한 기독교의 역사상의 현실이다. 후자는 전자에 비해 상대적인 것이나, 그리스도의 현현으로서 필연적으로 존재한다. 이러한 필연성으로 인하여, 우리가 접했던 나사렛의 예수는 유일한 주이신 하나님의 근원적·종말론적인 화해의 행위라고 인정되며, 그가 세상의 유일한 중심으로서 인식되고 선포된다. 한편으로 그의 상대성으로 인하여 나사렛 예수의 모습과 행동, 또 그를 잇는 기독교와 우리들의 활동은 복음과 선교의 절대적인 근거가 아니며, 어디까지나 그 주체이신 그리스도의 존재와 활동으로 인한 결과에 불과하다. 이 양자는 적극적으로 대응하고 있으나, 그 사이에는 결코 거꾸로 할 수 없는 질서가 있다. 즉 타키자와가 말하는 세 가지 불가의 관계가 유지되는 것이다.

이상의 검토에 근거하여, 타키자와 신학이 가지는 선교론적 의의를 다음과 같이 정리할 수 있을 것이다. 첫째, 전통적인 입장과 새로운 입장을 이으며 교회의 안과 밖을 잇는 타키자와 신학의 특징은, 기독교의 전통적인 이해에 새로운 시점을 제기함과 동시에, 독자적 전통종교가 존재하는 지역에서, 좀 더 적극적인 선교론과 그 신학적인 기반을 제공한다. 둘째, 타키자와 신학에 선교론적 시점이 존재하지 않는다는 견해는, 타키자와 신학의 제2의 의미의 상대성에 대한 이해가 부족했던 것이었다. 타키자와 신학에는 임마누엘로서의 실질과 표식이라는 예수 그리스도에 대한 이중의 의미구조의 이해는 각각 선교의 근거와 구체적 활동에 해당하는 것임을 확인할 수 있었다. 이러한 이해를 통하여, 타키자와 신학에는 선교론적 시각이 충분히 존재하며, 적극적으로 전개되어 있다고 말할 수 있다. 따라서 본서에서 그의 신학을 우리의 신학적·선교적 과제로 연결해서 생각하는 것은 타당한 것이라 할 수 있겠다.[228] 여기서 다음 단계로, 타키자와 신학이 어떻게 우리의 과제에 응답할 수 있는가를 좀 더 구체적으로 검토해 보자.

## 2. 1960년대 일본의 토착화 논의

이제 이번 장에서 제기해 온 선교론적 과제에 대한 타키자와 신학의 가능성을 검토해 보기 위해, 하나의 구체적인 사례에 주목해 보고자 한다. 일본의 기독교의 흐름을 살펴본다면, 선교론적 과제에서 특히 주목을 끄는 것 중 하나가 바로 1960년대 일본 기독교의 토착화 논의이다. 일본 기독교단은 패전 이후 교단의 재정립이라는 커다란 과제에 부딪히고, 1961년의 일본 기독교단 선교 기본방침으로부터 시작되는 일련의 선교론을 논의하게 된다. 그것을 통하여 '내일의 교단'과 같은 표어와 함께 일본 기독교의 미래상이 그려지게 된다. 또한 기독교의 체질을 개선하고 전도의 지역을 특정화하여 교단의 체계적인 지원을 계획하는 전도권 전도라고 하는 구체적인 방법론도 거론되었다.[229] 그 가운데 일본 기독교의 토착화라는 것이 일본의 기독교가 추구해야 할 모습으로서 널리 논의되게 된다.

그것은 단지 일본 기독교의 상황에 국한된 것이 아니라, 1960년대를 경계로 전기를 맞이한 기독교의 커다란 흐름과 맞물린 것이라 할 수 있다. 즉 그 흐름은 제 2차 바티칸 공의회의 결의와 종교 다원주의의 등장, 컨텍스트의 신학, 아시아의 신학의 대두 등과 같은, 기독교가 자신의 타자성을 인식하며 선교론의 폭을 넓히게 되는 시대적이고 세계적인 흐름의 하나라고 이해할 수 있다.[230] 일본에서도 교단 안에서의 논의에 그치지 않고, 기독교의 전반에 걸쳐 넓은 논의가 일어났다. 한국에서도 1960년대를 기점으로 토착화 논의가 시작된 것은 이와 같은 기독교의 흐름과 연관된다고 할 수 있다. 더구나 당시 일본의 논의는 한국의 논의에도 영향을 미쳤으며 한국의 토착화 신학에 기여한 바도 있다.[231]

그러나 같은 토착화라는 말을 사용하며 비슷한 목표를 추구하였다고 하여도, 각각의 기독교가 서 있었던 맥락의 차이로 인해 일본의 기독교에는 한국과는 다른 과제가 존재하였다. 또한 한국에서의 토착화 논의가 하나의 신학적인 전통으로서 자리 잡아 갔던 것에 반하여, 일본의 토착화 논의는, 1970년대 이후의 만국박람회 문제로부터 시작되는 교단 내부의 갈등으로 인해 점차 쇠퇴해 간다. 하지만 당시의 토착화 논의는 일본의 기독교가 자신의 선교론적 과제와 그 미래상을 넓게 논의했다는 점에서, 그리고 거기에는 아직까지 해결되지 못한 신학적 과제가 있다는 점에서 지금도 주목할 가치가 있다. 더구나 전통종교가 존재하는 지역이라는 비슷한 환경으로 인해, 한국의 기독교에도 많은 점을 시사하리라 생각된다. 여기서는 1960년대 일본 기독교의 토착화 논의에 주목하고, 타키자와 신학의 시점에서 토착화의 문제들을 재검토하겠다.

## 1) 1960년대 일본 기독교의 토착화 논의

1960년대 일본의 토착화 논의[232]를 이해하기 위하여, 우선 그 논점을 정리해 볼 필요가 있다. 먼저, 일본의 토착화 논의에서 '토착화'란 어떠한 것이었는가부터 명확히 해 보자. 토착화라는 것은 기독교가 일본에서 '뿌리를 내린다'라는 표현에 집약된다. 하나의 식물의 씨앗이, 토양에 뿌리를 내린다는 성서에서 차용한 표현은, 당시 일본의 기독교인들이 꿈꾼 기독교의 이상적인 형태를 나타내는 것이었다. 예를 들어 당시 교단의 신앙직제 위원장이었던 쿠와다 히데노부(桑田秀延)는 다음과 같이 말한다. "일본의 교회도, 이 시점에서 자주적으로 독립해서, 단순한 모방이 아니라, 지금까지 배운 것 위에 서서 창조적으로 나아가야 할 것이다."[233] 이러한 자주적·창조적인 일본의 기독교가 토착화한 기독교라고 이해되었다. 따라서 토착화라고 하는 것은 기독교와 어떠한 지역적 특성과 결합한 결과로 나타나는 하나의 현상을 의미한다는 측면뿐만 아니라, 그것이 전후 일본의 기독교가 그린 미래상이었기 때문에, 바람직하고 이상적인 것, 지향해야 할 것으로 이해되었다. 그것은 예를 들어 타케다 키요코(武田清子)의 다음과 같은 문장에 잘 드러나고 있다.

> 나는 하나의 종교나 사상의 진정한 토착화는 그러한 것이 아니라고 생각한다. 더구나 예언자적인 종교로서의 기독교가, 일본의 토양에 뿌려져 뿌리를 내렸을 때, 그것은 한 알의 밀알의 예와 같이, 또한 '땅의 소금'의 예, 또는 '누룩의 예'와 같이, 그 뿌려진 토양 속에서 깊이 몸을 던지며, 자신을 잃는 것처럼 보이면서도, 그 토양의 본질을 흔들어 새로운 가치로 대결하는 것을 통하여, 그 토양의 깊은 곳으로부터 새로운 생명이 피어나, 그 생명을 원동력으로 새로운 문화, 새로운 사상, 새로운 생활이 자라나는 것을 의미한다고 생각한다.[234]

이러한 인용에서 알 수 있듯이, 앞서 말한 기독교의 이상적인 형태를 표현하는 말로서, 진정한 토착화가 거론되고, 그러한 토착화야말로 새로운 생명과 새로운 문화, 새로운 사상을 가져오는 것이라고 이해되고 있다. 하지만 여기서 주목해야 할 대목은, '대결하는 것을 통하여'라는 표현이다. 즉 뿌리를 내린다고 하는 것은, 단지 결합이나 융합만을 의미하는 것이 아니라, 대결이라는 요소를 포함하는 것이며, 그러한 대결을 통하여 진정한 토착화를 이룬다는 이해이다. 이러한 이해는 이토오 쿄오지(伊藤恭治)의 다음과 같은 말에 좀 더 선명하게 드러난다.

> 대결을 할 때는 떨어져 버리게 되고, 적응을 할 경우에는 매몰되어버릴 위험이 있다는 것은 올바르게 복음을 접하는 것이 아니라고 생각한다. 거기에는 역설적인 만남의 길이 있지는 않을까. 즉 '대결을 통한 적응' 혹은 '적응을 통한 대결'이라고 하는 길이다. 적응이라는 것이 모든 경우에 있어서 적용되는 것이 아니라, 그 반대로 절대로 대결하지 않으면 안 되는 사항도 있다. 이 구분이야말로 중요하다.[235]

그런데 토착화 논의에 참여한 이들은 결합이나 적응 뿐만이 아니라, 왜 대결을 말하지 않으면 안 되었던 것일까. 그 원인은 소위 '일본적 기독교'[236]라는 슬로건하에 일어났던 일본 제국주의 속에서의 기독교에 대한 반성과 경계에서 찾을 수 있다. 그것은 단지 기독교가 다른 것과 결합하는 것으로 자신의 정체성을 잃어버리게 되는 싱크레티즘(syncretism)에 대한 경계가 아니라, 일본의 기독교가 다시 반복해서는 안 되는 역사적인 반성을 의미한다. 따라서 일본의 토착화 논의는 결합을 먼저 말하는 것이 아니라, 매몰과 같은 토착화를 부정하는 것으로부터 시작된다. 여기서 말하는 매몰이라는 것은 타케다가 말하는 '매몰형'이라는 토착화의 한 형태를 의미한

다. 타케다는 『토착과 배교(土着と背教)』(1967)에서 토착화에 대한 다섯 가지 유형적인 분류를 하며, 매몰형과 고립형을 토착화에 좌절한 모델로서, 대결형·접목형·배교형을 어느 정도 성공한 모델로서 평가하고 있다.[237] 『토착과 배교』가 출판된 것은 1967년이지만, 타케다의 유형적인 분류는, 나가 키요코(長清子)라는 이름으로 이미 『사상사의 방법과 대상(思想史の方法と対象)』(1961)에 수록된 「기독교 수용의 방법과 그 과제(キリスト教受容の方法とその課題)」를 통하여 발표되었으며, 1960년대의 토착화 논의에서 자주 언급되었다.[238] 토착화 논의의 배경에는 그와 같은 매몰에 대한 경계가 존재했으며, 그것은 주로 풍토화나 토속화라는 표현을 써서 이상적인 의미의 토착화와 구별시켰다. 풍토화라는 것은 그 결합에 의하여 복음이 그 땅의 것에 삼켜져, '복음이 그 본질적인 것을 상실하여 생명을 잃은'[239]것이며, 자신들이 지향하는 토착화는 복음이 주체성을 잃지 않으며 '복음이 복음으로서의 순수함을 유지하는'[240] 것이었다.

이러한 토착화는 복음이 그 순수함을 유지하기에, 일본적인 것과 날카롭게 대결하는 것으로 이해되었다. 이토오 쿄오지는 루터나 바울의 예를 들면서, 복음이 그 사회에서 토착화한다는 것은 그러한 긴장 속에서 대결을 하는 것이라고 말한다. 그러한 대결이라는 것은, 복음이 현실의 문화나 사회와 괴리되지 않으며 밀접하게 결합하지만, 복음의 본질을 잃지 않기 때문에 생기는 것이라 생각했다. 이러한 이해로부터, 이토오는 교회의 안만 바라보는 일본의 복음주의를 비판한다.[241] 이것은 이토오뿐만 아니라 당시의 많은 사람들에게 공유되던 인식이었다. 타케다의 표현을 빌리자면, '그 토양의 본질을 흔들어 새로운 가치로 대결하는 것'[242]이었으며, 야마모토 스미코(山本澄子)의 표현으로는 '변혁을 가져오는 것'[243]이었다. 또한 후지이 요시노리(葛井義憲)의 표현으로는 '이 세상에서 이질성'[244]을 드러내는 것이었다. 이렇게 대결을 통하여 결합하고, 그 결합을 통하여 새롭게 대결해 나아가는 역설적인 길이, 토착화 논의를 통하여 이끌어 낸 토착화 이해였으며, 일본의 기독교가 나아가야 할 하나의 미래상이었던 것이다.

하지만 위와 같은 토착화 논의를 지금의 시점에서 생각해 본다면, 그것은 크게 두 가지의 문제점을 안고 있었다고 하지 않을 수 없다. 하나는 토착화 논의에서 사용되었던 방법론으로 자주 문학적인 표현을 사용함으로써 추상적인 이해에 그치는 경우가 많았다는 것이다. 예를 들어 기독교가 뿌리를 내린다고 하는 표현, 씨앗과 토양의 비유적인 표현들이 그러하다. 이 때문에 논의가 어떠한 기본적인 기반을 상정하고 그 위에서 논의된 것처럼 보이지만, 실제로는 그 논의의 기반 자체가 불분명한 경우가 많았다. 또 하나는, 기독교의 토착화라는 기본적인 방향은 이끌어 내었으나, 그것을 뒷받침하는 신학적인 이해의 합의까지는 이르지 않았다는 것이다. 예를 들어, 기독교가 뿌리를 내린다는 문학적인 표현 속에서, 그 구체적인 방법으로서 접목과 같은 것이 논의되었다. 또한 그것은 단순한 결합이 아니라 역설적인 결합이어야 한다는 것도 거론되었다. 그러한 방향성은 결코 잘못되었다고는 할 수 없지만, 논의가 거기에서 멈춘 채 신학적인 합의나 기반의 형성까지는 나아가지 못하였던 것이다. 즉 토착화 논의는 추상적인 이해에서 출발하여 추상적인 방법론으로 논의되었을 뿐이고, 그를 뒷받침하는 구체적인 신학적 작업이나 활동이 따르지 않았다는 것이다. 이 때문에 토착화 논의는 일본 기독교의 모습에 대한 선교적 방향성을 크게 시사하고 있으면서도, 해결해야 할 과제도 역시 남겨 두었다고 할 수 있다.

## 2) 신학적인 과제

그렇다면, 위와 같은 토착화 이해가 가져오는 신학적인 과제는 어떠한 것이 있었을까. 여기서 토착화 논의의 배경에 있는 신학적 논리구조를 분석하고, 그로부터 과제를 도출해 보도록 하겠다.

첫째, 서양의 기독교에 대한 상대화이다. 토착화 이해에서 기독교는 하나님의 복음에 대한 인간의 이해와 해석의 산물이며, 역사 속에서 각각의 문화와 결합되어 왔다고 생각되었다. 따라서 토착화되지 않은 '순수한 기독교'라는 것은 존재하지 않으며, 서양의 기독교도 서양이라고 하는 문화 속에 토착화된 기독교의 한 형태로 이해되었다. 이러한 견해는 토착화에 대한 모모세 후미아키(百瀬文晃)의 다음과 같은 정의에서 잘 드러나고 있다. "(토착화는) 하나의 종교가 발생한 곳으로부터 떨어진 다른 곳으로 이동하여, 그 땅의 문화 속에서 새로운 표현 형태를 발견하는 것이다. 기독교의 역사도, 유대 세계 속에서 시작한 예수의 복음과 그 삶이 타 민족의 세계에 이르러, 각각의 언어와 문화 속에서 수용되어 자신이 변화됨과 동시에 그 땅의 문화를 변화시켜 새롭게 구체적인 모습을 취한 하나의 토착화 과정으로 볼 수 있다."[245] 당시의 토착화는 이러한 역사적인 관점에서 토착화를 이해하였으며, 일본의 기독교도 단지 서양의 모방으로서가 아니라, 일본 기독교의 바람직한 모습으로 토착화한 '일본적인 기독교'를 추구해야 한다고 생각하였던 것이다. 이러한 의미에서 논의자 중의 한 사람이었던 도이 마사토시(土居正俊)는 "우리들의 종교적 활동은, 신학적 사유나 예배양식을 포함하여 결코 단순한 모방이어서는 안 되고, 우리가 서 있는 일본의 역사적인 현실 속에서 예수 그리스도의 복음에 대한 우리들 자신의 주체적인 응답으로서의 종교적 표현이 아니면 안 된다."[246]라고 주장하였던 것이다.

이러한 이해로부터, 역사 속에서 형성되어 왔다는 상대적인 기독교와 절대적이고 보편적인 것으로서의 복음을 나누어 생각하게 되었다. 그리고 일본에 뿌리를 내리는 것은 상대적인 기독교가 아니라 복음 그 자체이며, 기독교의 토착화가 아니라 복음의 토착화라는 이해가 토착화 논의에서 공유되었던 것이다. 거기에는, 기독교에는 역사적인 산물로서 상대화할 수 있는 것과 상대화할 수 없는 것이 존재하며, 그것을 식별할 수 있을 뿐만 아니라 그것을 나눌 수 있다는 이해가 전제되고 있다. 여기서 기독교 안의 상대화 시킬 수 있는 것과 그렇지 않은 것을 어떻게 정의할 수 있으며 판단할 수 있는가라는 신학적 과제를 발견할 수 있다.

둘째, 기독교로부터 복음의 추출 가능성이다. 위와 같은 서양의 기독교에 대한 상대화는 1960년대의 토착화 논의에서 처음으로 시도된 것은 아니다. 예를 들어 1940년의 일본 제국주의 시대에 우오키 타다카즈(魚木忠一)는 기독교의 본질은 이상적으로는 하나이지만 그것을 실제로 체득하는 방법은 여러 가지라고 말한다. 즉 마태복음 뿐만 아니라 네 개의 복음서가 서로 협력하여 그리스도를 증거하고 있듯이, 기독교의 본질에 대해 이해할 때에도 종합적인 시각이 필요하다고 주장한다. 또한 본질이라는 것은 이상적인 개념이기 때문에, 이상적인 본질을 말하기 보다는 유형에 따른 형태를 말하는 것이, 네 개의 복음서를 통하여 그리스도를 이해하는 것처럼 기독교의 본질을 좀 더 명확히 할 수 있다고 말한다. 그는 그러한 유형론을 통하여 일본의 기독교를 정당화하려고 하였던 것이다. 이것은 기독교의 본질이 이상적인 것에 불과하며, 기독교의 유형을 보는 것이 좀 더 명확히 기독교의 본질을 이해할 수 있다는 주장이다. 우오키에 따르자면, 기독교의 유형은 원시 기독교를 제외하고 그리스와 라틴·로마·게르만·앵글로색슨·그리고 일본이라는 여섯 가지 유형이 있다. 그리고 그중에서도 종교적인 내용의 풍부함과 최고의 종합성이라는 점에서 일본의 유형이 좀 더 뛰어나다는 국수주의적인 주장을 전개하고 있는 것이다.[247]

토착화 논의는 이러한 우오키의 주장과는 달리, 본질과 상대적인 것을 식별할 수 있으며 나눌 수 있다고 생각했을 뿐만이 아니라, 상대화시킬 수 없는 것을 기독교의 핵심으로 이해하고 그것을 추출할 수 있다고 생각했다. 또한 추출된 핵심은 식물의 씨앗과 같은 것이기 때문에, 그것을 다른 땅에 심는다면 거기서 같은 식물이 나온다고 이해했다. 이것은 우오키가 기독교의 본질을 이상적인 것으로 이해하고, 상대적인 유형을 종합하는 것으로 기독교의 진상을 이해할 수 있다고 생각한 것과는 대조적이다. 거기에는 복음이라고 하는 기독교의 진리성이 존재하며, 그것이 씨앗처럼 추출 가능하다는 이해가 전제된다. 이러한 이해를 둘러싼 신학적인 과제는, 기독교의 상대화를 둘러싼 앞선 과제에서 한발 더 나아가, 어떻게 상대화되지 않는 기독교의 핵심을 추출할 수 있을 것인가라는 점을 밝히는 것이라고 할 수 있다.

셋째, 복음의 주체성에 대한 문제이다. 앞서 언급한 바와 같이 1960년대의 토착화 논의가 그 논의 속에서 배척하려고 했던 풍토화와 구별되는 가장 커다란 근거는, 추출된 복음의 씨앗이 일본이라는 토양에 심겨져 밀접하게 결합하면서도 날카롭게 대립한다는, 대결을 통하여 결합하고 그 결합을 통하여 새롭게 대결해 나아간다는 점이었다. 이러한 결합과 대결이라는 복음과 일본 사이의 변증법적인 과정을 거쳐 복음이 일본에 뿌리를 내리는 것이라고 이해된 토착화였다. 그러기 위해서는 복음이라는 것이 그 주체성을 잃고 풍토화되는 것이 아니라, 어디까지나 복음으로서의 주체성을 유지하면서도 뿌리를 내릴 필요가 있다. 즉 복음의 절대적 보편성이 확보되며, 그것이 일본이라는 상대적인 역사성과 결합·대결을 해 나아갈 필요가 있다는 것이다.

이와 같은 이해에서는, 기독교의 핵심이 갖는 주체성이 도대체 무엇인가라는 것을 규명해야만 한다. 그 주체성의 유래와 근거는 무엇이며, 그것이 어떻게 상대적인 것과의 결합과 대결 속에서도 그 주체성을 유지할 수 있는 것인가라는 문제가 제기되는 것이다. 또한 그것은 어떠한 성질로 인해 일본 제국주의하의 '일본적 기독교'라는 불행한 전철을 밟지 않으며,

매몰되지 않으며 활동할 수 있을 것인지도 신학적으로 설명할 필요가 있는 것이다.

이상과 같이, 당시의 토착화 논의에는 세 가지의 신학적 과제, 첫째, 기독교에서의 절대적·상대적인 것에 관한 이해, 둘째, 기독교의 핵심적인 요소의 추출 가능성, 셋째, 복음의 주체성 규명이라는 과제가 있었다고 할 수 있다. 그러나 토착화 논의는 이러한 세가지 신학적인 과제를 규명하기보다는 토착화의 방법론을 둘러싼 주제가 주를 이루었다. 그 때문에 신학적 과제는 여전히 해결되지 않은 상태인 것이다. 다음을 통하여 이러한 과제에 타키자와 신학을 적용하여 그것이 어떻게 응답하는지를 검토해 보도록 하겠다.

## 3. 토착화 논의에 대한 타키자와 신학의 적용

타키자와 카츠미는 토착화 신학과 무관하지 않았다. 일본 기독교의 모습이 문제시되었던 1960년대의 토착화 논의에서, 일본 기독교의 흐름과 타키자와 신학은 교차하고 있었다. 타키자와는 1966년의 『복음과 세계(福音と世界)』 제9호에서 「하나님의 복음과 기독교의 토착화」라는 논문을 게재하는 것으로 토착화 논의에 참가하였다. 타키자와가 일본 기독교계에서는 그리 눈에 띄는 활동을 하지 않았던 점을 생각한다면, 토착화 논의는 그와 일본 기독교의 흐름이 교차한 하나의 접점이었다. 그런데 타키자와의 그 논문은 당시의 토착화 논의 가운데 아주 이질적인 것이었다. 왜냐하면 당시의 토착화 논의의 주된 논점이 어떻게 복음이 일본과 바르게 결합될 수 있을 것인가라는 방법론적인 측면이었던 반면, 타키자와는 자신의 기본적인 입장인 임마누엘의 이중적 의미구조에서 토착화 이해를 전개했기 때문이다.

하지만 그러한 타키자와의 이해는 앞서 언급한 토착화 논의의 신학적 과제와 깊은 관계가 있었다. 오히려 그러한 신학적 과제에 대해 당시의 누구보다도 깊은 통찰을 보였다고 하여도 과언이 아니다.[248] 왜냐하면 토착화 논의에서 문제시되는 기독교와 일본이라는 두 가지의 시점은 타키자와 신학의 두 가지의 축의 연장으로 이해할 수 있기 때문이다. 즉 타키자와 신학의 성립으로부터 1960년대의 토착화 논의에 이르기까지 30여 년 간, 그는 토착화를 둘러싼 신학적 문제에 몰두해 온 것이라 이해할 수 있는 것이다. 그리고 그 과제에 대한 응답이 타키자와 신학 그 자체라고 할 수 있다. 따라서 타키자와 신학은 당시의 토착화 논의와 깊은 관계가 있으며, 그 신학적인 과제에 응답할 수 있는 하나의 모델로 이해할 수 있다. 여기서는 타키자와 신학에 대한 지금까지의 이해에 근거하여, 앞서 제기된 토착화 논의의 신학적 과제를 검토해 보도록 하겠다.

## 1) 기독교의 절대성과 상대성

첫째, 기독교의 절대적·상대적인 것에 대한 이해이다. 토착화 논의에서 시도된 역사적인 관점에서, 서양의 기독교는 복음이 토착화된 하나의 형태에 불과하다는 판단은 옳다고 할 수 있다. 복음이 갖는 절대적이고 보편적인 측면이 시간과 공간에 의해 제약되는 역사적인 측면과 동일시 되어서는 안 되기 때문이다. 하지만 문제는 그러한 역사적인 이해는 단지 서양의 기독교에 대한 상대화에 멈추지 않는다는 점이다. 그 이해는 기독교가 역사 속에서 형성되어 온 모든 요소에 적용된다. 성서와 교회, 성례전 등 그 모두는 역사 속에서 형성되어 온 것이다. 따라서 역사적인 이해를 좀 더 철저하게 적용해 본다면, 그 모든 것이 역사의 산물이기에 상대화시킬 수 있는 것이다. 뿐만 아니라 토착화 논의에서 하나님의 복음으로서 가정되는 예수라는 존재, 그 말씀과 활동, 죽음과 부활이라는 사건조차도 어디까지나 시간과 공간이 제약된 역사 속에서 이루어진 것이기 때문에 상대화시킬 수 있는 것이다.

따라서 일본의 토착화 논의가, 서양의 기독교에 대한 상대화를 통하여, 일본의 토착화의 정당성을 확보하고, 그러한 이해와는 별도로 특정한 시간과 공간 속에서 한정적으로 존재한 예수와 관계된 것과 그 해석만을 보편적인 것으로 가정하고 확대해석하는 것은, 그들의 이해가 철저하지 못했다는 것을 드러낸다. 역사성이라는 측면에서 보자면 그 모두가 상대적인 것이라 하지 않을 수 없다. 토착화 논의에서 상대적이지 않은 것이라 가정된 복음도, 그것이 구체적인 인간의 역사와 관계하는 한 거기에는 반드시 상대적인 측면이 존재한다.

이러한 이해 속에서 상대적인가 그렇지 않은가라는 것은 더 이상 판단의 기준이 될 수 없다. 오히려 문제는 하나님의 복음이라고 하는 절대적인 것이 상대적인 것을 통하여 우리에게 전해주는 메시지에서 그러한 절대적인 것과 상대적인 것이 어떠한 관계에 있는지, 또한 그것이 우리와 어떠한 관계에 있는지를 명확히 규명하는 것이다. 즉 하나님과 예수 그리스도, 기독교, 그리고 우리와의 관계를 신학적으로 규명하는 것이야말로 문제의 핵심이었던 것이다. 당시의 토착화 논의는, 순수한 기독교라는 것이 존재하지 않기 때문에 기독교의 토착화가 아니라, 복음의 토착화가 필요하다고 주장하였다. 하지만 그들이 가정한 보편적인 복음이 과연 무엇인지, 또한 그것은 상대적이라고 생각되었던 기독교와 어떠한 관계에 있는 것인지, 더구나 그것이 우리들과는 어떠한 관계에 있는가라는 문제의식까지는 이르지 못하였다.

토착화 논의가 갖는 이러한 신학적인 문제를 타키자와가 정확히 인식하고 있었는지에 대하여는 분명하지 않지만, 임마누엘로서의 예수 그리스도라는 근본 주장과 그로부터 파생되는 타키자와 신학의 전개는 이 과제에 적절히 대응하고 있다. 타키자와의 주장에서 복음이라고 하는 절대적이고 보편적인 요소는 특수적이고 상대적인 기독교와 떨어져 초월적으로 존재하는 그 어떤 것이 아니다. 하나님은 우리 인간들과 떨어져 어딘가 다른 곳에 존재하는 초월적인 존재가 아니라 절대적인 하나님이 상대적인 나와 함께 계시며, 그 사이에는 조금의 틈도 존재하지 않는다고 하는 사실이 예수 그리스도에 의해 드러나고, 바울에 의해 발견된 복음이며, 바르트에게로 이어졌다고 타키자와는 이해한다. 이러한 이해에서 서양의 기독교에 대한 상대화와 상대화할 수 없는 복음이라는 애매함이 해소된다. 절대적인 하나님이 상대적인 우리들과 접하여 계신다는 임마누엘의 하나님이라는 복음의 이해에서, 절대성도 상대성도 독립적으로 존재하지 않으며, 그것은 임마누엘의 각각의 측면에 불과하고, 이러한 임마누엘이야 말로 보편적이고 근원적인 것이라고 타키자와는 이해하는 것이다.

그런데 여기서 한가지 근본적인 문제가 제기된다. 즉 임마누엘이라는 타키자와의 복음 이해에서는, 그것이 기독교 안에 있는 것이 아니라 오히려 기독교가 그러한 복음을 나타내는 표식이라고 할 수 있다. 임마누엘로서의 복음은 무조건적으로 주어진 근원적인 사실이며, 그 어떤 존재도 그 사실 밖에 존재할 수 없다. 하지만 이렇게 복음을 이해한다면, 복음의 토착화라는 명제 그 자체가 모순된 것이 되어 버린다. 왜냐하면 토착화 논의에서, 일본이라고 하는 곳에는 복음이 존재하지 않았다고 하는 것이 그 기본적인 전제이기 때문이다. 즉 복음과 일본이라는 지역의 단절, 역사적인 어느 시점에서의 연결, 그리고 그 관계가 충분히 성숙되지 못했다는 것이 토착화라는 문제의식의 출발점이라고 할 수 있는데, 그 복음이라는 것이 이미 주어졌다고 가정한다면, 토착화라는 문제의식 자체가 성립되지 못하는 것이다. 그리고 이것이 토착화 논의가 갖는 두 번째 신학적인 과제와 연결되는 문제이다.

## 2) 기독교의 핵심적 요소의 추출

둘째, 기독교의 핵심적 요소의 추출 가능성이다. 앞서 언급한 바와 같이, 토착화 논의에서는 기독교의 상대적인 것과 그렇지 않은 것을 나눌 수 있다고 생각했다. 뿐만 아니라 복음이라는 기독교의 보편적인 핵심을 추출할 수 있다고 생각했다. 따라서 일본의 토착화는 그렇게 추출된 복음이 일본이라는 땅에 뿌리를 내리는 것으로 생각했다. 즉 기독교에는 복음이라고 하는 씨앗과 같은 핵심이 존재하고, 그것은 추출되어 다른 땅에 심을 수 있는 것으로 생각되었던 것이다. 그러한 발상에는 기독교의 복음과 역사성 사이의 단절, 또한 기독교와 일본 사이의 역사적 단절이 가정되어 있다. 토착화 논의는 일본에는 원래 기독교가 존재하지 않았으며, 기독교가 전래된 이후에도 아직 충분히 뿌리지내리지 못하였기 때문에, 어떠한 노력을 해서든 뿌리를 내린 일본적인 기독교를 지향해야한다는 선교적 사명에 근거한 것이었다. 물론 이러한 의도 자체는 틀린 것이 아니며, 오히려 바람직한 것이라 할 수 있다. 하지만 그를 위해서는 위에서 언급한 바와 같은 기독교의 복음과 역사성에 대한 치밀한 검토와 이해가 필요했다. 그러나 아쉽게도 토착화 논의는 그러한 검토까지 이르지 못하였으며, 서양과 일본 또는 기독교와 일본이라는 대립적인 구조 속에서 토착화를 생각하여, 나무의 기둥과 가지의 접목과 같은 것이 토착화의 한 모델이라고 생각해 버렸던 것이다.

이러한 생각에는 적어도 다음과 같은 문제점이 존재한다고 할 수 있다. 우선, 기독교의 상대적인 것과 그렇지 않은 것 사이의 관계가 충분히 규명되지 않았음에도 불구하고, 상대적인 것들로부터 복음의 추출이 가능하다고 생각했다. 또한 복음이라는 것이, 토착화 논의에서 가정했던 것처럼, 기독교의 상대성에 좌우되지 않는 진정한 보편적인 것이었다면, 그것은 기독교라는 상대적인 것에 의존하지 않으며 자유롭게 활동하는 것이 아니면 안 된다. 그럼에도 불구하고 그것이 기독교의 안에만 있다고 생각했던 것은, 상대성에 의하여 제약되는 절대성 혹은 어떠한 특수한 상황에 의해 변하는 보편성이라는 절대성과 보편성에 대한 모순된 이해에 도달하게 된다. 그 결과 한편으로는 상대적이지 않은 복음을 가정하면서도, 또 한편으로는 그것이 상대적인 기독교에 의해 제한된다고 생각해 버렸기 때문에, 일본에는 기독교가 존재하지 않았기에 복음도 존재하지 않았다고 생각하였던 것이다. 우리는 토착화 논의의 정당성과 가치는 인정할 수 있으나, 그러한 논의는 일관성이 부족하고 모순된 주장이었다는 것을 지적하지 않을 수 없는 것이다.

여기서 이러한 문제점을 다시 한번 타키자와 신학에 근거하여 생각해 본다면, 다음과 같이 말할 수 있을 것이다. 우선, 타키자와 신학에서의 복음이란 임마누엘의 근원적인 사실을 가리키는 것이며, 거기서 하나님과 인간은 불가분·불가동·불가역의 관계에 있다. 이 사실이야말로 모든 것에 앞서는 근원적인 사실이며 기준이기 때문에 절대보편적인 것이다. 하나님과 인간의 세 가지의 불가의 관계로 인해 하나님에 속한 의미와 인간에게 속한 의미가 파생된다. 하나님에 속한 의미라는 것은 불가분·불가동적인 관계에 있는 모든 본질적인 주체성이다. 또 인간에게 속한 의미라는 것은 그러한 하나님에게 불가분·불가동적으로 받아들여지고 영위되는 표식으로서의 객체성이다. 이러한 하나님과 인간의 관계는 불가분·불가동적이면서도 불가역적이다. 또한 기독교라는 것은 임마누엘로서의 예수 그리스도로부터 유래하는 표식의 체계이다. 이러한 의미에서 기독교는 상대적인 것이지만, 불가분·불가동에 있어서 예수 그리스도라는 복음과 밀접하게 관계되어 있다. 따라서 복음은 기독교로부터 추출될 수 있는 것이 아니라 기독교가 가리키는 우리들의 존재의 원점으로서, 모든 것의 근원적인 기반으로서 현존하는 것이다. 우리는 기독교를 통하여 그러한 원점을 만나게 되는 것뿐이며, 그 원점은 우리의 어떠한 조건에도 좌우되지 않고 우리의 발밑에 이미 존재한다. 따라서 복음을 추출하는 것이 불가능할 뿐만 아니라 그럴 필요조차 없다. 서양인가 일본인가 또 기독교의 안인가 밖인가와는 관계없이 복음은 어디까지나 절대보편적인 것으로 존재한다. 일본에 부재한 것이 있었다고 한다면, 복음 그 자체가 아니라 복음을 가리키는 하나의 표식의 체계로서의 기독교가 부재했었던 것뿐이다.

이러한 이해에서, 토착화 논의의 모순된 주장과 복음 이해의 일관성의 문제가 해결된다. 또한 복음과 기독교, 일본이라고 하는 것의 관계가 단순한 단절이 아니라, 그가 말하는 세 가지의 불가에 의해서 역동적으로 관계하면서도 질서가 잡혀지고 있다. 타키자와에게 복음이라고 하는 것은, 역사적인 것에 좌우되지 않는 근원적인 것으로 성립되어 있으며, 우리의 발밑에 이미 주어진 사실이다. 따라서 그에게 토착화는 어떻게 복음이 일본이라고 하는 땅에 뿌리를 내릴 것인가라는 문제가 아니라, 일본이라는 시간과 공간에 존재하는 사람들이 어떻게 그 발밑에 현존하는 '인간 본래의, 진정으로 실재하는 고향이 부르는 소리'에 따라 그곳으로 회귀할 수 있을 것인가의 문제였다.[249] 그리고 "사람들은 자주 '복음의 토착화'라고 이야기한다. 하지만 이 표현은 사람들을 혼란시키기 쉽다."[250]고 말하며, "토착화되어져야 할 것은 예수가 선포한 하나님의 복음 그 자체가 아니라, 언제나 우리들 자신의 기독교, 우리들 각자의 말과 행동이라고 말하지 않을 수 없다."[251]라고 주장하는 것이다.

### 3) 복음의 주체성

셋째, 복음의 주체성을 규명하는 과제이다. 토착화 논의에서 일본 기독교의 이상적인 모델로 생각되었던 것은 추출된 복음이 어디까지나 그 주체성을 유지하면서 뿌리를 내리는 것이었다. 그러한 주체성으로 인하여,

복음이 그 땅과 밀접하게 결합하면서도 매몰되지 않으며, 날카롭게 대결해 나아가는 것이었다. 그러한 자세는 일제하의 기독교가 경험하였던 매몰에 대한 반성과 경계로서 충분히 이해할 수 있으며 바람직한 것이라 할 수 있다. 하지만 그들이 이해한 복음이라는 것이 상대적인 것이 아니라 진정으로 절대보편적인 성질을 갖는 것이라고 한다면, 그들이 경계하는 것처럼 상대적인 것에 의해 매몰된다는 것은 생각할 수 없는 일이다. 왜냐하면 상대성에 의하여 소멸되는 절대성이라는 것은 이미 절대적인 것이 아니기 때문이다. 문제는 복음이 그 주체성을 잃는가 아닌가라는 것이 아니라, 절대적인 복음을 역사 내부의 사건으로 상대화시켜버리는 인간의 인식에 있다고 할 수 있다. 즉 복음이 그 역사성에 의하여 좌우되지 않으며, 절대보편적인 것으로 바르게 인식되는가 아닌가라는 것이 문제인 것이다.

앞서 서술한 바와 같이, 토착화 논의 속에는 절대보편적인 복음이 상대적인 기독교로 제한된다고 하는 모순이 존재했다. 그러한 모순 속에서는, 복음이 이미 우리들의 상황에 따라 제한되기 때문에, 복음의 주체성은 확보할 수 없는 것이 되어 버린다. 즉 그 절대적인 주체성이 명료하게 이해되고 주장되지 않는 한, 그것은 언제나 상대적인 것으로 이해되는 것이다. 혹은 앞선 우오키의 예처럼, 그것을 단지 이상적인 것으로 치부하여 상대적인 것만이 본질을 구성한다는 이해로 이어질지도 모른다. 토착화 논의의 일부에서는 대결의 대상을 천황제로 명확히 규정함으로써, 대결의 구조를 구축하려고 하는 시도도 있었다. 하지만 일본에서 천황제라고 하는 것은 복음의 주체성을 위협하는 한 가지 요소에 불과하다. 좀 더 근본적으로 그것은 하나님이 될 수 없는 인간이 하나님의 자리에 앉으려고 하는 죄된 본성 그 자체일지도 모른다. 이와 같은 우상숭배의 타파는 복음에 대한 올바른 인식과 우리들의 순종으로 가능한 것이 아닐까. 아쉽게도 토착화 논의에서, 문학적인 표현을 사용하여 대결하면서 뿌리를 내린다고 하는 이상적인 토착화가 그려지기는 하였지만, 그것에 대한 신학적인 뒷받침은 이어지지 못했다.

앞서 본서는 타키자와 신학에서 복음은 추출할 수 있는 것이 아니라 우리들의 발밑에 있는 근원적인 사실로 이미 성립되어 있다는 것을 확인할 수 있었다. 성육신에 있어서도 그 주체성은 어디까지나 육신이 아니라 말씀에 있었으며, 거기서 파생되는 이중의 의미구조에서도 불가역적인 질서가 엄밀하게 지켜지고 있었다. 복음의 주체성에 대한 바른 인식이란 그러한 통일과 구별, 질서에 대한 명료한 인식과 자각이라고 할 수 있다. 토착화 논의에서 거론된 복음이 매몰된다는 것, 즉 절대적인 것을 상대화시켜 버리는 인간의 인식의 문제는, 타키자와 신학의 이해에서 본다면, 절대적인 것과 상대적인 것을 혼동하는 것에서 발생한다. 즉 근원적인 것과 역사 내부의 것 사이의 불가분·불가동·불가역의 관계를 혼동함으로써 발생한다는 것이다.

타키자와 신학의 문제제기는, 기독교 전통 속에 존재하는 위와 같은 절대성과 상대성의 혼동, 또 그러한 혼동으로부터 발생하는 배타성에 대한 문제제기였다. 그리고 그러한 문제제기는 기독교의 겸손함에 대한 요구로 이어졌고, 종교 간 대화에서는 타종교에게 기독교의 가치를 요구하는 것으로도 이어졌던 것이다. 이러한 타키자와 신학의 문제제기가 토착화 논의에서는 복음에 대한 올바른 인식과 자각으로 이어지게 된다. 즉 절대적인 것과 상대적인 것을 혼동함으로써 발생하는 기독교의 역사성에 대한 상대화와 복음의 상대화, 그 주체성의 상실이라는 문제에 대하여 우리의 올바른 인식을 환기시키고 있는 것이다. 한편으로 그러한 혼동 가운데서도 그 주체성을 고집하는 것은 상대적인 것을 절대화시키는 것이며, 그것은 다시 말해 기독교가 자기보존·자기목적적으로 된다는 것을 의미한다고 경고하는 것이다.[252] 예를 들어 율법을 하나님의 진리 그 자체로 여기고 또한 역사적인 표식이었던 예수를 실질 그 자체로 여기는 것, 신앙과 세례라고 하는 것을 구원의 전제로 혼동하는 것들이 그러하다. 이러한 혼동에서 벗어나 절대적인 것을 절대적인 것으로 상대적인 것을 상대적인 것으로 바르게 인식할 때, 토착화 신학이 지향하는 복음의 주체성이 담보되는 것이라 할 수 있겠다.

## 4. 타키자와 신학의 선교론적 가능성

지금까지 본서에서 시도해 온 타키자와 신학에 대한 이해를 오늘날의 신학적인 과제에 적용해 본다는 목적에 따라 논의를 해 왔다. 그를 위해, 타키자와 신학의 선교론적 측면에 주목해 보았다. 그 가운데 타키자와 신학에는 선교론적 시각이 부재하다는 오해를 불식시키고 그 의의를 확인하였다. 또한 신학적 적용의 구체적인 예로서 1960년대 일본의 토착화 신학을 거론하여, 그 신학적 문제점을 논의하고 타키자와 신학에 근거하여 그 문제들을 검토해 보았다. 그를 통해, 타키자와 신학이 그러한 신학적 문제들에 응답한다는 것도 확인할 수 있었다. 그것은 지금까지 거론해 온 바와 같이, 기독교를 사회적 배경으로 하지 않는 지역에서 기독교의 자기이해를 둘러싼 기독교의 토착화라는 문제와 밀접하게 연관된 것이었다.

이는 단순한 우연이 아니다. 지금까지 본서에서 검토해 온 바와 같이, 젊은 청년 타키자와가 바르트에게 자신의 모든 것을 부딪히며 형성해 나아간 임마누엘이라는 것, 그리고 그 임마누엘에서의 하나님과 인간의 세 가지의 불가의 관계야말로, 절대성과 상대성의 교차점을 규명하고자 했던 것이기 때문이다. 당시의 토착화 논의에서 타키자와의 이질성은 바로 이 점에 있다고 할 수 있다. 즉 그것은 시작부터 기독교의 절대성과 상대성 사이에서 긴 시간 동안 문제의식을 숙성시킨 타키자와 신학과, 자신들의 상대성과 타자성을 비로소 인식하기 시작한 1960년대의 기독교의 흐름, 그 가운데서도 자신들이 서 있는 콘텍스트 이해에 눈뜨기 시작한 당시의 토착화 논의와의 차이점이라고 할 수 있다. 물론 일본의 토착화 신학의 논의는 그 문제의식과 지향하는 바에 있어서 충분히 가치 있는 것이었다고 평가할 수 있다. 특히 기독교의 토착화를 하나의 현상으로서가 아니라 지향해야 할 목표로 생각했다는 점에서, 또 일본 기독교의 모습으로 결합과 대결이라는 길을 모색해 갔다는 점에서, 그리고 그것이 단지 기독교의 세속화나 싱크레티즘(syncretism)에 대한 경계가 아니라, 일본 기독교의 역사적 반성에 근거한다는 점에서 주목할 만하다.

하지만 그 논의의 한계는 큰 아쉬움으로 남는다. 즉 토착화 논의에 참가한 이들은 자신들이 논의하는 문제가 단지 자신들이 서 있는 콘텍스트의 재발견, 즉 일본 기독교의 자기이해와 실존에 관한 문제에 머무는 것이 아니라, 기독교의 핵심과 연관되는 근본적 과제였음을 충분히 인식하지 못하였던 것 같다. 그 결과 단지 문학적인 표현을 이용한 방법론을 제시하는 정도에서 멈추고 말았다. 하지만 이번 장에서 확인한 바와 같이 그것은 자신들이 처한 상황으로부터 출발하여, 기독교의 가장 근본적인 문제로 파고들어가야만 해결되는 신학적 과제였다. 물론 이후의 일본 기독교의 분열 등으로 그 문제의식을 더욱 심화시키지 못했다는 것도 아쉬움으로 남는다. 그리고 유행처럼 번졌던 토착화 논의는 1970년대 이후 점차 사라져 가게 된다. 하지만 이러한 아쉬움이 남는 일본의 토착화 논의를 통하여, 우리는 타키자와 신학의 가치를 재차 확인하게 된다. 당시의 토착화 논의의 핵심적인 과제는 절대적인 것과 상대적인 것의 관계를 규명하는 것이었다. 즉 기독교의 절대적인 것과 상대적인 것을 구별하고, 각각의 관계와 성질을 이해하고, 그 질서를 확인해야만 하는 신학적 과제를 안고 있었던 것이다. 하지만 토착화 논의는 주로 방법론적 논의에 집중되어 있었다. 바로 거기에, 타키자와는 토착화가 가지고 있는 본질적인 이해를 좀 더 명확히 제시했던 것이다. 그러한 이해 위에서야말로 일본의 토착화 논의에서 거론된 결합과 대결이라는 길도, 긴장을 유지한 통합이라는 방법도, 확고한 신학적 기반을 갖게 되는 것이었다. 논의자들은 타키자와의 이러한 신학적인 시도와 성과를 발판으로, 자신들의 논의를 좀 더 높은 차원으로 이끌어 갈 수도 있었지만 결과적으로는 그렇지 못했다. 타키자와의 주장은 많은 이들에게 잘 이해되지 않거나, 이질적인 것으로 여겨졌을 뿐이다.

그로부터 50여 년이 지났지만, 당시의 과제는 사라진 것이 아니라 여전히 남아 있다고 생각된다. 그것은 이번 장의 서두에서 언급한 것처럼, 기독교를 사회적·문화적 배경으로 하지 않은 곳에서, 기독교는 여전히 토착화로 집약되는 과제들을 안고 있는 것이다. 그리고 이러한 과제에 대하여, 타키자와 신학은 시공을 뛰어넘어 오늘날에도 많은 것을 시사하고 있으며, 아직도 유효한 것이라 하지 않을 수 없다. 즉 타키자와 신학은 우리 앞에 놓여 있는 하나의 좋은 소재이며, 만약 타키자와의 문제의식과 공명하여 오늘날의 상황을 되돌아볼 수 있다면, 그것을 참고로 우리의 신학적 상황을 좀 더 성숙시킬 수 있으리라 생각되는 것이다.

본서 1장에서 4장까지, 타키자와 신학에 대한 의의와 가치, 그리고 그 가능성을 확인해 왔다. 그것은 젊은 타키자와의 문제의식이 신학과 종교 간 대화로 각각의 장에서 개화한 것이고, 선교론적 전개의 가능성을 가지는 것이었다. 이제 본서는 마지막으로 다음과 같은 질문을 해보고자 한다. 즉 지금까지 이해해 온 타키자와 신학은 아무런 문제가 없는 것일까. 혹시 거기에는 그 가치와 의의가 발휘되는 것을 방해하는 어떠한 문제가 있는 것은 아닐까. 만약 있다면 그것은 어떠한 것이고, 어떻게 해결할 수 있는 것일까. 다음의 마지막 장을 통하여, 타키자와에 남겨진 과제에 초점을 맞추어, 타키자와 신학에 대한 문제점을 제기하고 그것을 극복해 보겠다.

# 5장 | 타키자와 신학의 한계와 과제

　지금까지 본서는 젊은 청년이었던 타키자와가 품었던 문제의식에서 출발하여, 그 후의 신학적 전개와 가치를 확인하고, 오늘날의 선교적 과제로부터 타키자와 신학과의 접점을 발견해 보았다. 본서에서는 이제 마지막으로 다음의 문제를 거론하고자 한다. 즉 지금까지 검토해 온 의의와 가치를 지닌 타키자와 신학은 어떠한 문제나 한계가 없는 것일까. 만약 거기에 어떠한 한계나 과제가 있다고 한다면, 우리는 어떻게 그것을 받아들이고 극복할 수 있는 것일까.

　이러한 의문으로부터, 이번 장에서는 타키자와 신학의 과제에 초점을 맞추어 보고자 한다. 즉 그의 신학적 의의와 가치를 인정할 수 있다면, 오늘을 살아가는 우리의 입장에서 거기에 남아 있는 문제점도 거론해야 할 필요가 있다고 생각하는 것이다. 이를 위해 여기서는 타키자와 신학의 문제점을 그 시대를 살아간 타키자와의 한계와 그의 신학적 한계로 분류하여, 문제의 핵심을 밝히고, 해결의 방향을 생각해 보도록 하겠다. 그 가운데 타키자와의 한계뿐만 아니라, 그의 신학적 문제, 그리고 가장 민감한 문제라고도 할 수 있는 천황제 문제 등 총체적인 비판을 시도할 것이다. 이를 통하여 본서에서 검토해 온 그의 신학적 의의와 가치가 발휘되는 것을 방해하는 장애물을 확인하고, 그것을 넘어서는 한 걸음을 내디뎌 보도록 하겠다.

## 1. 한 축의 어긋남

### 1) 교회와의 거리라는 문제

타키자와 신학을 비판적으로 검토하려 할 때, 하나의 실마리가 되는 것이 타키자와 신학에 제기되어 온 교회와의 거리라는 문제이다. 물론 그것은 본서에서 규명한 바와 같이, 타키자와가 기독교에 대해 관심이 없었다거나, 혹은 기독교가 그의 학문적 주제가 아니었다는 뜻이 아니다. 만약 그가 현실의 기독교에 대하여 관심이 없었고, 기독교가 그의 학문적 대상이 아니었다면, 원래부터 현실적 공동체로서의 기독교는 타키자와에게 중요하지 않았다라고 인정하는 것으로 문제는 간단히 정리된다. 하지만 4장에서 확인한 바와 같이, 현실의 기독교는 타키자와 신학의 제2의 의미에 속하는 것으로 전개되며, 그는 결코 그것을 소홀히 다루지 않았다. 오히려 그는 기독교의 선교라고 하는 것을 적극적으로 논하고 있으며, 그것은 일본 기독교의 토착화 논의를 뒷받침하는 하나의 신학적 기반이 될 수 있는 것이었다. 하지만, 타키자와와 교회와의 거리는 그리 쉽게 좁혀지지 않았다. 그것은 단지 교회가 그의 신학에 무관심했기 때문이었을지도 모르겠으나, 타키자와 신학을 좀 더 신중히 음미해 본다면, 거기에는 좀 더 근본적 문제가 감추어져 있지 않을까라는 생각이 들게된다.

여기서 우선 시바타(柴田)의 다음과 같은 기술에 주목해 보자.

> 타키자와가 '일본 기독교와 서로 맞지 않았던' '가장 큰 이유'도, 행여나 그러한 이유(천황제의 문제)에 있었던 것이 아니다. 타키자와는 '일본의 기독교'와 그의 기독론 — 그것은 기독교 신앙의 핵심이다 — 을 둘러싼 견해가 근본적으로 달랐기 때문이다. 더구나 서양의 기독교나 '일본의 기독교'와 같이 인간 예수를 동시에 그리스도로서 절대화하는 것이, 전시

하의 자기자신을 포함하여, 그 죄책고백이 보기에는 얼마나 진지한 것으로 위장하여도, 반드시 무의식의 위선에 빠지지 않을 수 없다는 것을 자각하고 있었기 때문이다.[253]

여기서 시바타는 일본의 기독교와 서로 맞지 않았던 원인이 타키자와의 천황제 발언의 문제라고 지적한 스즈키 토오루(鈴木亨)의 주장에 대하여 변호를 시도한다. 즉 타키자와와 교회와의 거리의 원인은 그의 기독론을 둘러싼 이해가 일본의 기독교와 근본적으로 달랐기 때문이라는 것이다.

또한 타키자와 본인의 기술에는 다음과 같은 것이 있다.

> 그 목사—이름은 사토오 토시오(佐藤俊男)라고 합니다만, 그가 저에게, 교회로 들어올 생각는 없냐고 물어 왔습니다. 그는 또 자신이 지금까지와 같이 기독교를 절대시할 수는 없다고 인정하고, 복음을 선교하기 위해서 도와 달라고 저에게 요청하였습니다. 저는 복음을 선교하는 것에 대해 그를 도울 것이 있다고 생각하지는 않았지만, 저로서는 더 이상 세례를 받는 것을 주저할 이유가 없었습니다.[254]

이것은 타키자와가 일본의 기독교와 직접적인 관계를 맺는 경위이다. 이처럼 타키자와가 사토오와의 약 5년간의 관계를 통해 세례를 받게 된 것이 1958년의 일이었으며, 이는 제2장에서 거론한 1956년의 「무엇이 나의 세례를 방해 하는가?」라는 논문의 발표와 시기적으로 겹친다.

이러한 경위를 이해한다면, 적어도 다음의 두 가지 사실을 인정할 수 있을 것이다. 하나는 타키자와가 기본적으로 복음을 선교한다는 것에 동의한다는 점이다. 이것은 앞서 인용한 것처럼, 타키자와가 사토오의 요청을 받아들였다라는 측면에서뿐만이 아니라, 지금까지 검토해 온 것처럼 타키자와 신학이 선교라는 것을 하나의 중요한 테마로서 전개한다는 측면에서 명확한 사실이다. 또 하나는, 타키자와가 교회에 속하는 것을 주저한 이유가 앞선 사토오의 말에 드러나는 기독교의 절대시에 있었다는 것이다. 그리고 기독교의 절대시의 원인 중 하나가 기독론에 있다는 것을 생각해 본다면, 앞선 시바타의 주장은 크게 틀리지 않다고 할 수 있다.

그러나 여기서 간과해서는 안 될 사실은, 일본 기독교와의 거리의 원인이라 여겨지는 타키자와의 기독론이, 당시의 독일 기독교와 바르트가 보여준 베타적인 자세에 대한 반론으로 형성되었다는 점이다. 즉 임마누엘로서의 예수 그리스도라는 타키자와의 기독론은, 그가 경험한 기독교의 배타성이 가져온 하나의 결과일 뿐이지, 타키자와의 기독론으로 인해서 기독교와의 거리가 생긴 것이 아니었던 것이다. 그 거리는 타키자와 신학이 성립하기 이전부터 존재했고, 본서의 1장에서 검토한 것처럼 바르트와의 상이성으로 그에게 던져진 과제였던 것이다. 그리고 그 상이성으로 인하여 타키자와 신학이 시작되었다는 것은 1장의 검토를 통하여 밝힌 바와 같다. 더구나 위의 인용에서 사토오는 타키자와의 기독론을 수용한다고는 말하고 있지 않다. 그는 단지 지금까지와 같이 기독교를 절대시하지 않겠다는 것을 표명하고, 타키자와에게 세례를 권했던 것이다. 그리고 타키자와는 그것을 받아들인다. 따라서 타키자와와 교회와의 거리라는 문제의 근본적인 이유는 기독론의 차이가 아니라, 그러한 차이를 가져온, 또 그 때문에 그가 언제나 문제를 제기한, 더구나 그것이 전제되지 않을 때 그가 세례를 결단한, 기독교의 '배타성'이었다고 할 수 있는 것이다.

이처럼 타키자와와 교회 사이의 거리의 원인이 기독교의 배타성이었다는 것을 이해한다면, 여기서 하나의 근본적 문제를 제기하지 않을 수 없다. 즉 기독교의 배타성이 타키자와가 기독교와 거리를 두게 된 가장 큰 이유였다면, 과연 당시의 일본 기독교는 정말로 배타적이었는가라는 문제이다. 물론 일본의 기독교는 역사적으로 다양한 측면을 지녀왔고, 그것이 배타적이었는가 혹은 그렇지 않았는가라고 쉽게 단정할 수는 없다. 하지만 일본 기독교의 역사와 현실을 폭넓게 살펴본다면 적어도 다음의 두 가지를 말할 수 있을 것이다.

첫째, 일본의 기독교가 내부적으로는 배타적인 이해를 가지고 있었다고 할지라도, 그러한 이해가 교회 밖을 향한 자세로 직결되지는 않았다는 것이다. 일본에 전래된 기독교는 소위 말하는 사교로 여겨졌으며, 일본의 국가적 일치를 방해하는 존재로 이해되었다. 그러한 상황 속에서 기독교는 항상 일본에서 자신의 의의를 변증하지 않으면 안 되었다. 그러한 기독교가 일본 제국에 의하여 비로소 인정을 받게 된 삼교회동(三教会同, 1912), 즉 신도와 불교, 기독교가 모여 일본 제국에 협력을 다짐하는 행사를 통하여, 일본의 기독교는 제국의 시민권을 획득한 것처럼 감격하였다.[255] 패전 이후에도 사정은 그렇게 다르지 않다. 기독교는 언제나 사회적 · 문화적 · 정치적 소수자로서 자신을 변증하지 않으면 안 되었다. 그리고 오늘날의 일본 기독교를 살펴보아도, 기독교가 교회의 밖을 향하여 배타적이라고는 결코 단언할 수 없다. 물론 일본 기독교의 일부는 교회의 안과 밖을 구별하여 교회의 안을 좀더 중시한다. 하지만 이것은 기독교가 자신의 입장을 절대시하는 일반적인 배타적 자세와는 조금 다르다. 왜냐하면 그것은 1퍼센트에 불과한 일본 기독교의 상황에서, 어떻게든 자신들의 아이덴티티를 확보하고 기독교를 유지하고자 하는 자기변증의 하나로 이해되기 때문이다. 즉 일본의 기독교는 항상 기독교가 아닌 절대다수와의 관계 속에서, 그 사람들을 구원의 여지가 없는 악마의 자식으로만 볼 수는 없었던 것이다. 이것은 소수자로서 일본의 기독교가 가지는 특성에 기인한 것이라 할 수 있다.

둘째, 일본 기독교의 신학도 결코 배타적이었다고 단언할 수 없다는 점이다. 물론 일본의 기독교에서도 역사적인 예수 그리스도의 유일성에 집착하는 신학적 흐름은 존재한다. 하지만 그와 동시에, 타키자와의 주장과 다를지는 모르나, 그렇게까지 집착하지 않는 신학적 흐름도 존재한다. 일본의 종교적 이해에 근거하여 기독교를 이해하고, 예수 그리스도의 역사적 유일성에 그렇게까지 집착하지 않았던 에비나 단죠오(海老名弾正)가 그 일례이다.[256] 또한 4장에서 거론한 우오키(魚木)도 예수 그리스도의 역사적 유일성에 집착하지 않고, 일본의 타 종교와 적극적으로 대화를 시도했다.[257] 그리고 전후에도, 일본 기독교의 신학이 배타적이었다고 단언할 수 있을 만큼 그 전개는 단순하지 않았다. 거기에는 보수적 입장도 있었는가 하면, 열려진 기독교를 지향하는 입장도 분명히 존재해 왔던 것이다.

이와 같은 일본 기독교와 신학의 상황을 인정한다면, 단순히 일본 기독교가 배타적이었다고는 단언할 수 없다. 오히려 타키자와에게 그러한 의도가 있었다면, 일본의 기독교와 관계할 수 있는 여지가 충분이 있었다고도 할 수 있는 것이다. 타키자와 자신이 기독교와 타 종교는 서로 이해할 수 있고, 같은 하나님을 찬양할 수 있다고 믿으며 종교 간 대화를 시도한 것처럼, 그는 일본의 기독교와 서로 이해하며, 일본의 기독교에 공헌할 수 있었던 기회가 충분히 있었을지도 모른다. 하지만 아쉽게도 타키자와 신학이 일본의 기독교에 적극적으로 공헌하는 일도, 교회가 타키자와 신학을 경청하는 일도 그리 많지 않았다.

그렇다면 타키자와와 교회와의 거리의 가장 커다란 원인이 기독교의 배타성이었다는 사실과, 일본의 기독교는 실제로 그리 배타적이지 않았다라는 두 가지의 모순된 사실은 무엇을 시사하는 것일까. 혹시 타키자와와 교회와의 거리에는 지금까지 거론되지 않은 좀 더 근본적인 원인이 있었던 것은 아닐까. 하지만 본서에서 검토해 온 기독교의 배타성에 대한 타키자와 신학의 문제의식과 그의 기술을 두고, 다른 곳에서 원인을 찾을 수는 없다. 여기서 그가 주장하는 기독교의 배타성에 대한 문제제기가 무엇에 근거한 것인가를 다시 한번 주의 깊게 바라보도록 하자.

## 2) 기독교라는 축의 어긋남

본서는 지금까지 타키자와의 신학적 전개와 종교 간 대화가, 타키자와의 문제의식의 개화였다는 점을 밝혀 왔다. 우리는 1장의 검토를 통하여, 타키자와의 문제의식이 바르트와의 공통성과 상이성 사이에서, 기독교의 안과 밖을 관통하는 자신의 진리 체험을, 그가 말하는 하나의 실재점에서 변증한다는 것을 확인하였다. 또한 그 과정에서, 타키자와의 내부의 두 가지 축, 즉 바르트 신학과 니시다 철학을 중심으로 하는 각각의 축이, 그가 말하는 하나의 실재점에서 변증법적으로 통합되어, 그것이 교회의 안과 밖이라는 두 가지 시점을 갖는 타키자와 신학의 독특성으로 발전했다는 것도 알 수 있었다. 그리고 2장을 통하여, 기독론을 중심으로 하는 그의 신학적 전개가 교회 밖을 배경으로 한 교회 안에서의 전개였다는 것, 또 3장을 통하여 종교 간 대화가 교회 안을 배경으로 한 교회 밖에서의 전개라는 것을 거듭 확인할 수 있었다. 마지막으로 4장을 통하여 그러한 타키자와 신학의 전개가 선교론적 관점에서, 예를 들어 기독교를 사회적 배경으로 하지 않는 지역의 선교론적 과제에 대해, 그 의의를 좀 더 적극적으로 발휘할 수 있다는 것을 검증해 보았다. 이러한 일련의 검토를 통하여, 타키자와 신학이 그가 잉태하였던 신학적 문제의식이라는 씨앗이 각각의 측면에서 개화한 것이라고 이해할 수 있었다.

이러한 이해의 흐름은 우리의 눈앞에 존재하는 타키자와 신학의 문제에 대하여도, 단순히 그것을 그의 신학적 한 부분의 오류나 한계로 이해하는 것이 아니라, 그의 초기의 문제의식으로까지 거슬러 올라가야 할 필요성으로 이어진다. 즉 지금 문제가 되는 기독교의 배타성 또한 초기의 문제의식에 내포되었던, 바르트를 중심으로 하는 타키자와 내부의 기독교라는 축으로 거슬러 올라가야 하는 것이다. 그리고 우리가 타키자와의 문제의 식을 거슬러 올라가면, 하나의 중요한 단서가 드러난다.

그것은 타키자와 안의 기독교라고 하는 하나의 축과 그 전개, 또한 기독교의 배타성에 대하여 겸손함을 요구하는 그의 주장이 당시의 바르트를 향하여 형성되고 완성된 것이라는 사실이다. 타키자와는 바르트에 대한 친근감에도 불구하고, 바르트에 의해 니시다를 중심으로 하는 그의 또 한 축이 부정되었다는 것을 계기로 「신앙」으로부터 그의 신학적 전개가 시작된다. 그리고 「여전히 남겨진 바르트 신학에 대한 단 하나의 의문」에서 가장 세련된 완성의 모습을 보이는 것이다. 2장에서 검토한 것처럼, 이 논문에 붙여진 세 가지의 제목에서 잘 드러나듯이, 그것은 「기독론의 근본문제」임과 동시에, 「여전히 남겨진 바르트 신학에 대한 단 하나의 의문」으로서 제기된 반론이며, 「무엇이 나의 세례를 방해 하는가?」라는 물음이, 타키자와가 기독교와 관계를 갖는 것을 주저한 원인이기도 했던 것이다. 이러한 타키자와의 세 가지의 물음은 그의 안에서 기독교라는 축을 중심으로 전개되었던 것이다. 타키자와는 바르트에게 세례를 권유받고 주저했으나, 약 20년 후에 세례를 결심했을 때, 그는 바르트에게 그것을 곧바로 보고한다. 또한 "기독교에 관해서는 거의 모든 것을 그(바르트)에게 빚지고 있다."258라고 하는 타키자와의 말에 드러나듯이, 타키자와와 교회와의 거리라는 문제는 바르트를 중심으로 하는 기독교라고 하는 축의 연장선상에 있었던 문제였다. 따라서 기독교의 배타성에 대한 그의 일관된 주장은, 타키자와의 또 다른 한 축과 그에 관계된 사람들을 우상숭배를 하는 이교도이며 악마의 자녀라고 규정했던 당시의 독일의 기독교와 바르트에 대한 문제제기였던 것이다.259

다시 말해 타키자와와 교회와의 거리의 원인이었던 기독교의 배타성이라는 것은, 당시의 모든 기독교에 대한 것이라기보다는, 타키자와가 경험한 기독교, 구체적으로 신학으로서는 바르트를, 교회로서는 당시 독일의 교회를 가정했다는 것이다. 이 점에서, 타키자와와 기독교와의 거리는 독일 혹은 유럽의 기독교와 타키자와와의 거리였다. 또 그러한 타키자와에게 명예학위가 주어졌다는 것은, 유럽의 기독교의 입장이 시대와 더불어 변화하였으며, 자신들에게 문제제기를 하는 타키자와 신학에 대하여, 적어도 에큐메니칼(ecumenical)적인 측면에서는, 그 일부의 가치를 수용한 것이라 이해할 수 있다.

그러나 여기서 문제가 되는 것은 유럽의 기독교와 타키자와와의 관계가 아니다. 초기의 유학과 만년의 시기를 제외한다면, 그는 일본에서 거의 모든 생애를 보냈다. 이 사실은, 그가 현실 속에서 경험했던 기독교와 그의 문제의식의 배경에 있었던 기독교 사이에 커다란 단절이 있었다는 것을 드러낸다. 즉 타키자와가 가정했던 기독교와 그 과제에 대한 인식은, 그가 몸담았던 일본이라는 현실 속에서의 기독교의 과제에 대한 인식이었다기보다는, 유럽의 기독교에 대한 인식 혹은 유럽의 기독교에 대한 문제의식의 연장선상에서 이해되었다는 것이다. 여기서 우리는 타키자와가 서 있던 현실 속의 기독교와 그가 가정했던 기독교 사이의 어긋남을 확인할 수 있다. 즉 그가 현실 속에서 접했던 일본의 기독교에 대하여, 독일에서 경험하였던 기독교의 이미지를 덧씌웠고, 그것으로 인하여 결코 그 모두가 배타적이라고 단언할 수 없었던 일본의 기독교에 대하여, 독일의 경우처럼 대부분이 배타적일 것이라고 가정했다고 볼 수 있는 것이다.

기독교와 사회적인 배경 전체가 밀접하게 연관되어 있는 독일 기독교의 상황과 과제는, 인구의 99% 이상이 비기독교인이며, 외국에서 온 일본에 해를 끼치는 사교라는 인식이 만연했던 일본의 상황과 과제와는 근본적으로 다르다. 타키자와는 이렇게 하늘과 땅만큼 다른 독일과 일본의 차이를 파악하여, 자신의 인식을 일본의 기독교에 맞추어 유연하게 바꾸지 못한 것으로 이해된다. 그로 인해 일본에서 일본어로 기독교를 말하는 현실적인 그의 존재와 활동이 그 근본에서 일본의 기독교와 어긋나기 시작한 것이다. 이 점을 본서의 검토에 근거하여 말해 본다면, 그의 안의 기독교라는 축의 어긋남이며, 바로 여기서부터 일본의 기독교와 거리가 시작되는 것이다.

위와 같은 타키자와 내부에서 일어난 기독교라는 축의 어긋남을 이해한다면, 그의 신학적 전개에서 그 흔적을 발견하는 깃은 그리 어려운 일이 아니다. 우선 그는 위에서 언급한 독일과 일본의 기독교 사이의 결정적인 차이에도 불구하고, 일본 기독교의 과제를 그의 신학적 주제로 삼지 않았다. 예를 들어 일제하의 기독교는 나라의 모든 것이 천황제에 집중하는 열광적인 파시즘 속에서 그 존재 의의가 되물어지고 있었다. 그 시기의 기독교는 교회의 밖에 대하여 배타적이기는커녕, 기독교가 일본 제국에 얼마나 유익하며 그를 위해서 다른 종교와 잘 협력한다는 것을 드러내지 않으면 안 되었다. 그러한 상황에서 기독교의 최대의 과제는 어떻게 자신의 정체성을 확보하면서도 일본 제국 속에서 자신의 존재가치를 보일 것인가였다. 아니면 카시와기 기엔(柏木義円)처럼, 그러한 기독교의 존재양태에 문제를 제기하고 기독교의 다른 방향을 모색하는 것이었다.[260] 이러한 일본의 기독교가 처했던 절박한 과제를 눈앞에 두고, 타키자와의 문제의식은 여전히 바르트와 독일의 기독교를 상정하는 기독교 이해에 머물렀다.

또한 전후 일본의 기독교는 일제하에서 자신들의 존재와 활동을 어떻게 정리할 것인지, 또 그것으로부터 어떻게 새로운 미래상을 그릴 것인지가 최대의 과제였다. 4장에서 거론한 토착화 논의는 그러한 일본 기독교의 단면을 잘 보여주는 것이다. 토착화 논의의 출발점은 일제하에서의 자신들의 존재를 매몰된 기독교로 이해하고 되풀이하여서는 안 된다고 반성하

고, 기독교와 전통의 단순한 결합을 경계하는 것이었다. 그 가운데 일본이 물들어 있는 천황제를 어떻게 대상화시키며, 경계해 갈 것인가라고 하는 것이 일본 기독교의 커다란 과제의 하나로 인식되었던 것이다. 이러한 인식은, 현재의 일본 기독교단의 「제2차 세계대전하의 일본 기독교단의 책임에 대한 고백(第二次大戰下における日本基督教団の責任についての告白)」으로 이어진다.[261] 타키자와 신학과 이러한 일본 기독교의 신학적 과제의 좌표가 겹친 토착화 논의에서도, 타키자와의 기술과 그 중심적인 주장에는 일본 기독교의 과제와 문제의식이 전혀 반영되어 있지 않다.

이것은 2장에서 거론한 타키자와가 자신의 세례에 대해 말하는 세례의 신학적 의의에 대해서도 말할 수 있는 부분이다. 타키자와는 세례가 한편으로는 임마누엘 그 자체와 관계하는 표식이며, 또 한편으로는 교회와 전통, 선교라고 하는 기독교의 활동으로 인해 임마누엘의 근원적 사실을 깨달았음을 드러내며, 그 자신도 사람들에게 선교한다는 결의를 드러내는 표식이라고 이해한다.[262] 하지만 거기에서도 '일본의 기독교'라고 하는 것이 가정된 흔적을 발견하기 어렵다. 따라서 타키자와가 열심히 기독교의 선교나 교회론을 말하여도, 그것은 그의 활동과 직접적으로 관계되는 일본 기독교의 현실로부터 괴리되어 버린다.[263]

바로 이점에서 '타키자와도 결코 추상적으로 사유한 것은 아니지만, 구체적인 인간의 공동체로서의 '교회'는 그의 관심 밖이었다.'[264]라는 하마베 타츠오의 주장의 일부에 동의할 수 있다. 하마베가 말하듯이 타키자와는 결코 추상적으로 사유한 것은 아니다. 1장에서 검토한 것처럼, 젊은 타키자와가 그토록 강렬하게 체험했던 바르트와 당시의 독일 기독교의 구체적인 경험으로부터 타키자와는 기독교라는 하나의 축을 형성했다. 이러한 의미에서, 구체적인 인간의 공동체로서의 '교회'는 그의 속에 살아 있었다고 할 수 있다. 문제는 그것이 그의 눈앞의 일본의 기독교라는 현실로 전환되지 못했기 때문에 커다란 어긋남이 발생했다는 것이다.

　이상과 같은 타키자와의 문제를 이해한다면, 그 어긋남을 바로 잡는 것은 그리 어려운 문제가 아니다. 즉 그 문제를 극복하기 위하여 타키자와 신학에 다른 무언가가 필요한 것이 아니다. 불가역에 근거하면서도 제2의 의미에 속하는 것의 의의를 알기 쉽게 제시하고, 우리가 서 있는 기독교의 과제를 올바로 직시하면 해결되는 문제이다. 실제로, 타키자와도 그의 어긋남을 조금씩 회복하는 모습을 보였다. 세례 이후에 그는 일본의 기독교와 직접적인 관계를 유지하였으며, 특히 전학공투회의(全学共鬪会議)라고 알려진 1960년대 후반부터 시작되는 학생운동과 관련하여 적극적인 지원을 하는 등, 점점 일본의 현실과의 고리를 찾아 자신의 역할을 수행해 나아갔다. 그것을 통해 타키자와는 자신의 활동 무대였던 큐슈 지역을 중심으로 당시의 젊은이들에게 커다란 영향력을 미치게 되었다. 그리고 그 당시 타키자와의 영향을 받았던 많은 이들이 오늘날 큐슈 지역의 기독교에서 자신들의 역할을 감당해 내고 있다. 이처럼 단지 타키자와 신학을 이해하는 것에 멈추지 않고, 그것을 우리가 처한 신학적 과제 속에서 고찰하고 적용하는 자세를 통하여 그러한 문제를 극복할 수 있다. 즉 타키자와 내부에서 발생한 기독교라는 축의 어긋남이 그의 신학이 상정한 기독교와 눈앞의 현실적인 기독교 사이의 문제였다면, 우리는 우리의 교회의 현실과 과제를 음미함으로써 그것을 바로잡을 수 있다는 것이다.

## 2. 한 축의 폭주

### 1) 타키자와 신학과 천황제의 문제

　우리가 타키자와 신학을 비판적으로 바라볼 때 떠오르는 또 하나의 문제는 바로 천황제 문제이다. 타키자와의 천황제 문제는 타키자와 연구에서 가장 민감한 문제의 하나이다. 특히 그것이 민감한 문제가 되는 것은 두 가지 측면에서 그러하다. 하나는 타키자와 자신의 학문적 정체성과 윤리성에서 그러하며, 또 하나는 그것이 한국을 비롯한 아시아의 불행한 과거의 원인이었던 일본 제국주의와의 연관성에서 그러하다. 즉 이 문제를 거론하는 것은 타키자와에게도, 타키자와에게 주목하는 본서에게도 민감하고도 조심스러운 문제인 것이다.

하지만 굳이 여기서 이 문제를 거론하는 것은, 지금까지 타키자와 신학의 의의와 가치를 주목해 온 본서에서 그의 밝은 부분만을 강조하고 어두운 부분을 감추는 것은 신학함에 있어서 올바른 태도가 아니라 생각하기 때문이다. 또한 일본의 기독교와 신학은 밝은 부분만이 존재하는 것이 아니라 어두운 부분도 존재하며, 본서의 의도와 같이 타키자와를 통하여 일본적 신학 형성의 한 단면을 보고자 한다면, 그것을 가감없이 직시해야 한다고 생각하는 것이다. 물론 그것에 대하여 단지 옳은가 그른가라는 이분법적 시야를 가지고 지금까지 검토해 온 그의 신학적 의의와 가치를 모두 부정하는 것은 바람직하지 않을 것이다. 여기서 타키자와 신학을 바라보는 균형 있는 비판적 관점이 필요하다고 할 수 있다.

여기서 가장 민감한 문제 중의 하나인 천황제의 문제를 적절히 다루기 위해, 간단한 전 이해를 시도하고자 한다. 즉 천황제에 대한 문제의식이 아직 일반화되지 않은 한국의 상황에서, 그것을 가볍게 본다거나 아니면 지나치게 보는 편견에 빠지지 않고, 좀 더 적절한 타키자와 비판을 수행해 가기 위해서는, 천황제에 대한 약간의 전 이해가 필요하다는 것이다. 물론 본서는 천황제의 문제를 논의하는 것을 목적으로 하지 않기에, 논의에 필요한 간단한 다음의 네 가지 시각을 제시하는 것에 그치도록 하겠다.

첫째, 천황제 비판에서 우선적으로 이해해야 할 것은, 그것이 당시 일본에서 체제의 근간을 이루는 것이었다는 점이다. 즉 오늘날 일본의 상황과 같이 하나의 사회를 구성하는 여러 가지 요소 중의 하나가 아니라, 그것에 근거하여 사회를 통일하려고 했던 사회체제의 근간이었다. 예를 들어 1889년에 제정되고 1990년에 시행된, 일명 메이지 헌법으로 불리는 일본 제국 헌법은 제1장이 천황에 대한 규정이며, 제2장이 신민의 권리와 의무, 제3장이 제국의 의회라는 항목으로 되어 있다. 그리고 제1장의 1조는 다음과 같은 말로 시작된다. '천황은 일본국의 상징이며, 일본국민 통합의 상징이고, 그 지위는 일본국민의 총의에 근거하는 것이다'. 이러한 사회 체제의 근간으로 자리한 천황제는, 천황에게 신적인 위치까지 부여하며, 군국주의 파시즘의 열기와 함께 점점 더 가열되어 간다. 그리고 그것은 패전 후의 일본국 헌법으로 대체되기까지 일본 사회의 근본적 체제로서의 역할을 수행해 간다.

둘째, 천황제에 대한 비판적 시각을, 그러한 천황제 국가에 사는 개개인에 대하여 동일하게 적용시킬 수는 없다는 것이다. 일본 제국 체제의 근간을 이루었던 천황제에 문제가 있었다는 것은 이론의 여지가 없다. 하지만 일본의 침략을 받거나 식민지하에 있던 나라와는 달리, 당시 제국주의 일본의 천황제 사회에 살았던 한 개인이 그러한 체제의 잘못을 깨닫는다는 것은, 그리고 그것을 부정하며 극복한다는 것은 쉽지 않은 일이었다. 당시의 철저한 교육과 정보의 통제 속에서 사람들은 그 체제에 길들여져 갔고, 혹여 문제의식을 갖는다고 하여도, 치안유지법에 의하여 사상의 통제와 감시를 받았으며, 조금이라도 찬동하지 않는 듯한 발언이 적발되면 투옥되어 고문과 함께 죽어갈 뿐이었다. 국가를 비판적으로 바라보는 근대적 시점이 아직 성립되지 않은 당시의 상황에서, 오히려 서양과의 대립적 구도를 통해 근대국가를 형성해 가고자 하는 흐름 속에서, 개인들에게는 그 외의 대안이 보이지 않았다는 것이 더 큰 문제였다. 오히려 대안이 필요한 이유도 깨닫지 못하고, 자기 정체성을 맹목적으로 천황제 안에서 발견하고자 하는 상황이었다고 할 수 있겠다. 그러한 상황 속에서 천황제에 반대하여 투옥되어 옥사하거나 살아남은 극소수의 일본의 공산주의자를 제외하고, 모든 이들이 열렬한 천황제의 신봉자이지는 않더라도, 그것을 인정하고 그 위에서 삶을 영위했다고 할 수 있다.

셋째, 모두가 천황제라는 체제 속에 살아가는 상황에서도 크게 나누자면, 두 가지의 입장이 있었다는 것이다. 하나는, 군부가 주장하는 파시즘적 열기 속에서 재생산되는 천황제, 즉 적을 타도하기 위하여 일본의 신민으로서 전쟁에 나가 천황을 위해서 죽는 것이 당연하고 영광스러운 것이라는 체제 동원적인 극우적·열광적인 입장이다. 또 하나는, 그러한 극우적·열광적인 것과는 거리를 두고 다른 방향으로 천황제와 천황을 이해하려고 했던 온건한 입장이다. 예를 들어 천황제에 대하여 철학적·문화적 이해를 하는 입장이었다. 이러한 입장은 극우적·열광적인 입장으로부터 자주 사상의 검증을 요구 받거나, 공격을 받았다.

넷째, 전후의 반성의 문제이다. 위와 같은 천황제 일본은 결국에 패전을 맞이하고, 천황은 맥아더에 의해 자신이 인간이라는 선언을 하게 되며, 일본의 체제는 총체적 붕괴를 맞이하게 된다. 그 가운데서 얼마간의 정신적 공황의 시기를 거친 후, 하나의 현상으로 등장한 것이 반성의 표명이다. 많은 종교단체와 주요 인물들이 이에 동참했다. 그러나 이러한 반성에 대해서도 신중히 바라보는 시각이 존재한다. 물론 자신의 과거를 깊이 반성하고 그것을 표명하는 것은 의미 있는 일이라 할 수 있다. 더구나 그러한 깊은 고민과 참회를 거친 진정성 있는 반성이야말로 가치 있는 것이라 말할 수 있다. 하지만 한편으로는 얼마전까지만 해도 자신의 목숨을 바쳐 충성했던 체제에 대하여 그렇게 가볍게 전환할 수 있는가라는 의문과 경멸의 시각도 있었다. 이것은 구체제에 대한 향수라기보다는, 인간이라는 존재 자체에 대한 회의라고 하는 것이 좀 더 정확한 이해라고 할 수 있겠다.

그렇다면 위와 같은 전 이해 속에서 타키자와는 어디에 위치하고 있었던 것일까. 그는 유학에서 돌아온 초기에는 소극적인 체제 긍정자로서, 그리고 패전 후에는 주로 철학적 이해를 가진 입장으로 그의 위치를 이해해 볼 수 있다. 그러한 타키자와에 대한 일반적인 비판의 초점은, 대부분의 천황제에 대한 비판과 같이, 타키자와의 천황제 발언과 그가 패전 후에도 그것에 대한 반성을 정식으로 발표한 적이 없다는 것에 있다. 이것에 대해 타키자와를 변호하는 입장에서는, 타키자와에 대한 비판을 수용하면서도, 다음의 두 가지의 측면에서 반론한다. 하나는, 타키자와의 발언 그 자체에 대한 변론이다. 타키자와의 천황제 발언은 당시의 일반적인 천황제를 옹호하는 선동적 발언과는 다르며, 그 발언이 영향력이 거의 없는 일개 학우회지의 지면에 발표된 것에 불과하다는 것이다. 또 그 시기의 타키자와 신학은 미숙한 것이었으며, 천황제의 문제는 전후에 타키자와 신학이 세련되게 발전함과 동시에 그러한 의혹이 불식되었다는 것이다. 또 하나는, 타키자와의 반성에 대한 변호이다. 전후의 타키자와는 그가 행한 발언에 대한 반성의 의도가 있었지만, 타키자와는 당시의 시류에 편승하는 것에 염증을 느껴 발표하지 않았을 뿐이라는 것이다. 오히려 타키자와는 그것과는 다른 형태로 전후의 결산을 하였는데, 그것이 바로 전학공투회의(全学共闘会議)와 연관된 타키자와의 활동이었다는 주장이다.[265]

물론 시대적 한계를 지닌 한 사람의 개인에 대하여, 초역사적으로 사회의 체제를 거부하며 예언자적이고 순교자적인 삶을 살지 못했다고 단죄하는 것에는 신중을 기해야 할 필요가 있다. 또한 온건한 입장과 열광적인 입장의 차이를 무시하고 모든 이들에게 동일한 비판과 평가의 잣대를 들이대는 것도 바람직하지 않다. 그리고 단순히 반성을 표명했는가 그렇지 않은가라는 문제로 모든 것을 판단하기보다는, 그 후의 총체적인 삶이 그러한 반성과 자각 위에 이루어진 것인가 아닌가라는 것을 주시할 필요가 있는 것이다. 하지만 여기서 타키자와의 변호자들의 입장을 모두 받아들일 필요는 없다. 오히려, 타키자와 신학의 의의와 가치를 확인해 온 본서의 입장에서 본다면 문제의 초점은 오히려 그 너머에 있다고 할 수 있다. 즉 타키자와의 책임 고백을 둘러싼 문제 혹은 그것이 깊은 의미가 있다 없다라고 하는 문제가 중요하기는 하나, 더 근본적으로는 그러한 타키자와의 문제의 원인이 무엇이었으며, 그것은 어떻게 극복될 수 있고, 반복되지 않을 수 있는가라는 문제야말로 중요하다는 것이다. 그리고 적어도 타키자와 자신은 이것에 대하여, 아무것도 밝히지 않았다고 하는 것이야말로 문제인 것이다. 이것을 해결하지 않는 한, 타키자와가 아무리 깊은 반성을 하였다 할지라도 우리는 타키자와 신학에 주목하는 것을 주저하지 않을 수 없다.

그렇다면 우리를 주저하게 만드는 타키자와의 천황제 발언이라는 것은 어떠한 것이었을까. 문제의 중심은 타키자와가 유학에서 돌아와 교편을 잡게 된 야마구치 고등 상업학교(山口高等商業学校)의 학우회지인 고상학우회지(高商学友会誌) 『산도학원(山都学苑)』 창간호(1938)에 발표된 「성과 거래(誠と取引)」라는 논문이다. 이 논문은 타키자와 전집에도 들어가지 않았으며, 나중에 타키자와의 사후에 전집이나 단행본에 실리지 않은 것을 모아 발간한 『하나님의 말씀 인간의 말(神のことば人の言葉)』(創言社, 1985)에 수록되었다. 이것이 천황제 문제를 둘러싼 타키자와의 유일한 오점이었다고 할 수 있는데, 이 논문은 당시의 천황제를 타키자와의 입장에서 재해석한 것으로 다분히 문화적·철학적 이해를 시도했다는 점에서, 당시의 열광적이고 극우적인 천황제 이데올로기에 찬동하거나 선동하는 것과는 그 성격을 달리한다고 할 수 있다. 하지만 그것이 문제가 되는 것은 다음과 같은 타키자와의 기술이다.

우리가 천황에 의해 태어나고, 천황에 의해 죽는다고 하는 것은, 모든 반봉건적인 외견에도 불구하고, 단지 고대인의 착각이 아니며, 우리의 깊은 존재의 근본적 진리라고 생각하는 것이다. 황손이 하늘로부터 내려왔던 날처럼, 오늘날도 생동감 있게 활동하는 사실이라고 생각하는 것이다. 천황의 말씀대로 살고 죽는다고 하는 것이, 오늘의 우리에게 있어서도 또한 사물의 이치를 따르는 유일한 합리적인 삶이라고 생각하지 않을 수 없는 것이다.[266]

이 기술에서 분명히 드러나듯이, 타키자와는 일본의 신화와 그 후손이라 칭하는 천황에 대하여 자신의 신학적 이해를 그대로 천황제 이해에 사용하고 있다. 즉 본서에서 검토해 온 것처럼, 타키자와 신학에서의 임마누엘, 하나님으로서의 그리스도는 우리를 받아들이고 살리는 존재인데, 타키자와는 그것을 일본의 전통에서 천황의 존재에서 발견하고자 한 것이다. 이러한 타키자와의 시도는 위의 인용뿐만이 아니다. 그는 같은 논문의 다른 곳에서, 그러한 '신인(神人)의 창조적인 관계'를 나타내는 것이, '군신의 인류적인 관계에 다름 아니다'라고 주장한다.[267] 또한 "우리들은 실제로, 감사하게도 이 눈을 가지고 그분의 모습을 보며, 이 귀를 가지고 그분의 소리를 듣는 것이다. 거기에 천황이 사람의 모습으로 나타난 신(現人神)으로서 말씀하신다는 일점 일획도 다르지 않은 깊은 진리가 감추어져 있는 것이다."라고 말한다.[268] 즉 타키자와는 그리스도와 인간의 관계를 천황과 일본 국민의 관계에 적용한 것이다. 또 그것이 군신의 관계에 잘 드러나 있다고 주장하며, 그러한 임마누엘의 사실이 현실의 천황에게서 잘 드러나고 있다고 주장한다.

이렇게 타키자와는, 천황제 교육의 영향으로부터 완전히 벗어나지 못했던 치기 어린 시기였다고는 하나, 임마누엘로서의 예수 그리스도의 존재와 활동이라는 타키자와 신학의 기본적 주장을 사용하여 일본의 천황제를 재해석했다. 거기에는 하나님과 인간 사이의 궁극적 기점으로서의 예수 그리스도가 사람의 모습으로 나타난 천황으로 완벽하게 대응하고 있다. 오히려 마치 살아 있는 예수 그리스도와 이스라엘 사람들이 만났던 것처럼, 현재 살아 있는 천황을 만난다는 점에서 좀 더 적극적으로 주장했다고 말할 수 있다. 즉 현재의 천황이 살아 있는 예수 그리스도에 해당되는 것이다. 이러한 이해에서, 타키자와 신학의 근본적 이해가 그대로 천황제 이해에 사용되었다는 것이 분명히 드러난다.

타키자와 신학에 근거하여 생각해 본다면, 임마누엘이 이 세상의 사건이나 명칭에 좌우되는 일 없이 이미 주어져 있는 근원적 사실이라고 하는 점에서, 대상에 대한 정당성과 윤리성의 문제를 떠나서 생각해 본다면, 일본의 천황제에서도 그 사실을 발견하는 것은 가능할지도 모른다. 다시 말해 하나님과 인간이 함께 계신다는 근원적 사실은 지역과 전통에 앞서 주어진 것이기 때문에, 그 사실에 눈뜬 사람들이 각각의 전통에서 서로 다른 체계를 발전시키는 것이 가능하며, 그것이 일본의 경우에는 천황제 일수도 있다는 주장은, 타키자와의 기본적인 입장에서 벗어나지 않는다.

또한 타키자와는 당시 일본의 일반적인 주장처럼, 천황을 신으로 생각한 것은 아니었다. 타키자와에게 하나님과 인간은 근본적으로 하나이며, 이 사실에서 예수 그리스도와 우리들, 천황 사이에는 어떠한 구별도 존재하지 않는다. 문제의 초점은 그러한 존재가 갖는 기준으로서의 성질이다. 즉 예수 그리스도는 우리들을 위하여 하나님 그 자신이 생성한 종의 모습이며, 인간이 된 하나님의 아들이다. 그것에 반하여 우리들은, 그러한 예수 그리스도에 이끌려 하나님의 아들이 된 인간인 것이다. 양자의 구별은 기준과 그 기준에 의해 측정되는 존재 사이의 구별이다. 그런데 타키자와는 그러한 기준으로서의 성질을 천황에게 부여한다. 타키자와 신학이 기독교라고 하는 하나의 체계에서의 논리라고 한다면, 그것과는 별도로 천황을 기준으로 하는 또 하나의 체계를 세운다.

이러한 타키자와의 시도에 대하여, 우선적으로 다음의 두 가지 문제가 두드러진다. 첫째, 타키자와가 발표한 시기적인 의미이다. 타키자와의 그 논문이 문제가 된 것은, 그것이 시국에 편승한 주장이었기 때문이 아니다. 타키자와가 당시의 시국에 편승해 극우적인 천황제를 표방하며 선동했다는 것은 그의 저작과 활동에서 찾아볼 수 없다. 오히려 문제가 되는 것은 다키자와가 그 시기에 그러한 주장을 했나는 섬이다. 전황의 신성함을 믿어 의심치 않았던 것은 당시 타키자와에게만 해당하는 일은 아니었다. 일본에서 태어나 30년 이상의 시간을 소위 천황제 국가에서 자라고 철저하게 교육받은 사람이, 거기로부터 자유로워진다는 것은 결코 쉬운 일이 아니다. 또한 천황을 위하여 전쟁터에서 목숨을 바치도록 선동하는 열광적인 천황제 내셔널리즘이 넘쳐 났던 그 시기에, 오히려 타키자와의 천황제 이해는 그러한 일반적인 이해와는 다른 이해를 전개했다고 할 수 있다. 하지만 타키자와의 그러한 측면에도 불구하고, 천황제의 병폐와 문제가 가장 극에 달했던 그 시기에, 그가 천황제에 대한 너무나도 긍정적이고 적극적인 해석을 했다는 것은, 결과적으로 당시의 천황제 체제와 그를 둘러싼 것들을 긍정하는 것이 되어 버렸다. 즉 그 내용과 의도는 당시의 다른 열광적인 이해들과는 다를지도 모르나, 그것이 당시의 천황제를 긍정하고, 그것을 발표했다는 점에서, 그리고 그 긍정이 당시의 천황제에서 벌어지고 있던 모든 일에 대한 긍정으로 이어지고 있다는 점에서, 결과적으로 다르지 않았다고 할 수 있다. 실제로 타키자와는 「성과 거래」의 마지막 부분에서 일본이 일으킨 전쟁의 본래적 의도가 영토적 야심이 아니라, '천황의 위엄을 세상에 알리기 위함'[269]이라는 너무나도 순진하고 안이한 주장을 하고 있는 것이다.

둘째, 「성과 거래」에서의 타키자와의 주장이 너무나도 무비판적이라는 것이다. 거기서는 타키자와의 기본적 입장과 틀이 일관되게 전개되고 있기는 하지만, 거기에는 타키자와의 다른 저작에서 보이는 것과 같은, 근본적 영역까지 치고 들어가 반성하는 그의 첨예한 시각이 전혀 드러나고 있지 않다. 즉 거기에는 그의 저작을 그의 것으로 인정하게 만드는 타키자와만의 독특하고도 날카로운 방법론과 비판이 존재하지 않는 것이다. 타키자와의 다른 저작과 비교하여 보면, 이것은 우리에게 굉장히 어색하게 다가온다. 당시의 유럽을 대표하는 지성이었던 칼 바르트를 향하여 도전하였던 타키자와의 패기와 비판 의식은 도대체 어디로 가 버린 것인가. 그는 왜 당시의 바르트나 기독교에 향해 전개했던 문제의식을, 천황제를 향하여서는 전개하지 못하였던 것일까.

타키자와는 『칼 바르트 연구』의 제1판의 서문에서 다음과 같이 말한다.

'예수 그리스도의 페르소나라는 문제'에 몰두한 한 학생의 편력의 일기로서, 이 작은 논문집도 또한, 위기에 서 있는 오늘날의 일본을 위하여 어떤 참고를 제공하는 것이 가능할 것이다. 왜냐하면 천황의 신성함을 믿는 점에서 전 국민이 일치해 왔다는 사실은, 우리 일본인이 반드시 모든 사상적인 혼란으로부터 숙명적으로 벗어나 있다는 증거가 아니기 때문이다.[270]

이렇게 말하는 타키자와는, 그의 저작 『칼 바르트 연구』의 가치가, 그가 바르트에게 적용한 그의 날카로운 비판적 시각에 있었다는 것을 깨닫고 있었을까. 하지만 타키자와는 『칼 바르트 연구』에서 보여주었던 비판적 시각을, 자신이 믿고 있던 천황의 신성함과 천황제에는 적용하지 못했다. 그 때문에 역설적으로 그가 강조하는 '오늘날의 일본을 위하여' 큰 역할을 할 수가 없었다. 이러한 그의 자세가 「성과 거래」의 무비판적인 기술로 이어지고, 타키자와 신학을 안이한 현실 긍정으로 이끌었던 것이다.

이러한 문제에서 드러나듯이, 천황제라는 문제에서 타키자와 신학의 핵심이라고도 할 수 있는 불가역의 시점이 흔들리고 임마누엘의 기준으로서 현실의 천황제에 대한 무비판적 긍정으로 이어지고 만다. 그 결과 타키자와 신학이 날카롭게 대결하고자 했던 우상숭배를, 타키자와 자신이 행하고 만 것이다.

## 2) 폭주하는 또 다른 한 축

그렇다면 이 같은 천황제를 둘러싼 타키자와의 문제를 어떻게 이해해야 하는 것일까. 본서에서 검토해 온 것처럼 오늘날의 신학적 과제에 대하여 타키자와 신학의 적극적 의의를 살려 나아가고자 한다면, 비록 그것이 초기의 혈기 넘치는 젊은 시절이었다고는 하나, 불가역의 제창자였던 타키자와 자신이 그것을 관철하지 못했었다는 사실은, 단지 그 시기의 타키자와가 미숙했기 때문이라고 넘겨버릴 수는 없다. 예를 들어 4장에서 검토한 바와 같이, 타키자와 신학의 불가역은 복음의 주체성을 확보하는 것이며, 기독교가 선교지와 단순한 결합이 아닌 대결을 통해 뿌리를 내린다는 교회의 모습을 위한 하나의 신학적 기반이 될 수 있는 것이었다. 이것은 오늘날에서도 여전히 중요한 의의를 갖는 것이다. 따라서 본서에서는 풍토화와 같은 기독교의 매몰을 극복할 수 있는 신학적 논리를 가지고 있는 타키자와 자신이, 도대체 왜 자신의 불가역의 시점을 관철할 수 없었는지를 명확하게 해야 하며, 어떻게 하면 그것을 되풀이하지 않고 그 본래의 신학적 기능을 발휘할 수 있는가라는 이해까지 나아갈 필요가 있다.

여기서 타키자와의 불가역의 시점이 관철되지 못했던 원인에 초점을 맞추어 타키자와 신학을 되돌아본다면, 천황제가 단순히 타키자와의 개인적인 문제만이 아니었다는 것을 발견하게 된다. 예를 들어 그것은 다음의 「성과 거래」의 부록에서의 기술에 나타나고 있다.

> 세계사에 있어서, 만들어지고 만드는 것으로서의 역사적인 자연의 창조적인 논리(하나님의 말씀)에 의해 창조된 단 두 가지의 국가가 있다. 하나는 바로 아버지 아브라함과 그 처인 사라의 믿음(소명)에 의해 일어나 모세의 율법에 의해 명확한 형태를 부여받아 다윗의 싸움에 의해 완성된 고대 유대 국가이며, 다른 하나는 바로 이자나기(伊邪那岐, 일본신화 속의 남자 신)ㅡ이자나미(伊邪那美, 일본 신화 속의 여자 신)에 의해 생성된 히코호노 니니기노미코토(日子番能邇邇藝, 세상에 내려온 신의 손자)의 생명의 강림으로 그 형태를 이루어 신무천황의 동정(東征)으로 기초된 우리 일본이다.[271]

이 기술에서 잘 드러나듯이, 타키자와는 이스라엘과 일본을 하나님의 말씀으로부터 유래하는 두 가지의 전통으로 이해한다. 이렇게 기독교 전통과 자신의 전통을 함께 신성한 것으로 이해하는 것은, 당시의 기독교에서 혹은 자신의 전통에 애착을 갖는 기독교적인 흐름에서 자주 볼 수 있는 일이다. 하지만 타키자와 신학의 형성을 검토해 온 우리는 거기에 담겨져 있는 의미를 간과할 수 없다. 즉 여기서 말하는 이스라엘은 바르트와 기독교, 교회의 안이라고 하는 타키자와의 하나의 축의 연장이며, 일본은 니시다와 불교, 교회의 밖이라는 타키자와의 또 하나의 축의 연장이라고 할 수 있는 것이다. 이러한 의미에서, 예수 그리스도라는 기준과 천황이라는 기준이 각각의 축에 기반이 된다는 것도 이해할 수 있다.

이처럼 타키자와의 천황제 이해가 그의 신학을 형성하는 하나의 축의 연장이라는 것을 이해한다면, 이 문제는 타키자와의 개인적인 문제라고 하기보다는, 타키자와 신학의 구조 그 자체와 관계되는 문제로서 이해할 수 있다. 지금까지 검토를 통하여 드러난 바와 같이, 타키자와 신학은 타키자와의 두 가지의 축이 임마누엘이라는 하나의 실재점에 근거하여 각각 비판적으로 검증되며 변증법적으로 통합되어 가는 것이었다. 이것이 하나의 실재점과 그에 근거한 두 가지의 축이라는 타키자와 신학의 기본적 구조이다. 이러한 타키자와 신학의 구조에서, 임마누엘이라는 근원적 사실에 근거한다는 것은 단지 신과 인간이 결합하는 상태만을 가정하는 것이 아니다. 그의 신학의 핵심이라 할 수 있는 불가역은 임마누엘 이외의 것을 본질이 아닌 표식으로 대상화하며 비판적으로 바라본다는 것을 의미한다. 하지만 천황제 문제에 한해서는, 임마누엘에 근거한 비판적 대상화라는 타키자와 신학의 생명선이, 어떠한 이유 때문에 기능하지 못했던 것이다.

그렇다면 도대체 무엇이 타키자와 신학을 이러한 무비판적인 상태로 빠지게 했던 것일까. 본서 1장에서 검토한 것처럼, 독일 유학의 시기에 타키자와는 자신이 체험해 왔던 일본에서의 진리와 가치가 악마의 자식들 혹은 이교도의 우상숭배의 산물로 평가되는 경험을 한다. 타키자와가 그때까지 진리라고 확신하고 있었던 니시다 철학이나, 신성한 것으로 믿어 왔던 천황의 존재가 철저히 부정되는 것을 통하여 그가 커다란 충격을 받았으리라는 것은 쉽게 추측할 수 있는 일이다. 그러한 충격 속에서 그는 교회의 안과 밖, 바르트와 니시다라는 두 가지의 축을 대상화하여 그가 말하는 하나의 실재점에서 변증법적으로 통합해 간다. 그것이 결국 교회의 안과 밖이라는 두 가지 시점을 가지는 타키자와의 독특한 신학을 형성했다. 또한 그것은 기독교에 대해서는 교회의 밖을 존경하도록 요구함과 동시에 교회의 밖에 대한 변증으로 이어진다. 물론 그 배경에는 그가 짊어지고 있던 것에 대한 애착이 있었다는 것은 말할 필요도 없다.

하지만 불행히도 타키자와의 그러한 애착 때문에 임마누엘에 근거한 비판적 시점을 관철하지 못하게 된다. 여기서 타키자와 안의 하나의 축은 폭주하게 되고, 타키자와 신학의 시스템에 과부하가 걸리고 마는 것이다. 이 것을 시바타(柴田)가 말하는 것과 같이 타키자와 신학의 미숙함이라고 이해 할 수 있을지도 모르겠다. 하지만 이것은 한편으로는 기독교의 배타성에 대한 반발, 또 한편으로는 자신의 전통에 대한 과도한 애착이 가져온 결과 였다고 생각할 수 있다. 성장기의 천황제 이데올로기 교육을 통하여 한편 으로는 자신의 의지에 의하여, 타키자와가 자신의 전통과 나라에 대한 애 착을 가지게 되었던 것은 자연스러운 일인지도 모른다. 더구나 거기서 타 키자와는 인생의 근본 문제로부터 그 해결에 이르는 진리 체험을 한다. 그 러한 환경 속에서 성장한 사람이 단번에 그것으로부터 자유로워지는 것은 어려운 일일 것이다. 여기서 당시를 살아간 한 인간으로서의 타키자와의 한계를 바라볼 수 있다.

그렇다고 하여도 타키자와의 다른 측면에 주목한다면, 그에게는 천황제 국가였던 일본에서 태어나고 자란 인간으로서의 측면을 뒤집을 수 있는 여지가 있었음을 알 수 있다. 왜냐하면 그는 독일의 유학을 통하여 일본과 는 전혀 다른 시점과 가치관을 체험할 기회가 있었기 때문이다. 더구나 그 곳은 나치 정권의 열광적 내셔널리즘의 폭풍 한 가운데 있었던 독일이었 다. 당시의 독일은 일본과는 명백히 대비되는 환경이었으며, 타키자와는 그 중심을 경험했던 것이다. 거기서 타키자와는 자신이 태어나고 자란 일 본이라는 전통을 조금이나마 객관적으로 볼 수 있었을 것이다. 또한 그는 나치에 대한 투쟁의 상징적 인물이었던 바르트와 접하면서, 예수 그리스 도에 근거하여 자신의 국가를 대상화해 가는 바르트의 모습을 가까이서 접할 수 있었다. 하지만 아쉽게도 그러한 독일에서의 체험에 반하여, 타키 자와는 자신이 말하는 임마누엘에 근거하여 자신의 국가와 전통에 대한 대상화를 철저하게 수행할 수 없었다. 이 점에서 우리는 타키자와를 비판 할 수 있고, 그 비판은 정당한 것이라 할 수 있다.

이 점에 대하여 코바야시는 다음과 같이 말한다.

> 독일에서 그러한 칼 바르트의 반 나치 교회투쟁을 본 타키자와는, 귀국
> 후에 바르트의 「오늘의 신학적 실존」이 현실적인 것으로는 되지 못했던
> 것일까. 또한 오늘이야말로, 바로 오늘이야말로, 땅과 하늘의 고독한 새
> 처럼 눈뜨지 않으면 안 된다라고 바르트가 「오늘의 신학적 실존」을 마친
> 것처럼, 타키자와의 실존은 시대의 폭풍 속에서 눈뜨고 있었던 것일
> 까.[272]

> 그것이 어느새인가 현실의 전쟁의 어둠 속에서 시대의 절망을 배경으로
> 결과적으로 전쟁으로 향하는 「죽음이라는 의미의 철학」의 그림자를 드리
> 웠을 지도 모른다. 그것은 하이데거가 「독일적 대학의 자기주장」을 통하
> 여 나치에 가담하는 것과는 다르지만, 역시 하나의 시국의 철학으로서 시
> 대의 암흑과 융합하고 있었던 것은 아닐까. 나는 이것을 전시하의 타키자
> 와 카츠미의 비판으로서만이 아니라, 인간존재의 우주적 현상으로서의
> 어둠으로 혹은 상상의 가장 순수하고도 순진한 부분에 서식하는 악마의
> 문제로 엄밀하게 비판하지 않으면 안 된다고 생각한다.[273]

타키자와 내부에 존재하던 축의 어긋남과 폭주의 문제를 검토해 온 우
리는 신학적 실존을 묻는 코바야시의 이와 같은 주장에 동의할 수 있을 것
이다.

이상으로 본서는 타키자와 신학의 문제점에 대하여 그 시대를 살아간
타키자와의 한계에 초점을 맞추어 검토해 보았다. 그것을 통하여, 일본의
교회와의 거리의 문제를 타키자와 내부의 한 축의 어긋남으로, 또 천황제
발언의 문제를 또 한 축의 폭주의 결과로 이해해 보았다. 그리고 그 결과

타키자와 신학의 구조가 흔들리게 되었다는 것도 확인하였다. 이러한 타키자와의 한계를 통하여 다음의 교훈을 배울 수 있을 것이다. 즉 타키자와 신학의 본래적인 주장에서 확인할 수 있듯이, 우리가 중심을 두어야 할 곳은 기독교도 자신의 전통도 아니다. 그것들은 모두 상대적인 제2의 의미에 속하는 표식에 불과하다. 우리는 어디까지나 임마누엘이라고 하는 근원적이고 보편적인 사실에 근거하여 양자 사이의 변증법적인 대화를 수행해 나아가야 할 필요가 있다. 그리고 그 대화에서, 자신의 현실에서 유리되지 않고, 또 과도한 애착에 빠지지 않고, 우리의 발밑에 존재하며 우리를 심판하심과 동시에 받아들이시는 임마누엘이라는 근원적 사실에 철저하게 머무르는 것이야말로 우리에게 요청되는 자세라 할 수 있을 것이다. 다시 말해 우리의 구체적인 신학적 실존 속에서 타키자와 신학을 생각하며, 임마누엘에 근거하여 그 외의 것을 철저하게 비판적으로 대상화 하는 불가역의 자세를 관철할 필요가 있다는 것이다.

물론 다행히도 타키자와는 그러한 한계에만 머무르지는 않았다. 특히 전후의 타키자와 신학은 어디까지나 우상숭배를 배격하는 것이었으며, 또 전학공투회의(全学共鬪会議)에 참가함으로써 국가권력과의 투쟁을 통하여 임마누엘에 근거한 삶을 보여주었다. 이 점에서 마에다(前田)가 말하듯이 '타키자와는 전후, 국가의 정책과 대치하는 것을 두려워하지 않았으며, 전학공투회의 투쟁을 자신의 일처럼 응답했다. 투쟁이야말로 반성하고 책임을 진다는 전후의 과제에 대한 결산이었다.'[274]라고 이해할 수 있을 것이다.

그렇다면, 여기서 본서는 한 걸음 더 나아가 다음과 같은 질문을 해 볼 필요가 있다. 타키자와 신학의 이상과 같은 문제는 단지 그 시대를 살아간 타키자와의 한계에만 머무르는 것일까. 혹시 거기에는 타키자와 신학 그 자체의 신학적 과제는 없었던 것일까. 만약 타키자와 신학에 과제가 있다면, 그것은 구체적으로 어떠한 문제이며, 어떻게 해결할 수 있을까. 다음을 통하여, 타키자와 신학 그 자체의 과제를 밝혀 보도록 하겠다.

## 3. 타키자와 신학의 과제

### 1) 예수 그리스도의 기준성

우리가 타키자와의 한계뿐만 아니라 신학 그 자체의 한계에도 주목해 본다면, 예수 그리스도의 기준성이라는 문제를 거론하지 않을 수 없다. 그 것은 앞서 타키자와의 한 축이 폭주하는 것으로 확인할 수 있었다. 타키자 와에게 예수 그리스도는, 하나님이 인간을 위하여 생성한 종의 모습이며, 인간이 된 하나님의 아들이다. 그리고 그러한 예수 그리스도는 우리에게 임마누엘의 하나님을 드러내는 존재이다. 그런데 타키자와는 그러한 역할 을 다른 존재에도 부여했던 것이다. 이것은 단순히 타키자와가 오류를 범 했다거나, 당시의 상황 속에서 그의 한계가 드러났다는 것을 넘어서, 좀 더 근본적인 신학적 문제를 내포한다.

이는 3장에서 검토한 바와 같이, 세계화와 더불어 오늘날의 기독교가 직 면하는 다종교적 상황에서 자신과 다른 종교와 전통을 어떻게 이해할 것인 가라는 문제, 또 4장에서 검토한 바와 같이, 기독교가 그 지역의 사회·문 화적 배경과 일치하지 않는 곳에서, 자신의 전통적인 배경을 어떻게 이해 할 것인지의 문제와 밀접하게 연관된다. 즉 기독교가 어떠한 기준을 가지 고 타 종교와 자신을 이해할 것인지, 아니면 판단 기준의 부재로 무조건적 인 긍정 혹은 부정을 할 것인지, 혹은 단지 윤리적인 문제로 국한시킬 것인 지의 문제는, 기독교의 자기이해와 더불어 타자이해와 관계되는 근본적인 신학적 과제라 할 수 있는 것이다. 그리고 이러한 신학적 과제가 타키자와 신학에서 예수 그리스도의 기준성이라는 문제로 집약되고 있는 것이다.

그렇다면 문제의 핵심이 되는 예수 그리스도의 기준성이라는 것은 과연 무엇일까. 또 타키자와는 그것을 어떻게 이해했을까. 여기서 타키자와가 말하는 기준성을, 예수 그리스도와 우리들과의 비교를 통하여 이해해 보자. 타키자와의 이해에 따르자면, 예수 그리스도와 우리들 모두는 임마누엘의 근본적 규정에 근거하여 존재한다. 즉 예수 그리스도와 우리들은 임마누엘이라는 동일한 기반 위에 서 있다는 것이다. 좀 더 정확히 말하자면, 하나님이 태초부터 인간을 받아들이시고 함께 계신하신다는 사실, 즉 임마누엘로서 존재하신다는 하나님의 자기결정과 자기한정에서 그 어떠한 존재도 벗어날 수 없다는 것이 타키자와의 근본적 주장이었다. 여기서 하나님이 받아들이신 육신이라는 성질에서 예수 그리스도와 우리들은 동일하다고 이해된다. 즉 예수 그리스도의 육신은 우리의 육신과 다른 종류의 것이 아니며 동일한 성질의 것이라는 이해이다.

하지만 예수 그리스도가 우리들과 구별되는 결정적 요소 중에 하나는 그가 존재하는 목적에 있다. 타키자와에게 인간, 그중에서도 기독교인은 그리스도에 의해 받아들여져, 그 사실을 깨닫고 눈뜨게 된 존재이다. 무지와 불순종, 총체적으로 죄라고 표현되는 인간의 한계 속에서, 인간은 하나님을 잊고 자신의 욕망에 따라 자기목적적으로 살아간다. 그러한 인간이 자신의 근원인 임마누엘을 드러내는 매개, 즉 타키자와가 말하는 제2의 의미의 체계들에 촉발되어 임마누엘의 사실에 눈뜨게 된다. 그리고 그 사실을 깨달은 자들의 공동체가 교회라고 한다는 것은 2장의 검토를 통하여 확인한 바와 같다. 이처럼 임마누엘의 하나님과, 하나님이 인간과 접하시는 그리스도의 활동으로 인해, 우리들이 하나님께 받아들여졌다는 것, 그리고 그러한 사실에 눈뜨게 되었다는 의미에서 '하나님의 자녀가 된 인간'이라고 할 수 있는 것이다. 이에 반해 예수 그리스도는 하나님이 임마누엘로서의 자신을 우리들에게 드러내기 위하여, 그리고 하나님과 인간 사이의 올바른 관계를 제시하기 위하여 그리스도가 육신을 생성하고 받아들인 존재이다. 본서 1장과 2장의 검토를 통하여 자세히 확인한 바와 같이, 우리들이 무지와 한계 속에 자기목적적으로 존재함에도 불구하고 임마누엘의 하나님에 의하여 받아들여진 존재라고 한다면, 예수 그리스도는 자신의 주체인 그리스도를 드러내기 위하여 존재한다는 것이다. 따라서 우리들이 '하나님의 자녀가 된 인간' 이라고 한다면, 예수 그리스도는 '인간이 된 하나님의 아들' 인 것이다.

예수 그리스도와 우리들이 구별되는 또 하나의 결정적 요소는, 비본래성의 유무에 있다. 위에서 언급한 것처럼, 우리는 무지와 불순종에 빠져 있는 한계를 가진 죄된 존재라 할 수 있다. 이것은 2장에서 검토한 바와 같이, 우리들이 하나님의 자녀로서 그 삶을 영위하고 하나님의 뜻을 따르는 존재로서 하나님을 드러내야 함에도 불구하고 때때로 그렇지 못하다는것, 또 자주 자신을 목적으로 하여 존재한다는 것을 의미한다. 예를 들어 우리들은 임마누엘이라는 근원적 규정에서만 존재할 수 있음에도 불구하고, 그 사실을 깨닫지 못하거나, 아니면 그 사실을 무시하고 비본래적으로 살아갈 수도 있는 것이다. 그러나 본서 1장과 2장을 통하여 확인했듯이, 예수 그리스도에게는 그러한 가능성이 존재하지 않는다. 앞서 언급한 바와 같이, 그는 자신의 주체인 그리스도를 드러내기 위하여 생성된 존재였다. 그는 육신으로서는 우리와 동일하였지만, 무지와 불순종이라는 비본래적인 삶의 가능성을 갖지 않았다. 실제로, 성서에 나타난 예수는 자신의 주체인 그리스도에게 철저히 순종하는 존재이며, 그 외의 가능성을 갖지 않았던 존재였다.

타키자와가 말하는 예수 그리스도의 기준성이라는 것은, 바로 위와같은 존재의 목적과 비본래성의 부재라는 두 가지의 결정적 요소에 의하여 성립한다. 즉 예수 그리스도는 임마누엘에 근거하여 인간에게 제시되기 위한 존재였다는 것, 또 그는 그리스도가 아닌 다른 비본래적인 양태로 존재할 수 없었다는 점에서, 그는 하나님과 인간 사이의 기준이 되는 것이다. 거꾸로 말하자면 만약 예수 그리스도가 어디까지나 우리처럼 무지와 불순종이라는 한계 속에 있었으며, 우연히 임마누엘의 사실을 깨우친 존재였다면, 또 그리스도 이외의 비본래적인 삶의 가능성을 가지고 있었거나, 실제로 그러한 비본래적인 삶을 살았다면, 그는 종교적 천재나 영웅은 될 수 있어도, 그리스도로서의 절대적이고 유일한 기준이 될 수는 없었을 것이다. 이러한 기준성으로 인하여, 예수 그리스도는 하나님과 인간 사이의 기준이 되며, 인간은 제시된 기준에 의해 측정되는 존재가 되는 것이다.

위와 같은 예수 그리스도의 기준성에 대한 타키자와의 이해를 되새겨 보면, 하나의 중요한 사실이 드러난다. 그것은 바로 예수 그리스도의 기준성이라는 것이, 그리스도의 신으로서의 측면과 예수의 인간으로서의 측면이 서로가 서로에게 완벽히 대응하기 때문에 성립했다는 사실이다. 즉 하나님은 인간을 받아들이는 존재로서 자신을 한정하였고, 그것은 그리스도가 생성한 예수라는 존재로, 또 예수는 어디까지나 자신의 주체인 그리스도에 철두철미하게 순종하는 삶으로 임마누엘의 하나님을 충실히 드러내었다. 이러한 완벽함, 충실함이라는 신성과 인성의 일치 속에서만 예수 그리스도의 기준성이 성립하는 것이다. 그리고 이러한 기준성에서, 임마누엘의 하나님과 그 하나님이 인간과 만나는 형태로서의 그리스도, 그 그리스도가 생성하고 취한 예수라는 존재는 각각 자신을 한정하고 있을 뿐만 아니라, 자신이 한정하여 접하고 있는 상대가 자신을 충분히 드러내고 있다는 점에서, 서로가 서로를 한정하고 있다. 다시 말해 하나님과 인간의 관계에서, 하나님은 어디까지나 규정하는 존재이고 인간은 규정되는 존재라는 불가역적인 관계이지만, 적어도 예수 그리스도의 기준성이라는 측면에서는 결과적으로 상호한정 혹은 상호규정이 성립한다는 것이다. 예수 그리스도의 기준성에 대한 이러한 이해는 기존의 타키자와 신학에서는 언급되지 않았던 부분이다.

### 2) 불가역의 또 다른 의미

여기서 한 가지 중요한 신학적 문제가 제기된다. 본서를 통해 검토해 온 바와 같이, 타키자와는 절대적인 임마누엘의 규정과 예수 그리스도의 관계가 불가역적이라고 주장하였다. 또한 예수 그리스도 내부에서의 그리스도와 예수의 관계 또한 불가역이라고 주장하였다. 다시 말해, 어디까지나 임마누엘의 근본적 규정에 근거하여 예수 그리스도가 성립하는 것이지 그 반대가 아니라는 것이다. 또 어디까지나 그 주체인 그리스도에 순종하여 예수의 모습이 규정되는 것이지 우리에게 드러난 예수에 의하여 그리스도가 규정되지 않는다는 것이다. 타키자와의 이러한 주장은, 인간이 자기 자신을 규정할 수 있다는 착각, 또한 상대적인 것을 가지고 절대적인 것을 규정하려는 오류에 대한 경고였고, 타키자와는 그것을 우상숭배로 이해하고 있었다. 따라서 불가역은 절대적 존재 앞에 선 상대적 존재로서 인간의 겸손함을 요구하는 것이었다.

본서를 통해 확인해 온 타키자와 신학의 이러한 주장을 이해한다면, 그것이 앞서 제시된 기준성의 문제와 충돌하는 것은 아닌가라는 의문을 가지지 않을 수 없다. 왜냐하면 예수는 어디까지나 그 주체인 그리스도에 의해 규정되는 존재라는 타키자와의 주장과, 임마누엘과 예수 그리스도, 그리고 그리스도와 예수는 각각 자기한정적이면서도 상호한정적이라는 기준성에 대한 본서의 이해가 충돌하기 때문이다. 다시 말해 자기한정적이면서도 그 관계는 불가역적이라는 타키자와의 주장과, 자기한정적임과 동시에 상호한정적이라는 본서의 이해가 충돌하는 것이다.

하지만 만약 예수 그리스도의 기준성에 대해 불가역적인 관계만을 인정해 버린다면 어떻게 될까. 만약 그 관계에서의 불가역만을 인정하게 되면,

예수는 그리스도에 의해 규정되고 순종하는 삶을 통하여 그것을 드러낸 존재이기는 하나, 그리스도는 예수에게 얽매이지 않는 자유로운 존재이며, 그 관계는 어디까지나 불가역적이기 때문에, 그리스도는 예수로서 드러난 것 이외의 가능성을 갖게 된다. 왜냐하면 자유롭게 활동하는 그리스도는 시공의 한계 속에 존재했던 예수라는 상대적인 모습에 제한되지 않고 언제나 그 외의 가능성을 가진 존재로 머물기 때문이다. 즉 그리스도는 어디까지나 그 일부를 드러낸 것에 지나지 않기 때문이다. 이러한 이해에서 예수 그리스도는 그리스도의 여러 가능성 중에 하나가 되어 버리기에, 언제나 그 외의 가능성을 가정하지 않으면 안 된다. 따라서 예수로서 드러난 그리스도는 이미 인간을 측정하는 기준이 될 수 없고, 여러 가능성 중에 하나로서 이미 선택의 영역이 되어 버린다. 실제로 타키자와가 천황에게도 기준성을 부여하는 오류를 범했다는 것은 앞서 확인한 바와 같다. 따라서 불가역이라는 이해와 예수 그리스도의 기준성이 상호한정적이라는 서로 충돌하는 이해를 어떻게 극복할 것인가라는 문제는, 단지 타키자와 신학을 이해한다는 것을 넘어, 그 한계를 극복하려는 본서의 의도 속에서 꼭 해결해야 할 문제인 것이다.

이 문제를 해결하기 위해서는, 타키자와 신학의 다음의 세 가지 사항을 다시 한번 명확히 할 필요가 있다. 우선 첫째, 절대성과 상대성의 관계이다. 본서를 통해 끊임없이 확인해 온 바와 같이, 타키자와에게 절대성과 상대성의 관계는 불가역적인 관계이다. 즉 그때 그곳이라는 시공의 제약 속에서 그리스도가 우리에게 드러난 예수라는 모습으로, 불고 싶은 데로 부는 하나님과 그리스도의 활동이 제약될 수 없다는 것이다. 이것은 예를 들어, 이미 표현된 진리는 살아서 활동하는 진리 그 자체가 될 수 없다는 일반적인 이해와 맞물려 있다. 즉 절대적인 진리를 상대적인 것 속에 가두어 둘 수 없다는 것이다. 이러한 문제를, 타키자와는 기독교의 오랜 과제인 예수 그리스도의 신성과 인성의 관계에 주목하여, 예수 그리스도의 페르소나의 문제로서 신성과 인성의 불가역적인 관계를 규명하였다. 이를 통하여, 타키자와는 기독교의 전통적 이해를 좀 더 근본적으로 추구하면서도, 그 안에 존재하는 우상숭배 즉 인간이 자신을 규정하고 하나님을 규정하려고 하는 시도에 대하여 철저히 비판하였다. 또한 그러한 비판에 근거하여 자신의 종교적, 철학적 진리에 대한 변증을 하고, 더 나아가 다른 종교와의 대화, 기독교의 토착화에 대한 신학적 기반을 제공했다는 것은 본서를 통하여 지금까지 확인해 온 바와 같다.

본서에서는 적어도 타키자와가 말하는 절대성과 상대성, 혹은 무상과 유상, 예수 그리스도의 신성과 인성 사이의 불가역적인 관계에 동의하지 않을 수 없다. 왜냐하면 그의 주장은 절대성이 상대성을 넘어서 존재하고 활동한다는 일반적인 진리에 부합하며, 3장에서 검토한 바와 같이, 절대성과 상대성이 접할 때에는 반드시 불가역적인 관계가 성립한다는 것을 인정하지 않을 수 없기 때문이다. 더구나 예수 그리스도의 신성과 인성의 문제나, 우상숭배에 대한 그의 주장은 기독교의 근본적 메시지로부터 벗어난 것이라고 하기 어렵기 때문이다. 다시 말해, 절대성의 자기한정을 통하여 상대성이 창조되고 존재하고 받아들여진다는 것, 그리고, 상대성은 끊임없이 절대성에 의하여 규정된다는 것을 인정하지 않을 수 없으며, 그것이 바로 타키자와가 말하는 임마누엘인 것이다.

그런데 여기서 문제의 초점이 되는 것은 그러한 절대성과 상대성의 관계 사이의 기준성의 문제이다. 본서에서 확인해 온 바와 같이, 타키자와는 하나님과 인간 사이에 아르키메데스의 기준점과 같은 절대적 기준점이 있으며, 그것이 바로 예수 그리스도라고 끊임없이 주장하였다. 또 그러한 예수 그리스도가 하나님과 인간 사이의 절대적 매개라고도 주장하였다. 더 나아가 그러한 기준으로서의 예수 그리스도를 불교를 향하여서도 주장하였던 것이다. 그러나 앞서 확인한 것처럼, 그러한 기준성은 단지 절대성과 상대성의 불가역적인 관계뿐만이 아니라 상호한정적인 관계 속에서만 성립하는 것이었다. 그것은 바로 예수 그리스도가 임마누엘의 하나님을 충분히 드러내었다는 말로 압축되는 것이다. 즉 예수 그리스도가 절대성의 제한된 일부만을 드러내었으며, 다른 어떠한 요소로 보충되어야 할 불완전한 존재였다는 것을 가정할 필요 없이, 그가 하나님을 그 어떠한 제한 없이 드러내었다고 가정한다. 그리고 이러한 가정 속에서만이 그의 기준성과 절대매개성은 성립하게 된다. 즉 예수 그리스도에게는 절대성과 상대성이 자기한정적으로, 불가역적으로 교차할 뿐만 아니라, 상호한정적으로 교차한다는 것, 그리고 그러한 관계에서만 그의 기준성이 성립한다는 것이다.

그런데 문제는 서두에서 언급한 바와 같이, 그러한 불가역적이라는 관계와 상호한정적이라는 관계가 어떻게 양립할 수 있는가라는 것이다. 예를 들어 예수 그리스도에게 예수라는 인성으로서의 측면은 그 주체인 그리스도의 측면에 철저하게 순종하고 그리스도를 드러내는 존재이다. 예수를 한정하고 규정하는 것은 어디까지나 그리스도이다. 즉 인간은 하나님에 의해 규정되고 받아들여지는 존재이지 인간이 자기 스스로를 규정하고 더 나아가 하나님을 규정하는 것이 아니라는 절대성과 상대성의 불가역적인 관계가, 예수 그리스도의 신성과 인성의 관계에도 적용되는 것이다. 그러나 기준성이라는 상호한정적인 관계에 한해서, 예수라는 측면은 그 주체인 그리스도의 측면을 충분히 드러냈다는 의미에서 일정 부분 그리스도를 한정하고 있다. 여기서 일부분의 한정이라는 것을 좀 더 정확히 표현하자면, 예수라는 측면을 통하여 드러난 것 이상의, 혹은 다른 그리스도를 가정할 필요가 없다는 의미이다. 이러한 '충분하게'라는 전제 속에서 예수로서의 모습은 그리스도를 일정 부분 한정하고 이 점에서 그의 기준성이 성립되는 것이다. 그리고 이러한 기준성을 통하여, 그리스도는 예수라는 상대적인 존재를 규정하면서도, 그를 초월하여 자유롭게 활동하는 존재라는 불가역적이라는 주장과, 우리에게 드러난 예수와 그의 뒤를 따르는 제2의 의미의 체계는 제1의 의미를 한정하고 있다는 모순된 주장이 동시에 성립하게 되는 것이다.

그렇다면 불가역이라는 타키자와의 주장과 예수 그리스도의 기준성을 음미함으로 도출된 상호한정이라는, 두 가지의 양립할 수 없는 입장에 대하여 어떻게 이해해야 하는 것일까. 이 물음에 하나의 힌드를 제시하는 것은 다름 아닌 타키자와 자신이다. 본서 1장의 검토를 통하여, 「신앙의 가능성에 대하여」에서 타키자와가 성서에 대하여 존재론적 분석을 시도하는 자신의 논적에 대하여, 그것이 기본적으로 역사적이며, 존재적, 사실적인 사건이기는 하지만, 그것은 그 내용까지도 역사적이며 존재적이라는 의미는 아니라는 입장에서 반론하는 것을 확인하였다.[275] 즉 타키자와는 성서가 시공에 제한되며, 인간의 체험과 언어가 시공 속에서 상대적인 것이라고 이해하면서도, 그 성서가 드러내는 내용은 보편적이고 절대적이라 이해하면서, 그 둘을 나누어서 생각하고 있는 것이다.

이러한 타키자와의 분석은 여기서 문제가 되는 예수 그리스도의 기준성에도 적용할 수 있을 것이다. 그리스도가 자신을 드러내기 위하여 생성하고 취한 예수라는 존재는, 어디까지나 시공의 한정된 상대적인 존재이다. 그리고 그러한 상대적인 육신은 우리와 전혀 다르지 않은 것이다. 하지만 그의 육신과 활동이 시공에 제한되는 상대적인 것이었다고 해서, 그러한 상대적인 것을 통하여 드러난 내용까지도 상대적이라고 할 수는 없다. 그것은 비록 상대적인 것을 통하여 드러나고는 있지만, 그 상대성이 예수와 같이 절대성을 드러내기 위하여 생성되고, 그 외의 비본래적인 존재양식을 갖지 않는 존재였다면, 그를 통하여 드러난 절대성의 내용은 보편적이며 절대적인 측면을 지니고 있다. 타키자와가 주장하고 본서가 동의하는 불가역적인 관계는 보편적인 그리스도와 시공에 제약을 받았던 예수 사이에 적용되는 관계라 할 수 있다. 그러한 시공에 제한되어 있던 예수라는 존재는, 어디까지나 철저히 그리스도에 의해 규정되는 존재이지, 그러한 예수의 모습이 그리스도를 규정하는 것은 아니다. 그 관계는 철저하게 불가역적인 것이며, 거기에는 서로를 한정한다는 기준성이 성립할 수 없다. 다시 말해 단지 예수라는 상대성을 넘어서, 그리스도라는 절대성조차도 일정 부분 한정하는 것은, 우리가 눈으로 보고 만질 수 있었던 예수라는 존재, 즉 유대인으로서, 남성으로서, 당시의 언어를 사용했던 그 상대적인 존재가 아니다. 만약 그렇다면 유대인이라는 것, 남성이라는 것, 당시의 언어라는 것이 하나님과 인간의 기준으로서 제시되었다는 것이 되어 버리기 때문이다.

여기서 알 수 있듯이, 절대성과 상대성의 불가역성을 넘어 일정 부분의 상호한정에까지 이르는 것, 그러한 의미에서 하나님과 인간의 기준이 되는 것은, 시공의 한계 속에서 역사적 조건으로 구성된 예수라는 존재가 아니라, 그러한 예수를 통하여 표현된 내용이다. 즉 예수 그리스도가 하나님과 인간 사이의 절대적 기준으로 제시되는 것은, 그러한 상대적인 요소로서가 아닌, 그를 통하여 드러난 내용에 의해서인 것이다. 하나님 그 자신이 생성하고 취한 상대적인 육신을 통하여, 절대적인 자신을 드러낸 그 내용이야말로 상대적인 것을 넘어서 충분하게 절대적인 것을 드러내고, 그러한 의미에서 절대적인 것을 일정 부분 한정한다는 것이다. 물론 이것 또한 어디까지나 불가역적 관계의 연장선상에 있다. 왜냐하면 임마누엘의 하나님의 절대적인 규정에 근거하여 인간과 접하는 그리스도가 활동하고 그러한 그리스도의 존재와 활동에 근거하여 그 내용이 드러나기 때문이다. 하지만 본서에서 지금까지 고찰한 바와 같이, 그것이 충분하게, 완벽하게 드러난다는 기준성에 있어서 단지 일방적인 불가역을 넘어 상호한정에까지 나아가게 된다. 그리고 이러한 상호한정에 이르러야 비로소 예수 그리스도 이외의 인간이 된 하나님의 아들을 가정할 필요가 없으며, 예수 그리스도 이외의 하나님에 이르는 또 다른 길을 가정할 필요가 없게 되는 것이다.

위와 같이 예수 그리스도의 상대성과, 그 상대성을 통하여 드러난 내용을 구분하는 것을 통하여, 타키자와가 말하는 불가역과 상호한정이라는 것이 동시에 성립하는 근거를 얻게 된다. 그것은 첫째, 하나님의 사랑의 의지와 그리스도의 자유로운 활동으로 인하여, 그것은 상내적인 것에 가두어지는 것이 아니며, 우리의 가정과 사고를 초월하여 자신을 드러낸다는 것이다. 이러한 의미에서 타키자와가 말하는 불가역은 여전히 유효하다. 둘째, 그리스도에 의해 생성되고, 그 자신이 받아들인 예수로서의 육신은 시공의 제약 속에 존재하기는 하였으나, 예수는 그 주체였던 그리스도에게 철두철미하게 순종함으로써, 그의 말과 활동, 삶을 통하여 그리스도는 자신을 여실히 드러냈다. 따라서 우리는 예수 그리스도 이외의 다른 가능성을 가정할 필요가 없으며, 예수를 통하여 드러난 내용은 그 근원인 그리스도와 하나님을 한정하고 있다. 다시 말해 사랑으로 자신을 드러낸 하나님 이외에, 사랑이 아니거나 사랑에 거스르며 존재하는 하나님을 가정할 필요가 없다는 것이다. 셋째, 하나님의 자유로운 활동과 그 보편성에 있어서 하나님은 시공을 초월하여 그리스도로서 각각의 사람들과 만나며 자신을 드러내나, 그것은 결코 예수 그리스도의 기준성으로 인한 상호한정을 벗어나는 것이 될 수 없다. 즉 하나님의 자유로운 활동과 보편성으로 인하여, 기독교의 전통 밖에서 하나님의 활동은 충분히 가능한 것이라 생각할 수 있지만, 그 내용은 적어도 상호한정이라는 예수 그리스도의 기준성에 있어서, 예수를 통하여 드러난 내용과 충돌하거나 어긋나는 것이 될 수 없다는 것이다. 이와 같은 불가역이면서도 그 기준성에서는 상호한정적인 관계를 달리 표현하자면, 적어도 예수로서 드러난 내용에 반하여 혹은 거스르며 존재하는 그리스도를 생각할 수 없으며, 그러한 그리스도에 반하거나 거스르는 하나님의 존재 또한 생각할 수 없는 것이다. 따라서, 그리스도는 예수라는 상대적인 측면과는 절대적인 불가역의 관계이지만, 그 예수를 통하여 드러난 내용과는 불가역이면서도, 서로 반하거나 거스르지 않는 상호한정의 관계에 있다고 할 수 있는 것이다.

위와 같은 예수 그리스도의 기준성에 대한 고찰을 통하여, 그리스도 자신과 그리스도가 예수를 통하여 드러낸 내용 간에는 불가역적이면서도 상호한정적인 관계가 동시에 성립하고 있다는 것을 확인할 수 있다. 그리고 그러한 상호한정의 내용은, 우리가 예수 그리스도의 기준성을 인정하는 한, 적어도 그리스도가 그를 통해 드러낸 내용이 충분한 것이며, 서로가 충돌하거나 거스르며 존재하지 않는다는 것이다. 여기서 본서는 예수와 그리스도의 관계를 형용하는 새로운 표현을 얻게된 다. 즉 불가역적이면서도 서로 거스르며 존재하지 않는다는 것이며, 그것은 공교롭게도 불가역(不可逆)이라는 타키자와의 용어를 그대로 사용하여 표현할 수 있다. 다시 말해 여기서 타키자와 신학의 불가역이라는 표현을 유지하면서도, 단지 그것이 거꾸로 할 수 없다는 의미만이 아닌, 거스르며(逆) 존재할 수 없다(不可)는, 새로운 의미를 더해 볼 수 있는 것이다. 이렇게 타키자와 신학이 말하는 예수 그리스도의 기준성을 음미함으로써, 그 신학의 모호함을 해결하고 보완할 수 있는 새로운 가능성의 단초를 얻게 된다.

## 4. 새로운 불가역의 의미와 신학적 보완

이상을 통하여, 예수 그리스도의 기준성이라는 타키자와 신학의 과제를 검토하고 기존의 타키자와 신학이 제시하는 불가역에서 한발 더 나아가,

상호한정하며 서로가 거스르지 않고 존재한다는 새로운 의미를 발견했다. 그렇다면 이러한 새로운 불가역의 이해로 인해 무엇이 달라지게 되는 것일까. 상호가 거스르며 존재할 수 없다는 불가역의 새로운 의미는 무엇보다도 예수 그리스도로부터 기인하는 기독교의 수직적인 시각을 수평적으로 확장할 때 중요한 변화를 가져온다. 특히 타키자와가 시도한 것처럼 기독교의 자기이해로부터 이웃 혹은 전통과의 만남과 이해로 확장될 때 또 하나의 시각이 추가되는 것이다. 여기서 우리가 새로 발견한 상호가 거스르며 존재하지 않는다는 불가역의 의미를 추가하여 타키자와 신학에 새로운 전개를 추가해 본다면, 다음과 같이 재정리해 볼 수 있다.

첫째, 임마누엘이라는 것은 하나님과 인간이 불가분·불가동·불가역적으로 하나라는 근본적 규정이다. 나의 어떠한 조건, 예를 들어 나의 성별이나 환경, 지역, 신앙의 유무와 관계없이, 하나님 그 자신의 의지와 사랑에 의해 나를 받아들이시며, 내가 서 있는 그곳에 같이 계신다는 임마누엘은 하나님의 한없는 은혜임과 동시에 사랑에 의한 자기한정이며 자기동일화이다. 그러한 하나님의 자기한정은 언제나 그리스도라는 제2격의 하나님으로서 이루어진다. 즉 하나님은 예수로서 드러난 그리스도를 통하여 인간과 만나고 있다. 이것이 하나님이 인간과 접하는 '유일한(타키자와가 의미하는 바와 같이 수적인 의미가 아니라 질적인 의미)' 방식이며, 인간이 하나님에 이르는 '유일한' 길인 것이다. 그리고 이러한 하나님의 사랑의 행위로서 근본적 규정인 임마누엘 이외에, 하나님도 인간도 다른 존재의 양식을 갖지 않는다.

둘째, 예수 그리스도에 대한 이해이다. 그와 같이 우리 모두와 관계하는 임마누엘의 근원적 사실이, 그 시간과 그 장소에 한정된 형태로 드러났다. 그는 실로 그리스도가 생성한 육신이었으며, 인간이 된 하나님의 아들로서, 그리스도 이외의 존재양식을 갖지 않는, 하나님과 인간 사이의 기준으로 제시된 존재였다. 그러한 예수 그리스도는 자신의 주체인 그리스도에게 철두철미하게 순종하였고, 우리에게 하나님의 존재와 활동을 충분히 드러내었다. 그것은 하나님과 같이 되려고 항상 위를 바라보는 사람들의 오만함과는 달리, 절대적인 하나님이 죄인된 나를 바로 이곳에서 받아들인다는 임마누엘의 근원적 사실에 따라, 그는 언제나 아래로 흘러가는 존재의 양식을 드러내었다. 그 자신이 하나님인 그리스도이면서도, 인간으로 태어나 마구간의 말구유에 놓여지고, 언제나 세리와 죄인의 친구로서 지냈으며, 십자가에서 그의 생을 완수하였다. 실로 그는 그리스도가 생성한 육체였으며, 인간이 된 하나님의 아들로, 우리들에게 주어진 표식 중의 표식이었으며, 하나님과 인간 사이의 '유일한' 기준이었던 것이다. 따라서 우리는 예수 그리스도 이외의 가능성을 가정할 필요가 없으며, 그를 통해 드러난 것에 거스르거나 반하는 하나님의 존재와 활동을 생각할 필요가 없다. 오히려 그에 의해 드러난 내용에 반하거나 거스르는 것은 임마누엘의 하나님으로부터 온 것이 아니라 할 수 있다. 즉 그가 제시한 기준으로 우리의 모든 것이 측정되야 하는 것이다.

셋째, 예수 그리스도와 우리들에 대한 이해이다. 하나님의 활동은 인간의 조건과는 상관없이 근원적 사실로 활동하기에, 비록 기독교의 역사와는 오랜 시간동안 떨어져 있었으나, 우리는 임마누엘의 근본적 규정과 활동 안에 존재해 왔다. 그리고 그러한 하나님의 활동을 인정한다면, 임마누엘을 드러내는 하나의 표식의 체계로서 기독교 전통 이외의, 하나님의 자기계시로 인한 또 다른 표식의 가능성을 인정할 수 있을 것이다. 하지만 예수 그리스도의 기준성이라는 상호한정에서, 그것은 적어도 예수 그리스도에 의해 드러난 '유일한'의 기준성에 충돌하거나 거스르는 것일 수 없다. 즉 하나님은 자유로이 자기한정을 하는 존재이나, 그러한 자기한정의 내용은 결코 예수 그리스도를 통하여 드러낸 내용과 충돌하는 것일 수 없다는 뜻이다. 따라서 우리의 역사와 전통 속에서 하나님의 자기한정의 흔적과 표식을 발견하고 대화하려고 할 때, 그것은 어디까지나 예수 그리스도를 통하여 드러난 기준성으로부터 측정되고 그에 부합하는 것이 아니면 안 되는 것이다.

위와 같은 이해 중에서, 특히 두번째와 세번째의 이해가 타키자와가 충분히 발전시키고, 전개하지 않았던 부분이라 할 수 있다. 그리고 이러한 이해를 철저히 하는 한, 이번 장에서 제기된 타키자와의 문제들에 대해서도 적절한 판단을 할 수 있다. 이번 장에서 검토한 타키자와의 한계나 그가 자신의 전통에 대한 애착을 가졌던 것은 근본적인 문제라고 할 수 없다. 오히려 그 전통 위에 존재하는 기독교로서는, 그 전통을 존중하고, 전통과의 대화와 더불어 그 전통 위에 서 있는 비기독교인들과 대화를 해 나아가야 할 것이다. 그때 타키자와 신학의 이해는, 그것을 위한 좋은 기반이 될 수 있다는 것은 3장에서 검토한 바와 같다. 그러나 문제는, 임마누엘에 근거한 비판적 시각이라고 하는 타키자와 신학의 구조가 자신의 전통에 대하여도 관철될 수 있는가라는 것이다. 혹은 4장의 토착화 논의에 의해 거론된 대결을 통해 결합을 해 나아갈 수 있는가라는 것이 문제라고 할 수 있다. 이 점에서, 타키자와 신학에서 충분히 전개되지 못했던 위와 같은 기준성에 대한 이해를 명확히 하는 것은, 타키자와 신학의 비판적 구조를 유지하게 하는 하나의 안전장치가 될 수 있을 것이다.

예를 들어 예수 그리스도가 드러낸 바와 같이, 작디 작은 죄된 존재인 인간을 받아들이고 자기동일화하는 임마누엘의 하나님과, 그러한 하나님을 드러내는 기준이었던 예수 그리스도의 삶의 내용은, 일본 제국의 권력의 상징이었던 당시의 천황과 정면으로 충돌한다. 만약 예수 그리스도가 공교롭게도 유대의 왕 예수라는 죄명이 적힌 십자가에 못 박힌 것이 아니라, 실제로 왕으로서 활동하고, 하나님의 자리로부터 내려오지 않고 우리와는 동떨어진 초월적인 존재로 있었더라면, 혹은 그가 말구유에 누운것이 아니라 언제나 권력의 중심에 서 있었던 존재였다면, 실제로 천황에게도 그러한 기준성을 발견할 수 있을지도 모른다. 하지만 타키자와가 말하던 임마누엘은 그러한 것이 아니며, 예수 그리스도가 드러낸 삶의 내용도 그러한 것이 아니다. 따라서 우리가 기독교 밖에서 기준의 가능성을 인정하고, 그것을 우리의 전통적 문화에서 찾을 때, 혹은 그러한 상대를 인정하고 대화를 시도할 때, 그것은 어디까지나 임마누엘에 근거한 예수 그리스도의 삶의 내용에 부합한 것이 아니면 안 된다. 이러한 의미에서 앞으로도 일본 천황의 존재에 그러한 기준성을 찾는 것은 불가능할 것이다.

이러한 임마누엘과 예수 그리스도의 기준성에 대한 이해와, 그러한 기준성에 대한 모호함으로 일어난 타키자와의 과오는, 오늘날의 기독교를 되돌아보게 하는 하나의 계기가 된다. 만약 기독교에서 임마누엘의 하나님과 그를 드러낸 예수 그리스도의 삶과는 다른 모습을 발견한다면, 그것이 만약 우리의 현실과는 동떨어진 초월적 존재이고, 우리에게 그러한 초월적 존재를 동경하여 좀 더 많은 권력과 부를 추구하고, 남들의 머리 위에 서려고 하는 모습이 있다고 한다면, 아무리 입으로 예수 그리스도를 유일한 주님이라 부른다고 하여도, 그 내용에서는 예수 그리스도를 거스르는 것이며, 현세의 왕을 따르는 것에 지나지 않을 것이다.

이러한 문제를 명확히 인식할 때, 다음과 같은 시바타의 주장에도 귀를 기울일 수 있다.

우선 첫째로 이 신학은, 임마누엘의 하나님이 제1의 의미에서는 억압되고 차별받는, 박해받는 사람들, 굶주리고 목마르고 한탄하며 소리내는 사람들, 그러한 의미에서 약자들을 강하게 지지하는 것이라 확신한다. 그렇게 예수와 같이 임마누엘의 하나님을 따르는 것을 그 본분으로 하고, 위와 같은 약자들을 위하여 말하며 활동하는 것을 원한다. 이렇게 임마누엘의 신학은 정치적 신학이 되지 않을 수 없다.[276]

타키자와 신학에 대한 이러한 시바타의 해석은 분명 과도한 부분이 있다. 왜냐하면 본서에서 확인해 왔듯이, 타키자와 신학은 하나님과 인간의 근원적 관계를 규명하는 것에 초점을 맞춘 것이지, 인간의 역사 내부의 힘과 계급의 관계에 주목한 것이 아니기 때문이다. 하지만 이러한 해석은 타키자와 신학의 과오가 우리를 되돌아보게 하는 하나의 계기가 된다는 점에서, 또한 타키자와 신학의 새로운 전개의 가능성을 보여준다는 점에서는 의미가 있을 것이다.

물론 타키자와도 이번 장에서 검토한 한계에만 머무르지는 않았다. 특히 전후의 타키자와 신학은 어디까지나 우상숭배를 배격하는 것이었으며, 3장에서 검토한 바와 같이, 히사마츠(久松)와의 대화에서도 기준으로서의 예수 그리스도의 이해를 전개했다. 또 앞서 언급했듯이 그 자신도 전학공투회의(全学共闘会議)에 참가함으로써 아래로 흐르는 삶에 동참했다. 그러한 타키자와 신학과 삶은 그의 신학적 과제를 인식하고 극복할 때, 그 본래적인 가치가 발휘될 수 있다는 것, 그리고 그 신학이 단지 추상적인 이해에만 머무는 것이 아니라, 종교적·문화적·정치적인 현실적 과제들에 응답해 나아간다는 것을 확인해 주는 것이라 생각된다.

# 결론

지금까지 본서는 타키자와를 통하여 일본 신학의 단면을 바라보고자 하는 목적에 따라, 그 신학적 의의와 가치, 그리고 한계를 확인해 왔다. 그것은 타키자와의 문제의식으로부터 출발하여, 그의 기독론과 종교 간 대화, 선교론을 검토하고, 오늘날의 상황에서 비판적인 고찰에 이르는 긴 여정이었다. 이제 본서를 마무리하면서 그러한 여정의 이정표를 다시 한번 정리해 보자. 그것은 첫째, 타키자와 신학의 문제의식과 그 전개를 규명하는 것이었다. 1장의 검토를 통하여, 타키자와의 문제의식이 바르트와 니시다라고 하는 두 가지의 축을 그가 말하는 하나의 실재점에서 변증법적으로 통합해 나아갔다는 점을 확인하고, 그의 신학적 전개는 그 두 가지 축에서 유래하는 교회의 안과 밖이라는 시점이 같이 존재함을 밝혔다. 또한 2장과 3장을 통해서, 그 문제의식에 포함된 교회의 안과 밖이라는 두 가지의 시점이, 기독론을 중심으로 한 전개에서는 교회 밖을 배경으로 한 교회 안의 논리로서, 또한 종교 간 대화에서는 교회 안을 배경으로 교회 밖을 향한 논리로서 전개된 것을 밝혔다. 그리고 그것은, 기독교의 전통적인 신앙고백을 계승하면서도, 그것을 좀 더 철저하게 추구하는 것으로, 전통적인 이해와 새로운 이해를 잇는 것이며, 또한 임마누엘이라는 공통의 기반에서 기독교와 불교를 이해함으로써, 교회의 안과 밖을 잇는 것이었다는 점을 확인할 수 있었다.

둘째, 기존의 타키자와 신학에 대한 이해와 평가를 검토하고, 그 타당성을 되물어보는 것이었다. 본서에서는 선행 연구의 이해를 받아들이면서도, 타키자와 신학에 관한 이해 속에 퍼져 있는 오해들을 해소하였다. 특히 종교 간 대화의 측면에 집중되어 왔던 기존의 이해에 대하여, 1장을 통하여 그 뿌리가 니시다와 바르트 사이에서 경험한 진리 체험이라는, 좀 더 심층적인 문제에 있었음을 확인할 수 있었다. 2장을 통하여, 타키자와 신학에 제기되었던 예수 그리스도의 매개성을 둘러싼 문제에 대하여, 그가 말하는 절대매개를 규명해 보았디. 더불이 기존의 이해에는 예수 그리스도의 신성과 인성에 대한 이원론적 이해가 퍼져 있음을 제기하고, 타키자와 신학에는 하나님과 인간 사이에 네 가지의 지평이 통일되며 교차하고 있음을 밝혔다. 또 3장을 통하여, 타키자와의 불가역이 단순히 전후의 관계만을 의미하는 것이 아니라, 질적으로 다른 존재가 접할 때 생기는 관계의 측면을 의미한다는 것을 규명하였다. 또한 불가역의 의미가, 인간은 자기 규정의 가능성을 갖고 있지 않으며 하나님에 의해서만 규정되는 존재이기 때문에, 하나님 앞에 선 인간의 겸손함으로 이어진다는 것을 밝혔다. 마지막으로 4장을 통하여, 타키자와가 교회를 경시하였고, 기독교의 선교에 적극적이지 않았다는 이해, 또 제1의 의미에 비해 제2의 의미가 경시된다는 이해에 대하여, 그것이 타키자와 신학에 대한 표면적인 해석으로부터 생기는 오해라는 것을 밝혔다. 그리고, 제1의 의미와 제2의 의미 사이의 세 가지의 불가라는 역동적인 관계에서, 제2의 의미의 상대성은 제1의 의미에 의하여 극복된다는 것을 드러내었다.

셋째, 오늘날을 사는 우리의 입장에서 타키자와 신학을 비판적으로 검토해 보는 것이었다. 5장의 검토를 통하여, 타키자와 신학이 지니는 한계를, 기독교라는 한 축의 어긋남과, 교회의 밖이라는 또 한 축의 폭주라는 측면에서 지적하였다. 그와 더불어 예수 그리스도라는 표식으로서의 기준성이 타키자와 신학에서는 충분히 전개되지 않았다는 점을 타키자와 신학의 한계로 지적하였다. 이를 통하여, 본서에서 확인한 타키자와 신학의 의의와 가치가 발휘되기 위해서는, 철저히 자신의 신학적 실존과 임마누엘에 근거하는 것이 요구되며, 타키자와 신학에서 불분명했던 기준성을 좀 더 명료히 이해해야 할 필요가 있다는 것을 제시하였다.

이상과 같은 여정을 통해, 우리는 타키자와 신학에 대한 다음과 같은 이해에 이를 수 있었다.

첫째, 타키자와의 문제의식과 그 전개에 관한 이해이다. 타키자와 신학은, 타키자와의 문제의식에 내재해 있던 바르트와 니시다라고 하는 두 가지 축이, 그가 말하는 하나의 실재점에서 통합되는 것으로 성립되었다. 거기에는 그의 두 가지 축으로부터 유래하는 교회의 안과 밖이라는 시점이 함께 존재하며, 다음의 세 가지 측면에서 전개되었다. 우선 기독론을 중심으로 한 전개이다. 즉, 교회 밖을 배경으로 교회 안에서 시도된 신학 논리이며, 교회의 밖을 이해하고 받아들일 수 있는 기독교의 자기이해로서의 기독론인 것이다. 다음으로 종교 간 대화이다. 이것은 교회 안을 배경으로 하여 교회의 밖을 향하여 전개된 기독교와 불교의 상호변증이며, 상호비판이었다. 타키자와는 그의 신학적인 배경이었던 임마누엘을 그대로 자신의 종교 간 대화의 기반으로 삼았다. 그를 통해, 기독교와 불교라는 두 종교가 임마누엘이라는 하나의 실재점에 근거한 것이라고 주장하며, 그 만남이 서로에게 좋은 자극이 될 수 있다는 것을 제시하였다. 마지막으로 위와 같은 두 가지의 전개를 통하여 그 가능성을 이해할 수 있는 선교론적 전개이다. 타키자와 신학에서 보이는 교회의 안과 밖이라는 두 가지의 시점은, 위와 같이 교회의 안과 밖이 서로 이해하고 만나는 것을 지향하고 있다. 좀 더 구체적으로는 임마누엘이라는 하나의 실재점으로부터 파생되는 이중의 의미구조와 세 가지의 불가라는 관계, 또한 제1의 의미에 근거한 제2의 의미의 전개로서의 기독교 이해는 오늘날의 기독교가 안고 있는 많은 과제에 응답하고 있으며, 특히 기독교를 사회적·문화적 배경으로 하지 않는 곳에서의 기독교의 자기이해에 기여하는 것이었다.

둘째, 타키자와 신학의 핵심적 주장인 불가역은 위의 세 가지의 전개에서 각각 다른 의의를 가지고 있다는 이해이다. 타키자와가 주장하는 임마누엘과 불가역적인 관계는, 하나님 앞에서 인간의 겸손함을 요구하는 것이었다. 인간은 하나님에 의해서 규정되는 존재이며, 결코 하나님은 인간에 의하여 규정되지 않는다는 불가역에 있어서, 인간은 인간의 어떠한 조건에도 제한되지 않는 하나님의 자유로운 자기한정의 활동을 승인하게 된다. 이것이 기독교 안에서 기독론을 중심으로 전개될 때, 교회의 안 혹은 밖이라고 하는 것에 관계없이 자유롭게 활동하는 하나님의 자기한정이라는 교회 밖에서의 하나님의 활동을 인정하지 않을 수 없는 것이다. 이 점에서 타키자와의 불가역은 교회 밖에서의 하나님의 자유로운 활동이라는 의의를 갖는다. 한편으로 종교 간 대화에서 불가역은, 불교도에게도 하나님의 자유로운 활동을 승인하게 하며, 불교도가 불교의 밖에서의 예수 그리스도라고 하는, 사람이 된 하나님의 아들이라는 유일한 기준을 인정할 것을 요구한다. 이 점에서 불가역은 예수 그리스도에 대한 하나의 변증이라는 의의를 갖는 것이다. 마지막으로 선교론적 전개에서는, 기독교를 사회적·문화적인 배경으로 하지 않는 곳에서, 기독교가 만나는 전통의 종교와 문화에 대하여, 앞서 확인한 임마누엘의 두 가지 의의, 즉 하나님의 자유로운 활동에서 그것이 어디까지나 임마누엘에 근거한 것임을 인정하면서도, 또한 유일한 기준으로서의 예수 그리스도를 변증하는 의의에 더하여, 다음의 의의가 존재한다. 그것은 복음에 대한 올바른 인식과 자각을 통해, 절대적인 것과 상대적인 것의 혼동을 막아 우상숭배를 배격한다는 의의이다.

셋째, 타키자와 신학의 한계에 대한 이해이다. 타키자와 신학의 한계는, 타키자와의 한계와 신학 그 자체의 한계로 나누어서 생각할 수 있다. 타키자와의 한계는, 바르트를 중심으로하는 교회 안이라는 축의 어긋남과, 니시다를 중심으로 하는 교회 밖이라는 축의 폭주로 인한 것이다. 즉 타키자와는 그의 신학 성립의 단계에서 경험한 유럽의 기독교 이해로부터 벗어나, 기독교의 자기변증과 역사적 반성이라는 일본의 신학적 실존을 직시하지 못하였다. 한편 타키자와와 그의 배경에 대해 유럽의 기독교가 보였던 배타적인 자세에 대한 반발과, 자신의 전통에 대한 과도한 애착 때문에, 그는 자신의 장점인 철저한 비판적 시각을 잃게 된다. 이것이 일제하에서의 그의 천황제 발언과 연결되고 마는 것이다. 또한 타키자와 신학은 예수 그리스도의 기준성, 즉 사람이 된 하나님의 아들이라는 이해를 명백히 전개하지 못하였다. 즉 불가역에 근거하면서도, 임마누엘과 그것을 가리키는 표식 사이의 완전한 자기한정과 상호한정에 의해서만이, 예수 그리스도와 같은 기준성이 성립한다는 점을 충분히 전개하지 못하였다. 이로 인해, 죄인된 존재와 함께 계시는 임마누엘의 하나님, 또 항상 밑으로 흘러가는 생애로 그 임마누엘을 체현한 예수 그리스도의 의의가 애매한 것으로 되어 버렸다. 따라서 혹시라도 기독교 밖에서 그 어떠한 표식을 만나게 된다면, 그것은 기준성의 자기한정과 상호한정에 의하여, 예수 그리스도에 의해 드러난 것과 결코 충돌할 수 없으며, 동일한 내용이 아니면 안 된다는 점이 충분히 설명되지 않고 있다. 타키자와 신학의 이러한 한계는, 임마누엘이라고 하는 근원적인 사실에 철저하게 근거하여, 그 외의 다른 것을 비판적으로 상대화하는 것, 또 타키자와 신학의 임마누엘과 예수 그리스도라고 하는 유일한 기준에서 우리들을 둘러싼 것들과 관계해 나아가야 한다는 하나의 방향성을 드러내는 것이다.

그렇다면 이상과 같은 본서의 여정과 타키자와 신학의 이해를 통하여,

우리는 무엇을 깨닫게 되는 것일까. 서두에서 밝힌 본서의 의도처럼, 타키자와 신학 은 일본적 신학 형성의 단면을 드러내고 있는 것일까. 만약 그렇다면 그 단면에는 무엇이 드러나고 있는 것일까. 여기서 지금까지의 본서의 검토를 통하여 다음과 같이 말할 수 있을 것이다.

첫째, 타키자와 신학은 실로 일본적 신학 형성의 단면을 잘 드러냈다는 것이다. 일본적 신학이라 말할 때, 거기서 문제가 되는 것은 신학적 보편성이 아니라, 일본이라는 특수성이다. 이 점에서 타키자와는 일본적 특수성을 잘 드러냈다고 생각된다. 사상적으로는 신학계의 거장인 바르트와 일본 철학계의 거장인 니시다의 사이에서, 종교적으로는 불교와 기독교 사이에서, 역사적으로는 천황제의 문제와 국가 권력과의 투쟁 사이에서, 타키자와만큼 극명하게 그 간격을 오간 사람은 드물다. 또한 그 깊이와 독창성에 있어서도 그에 비견되는 사람은 그리 많지 않을 것이다. 따라서 타키자와는 그의 신학적 공헌에서뿐만 아니라, 그의 과오를 통해서도 일본적 신학 형성의 단면을 누구보다도 잘 드러냈다고 할 수 있다.

둘째, 그 단면은 마치 희미한 거울과 같아서 그것을 바라보는 우리의 모습을 비춘다는 것이다. 지금까지 본서를 주의 깊게 읽은 독자라면 이미 이해하고 있으리라 생각되지만, 일본의 상황과 그러한 상황 속에 있던 타키자와의 문제의식, 그 신학적 전개의 많은 부분은 우리의 상황과 겹친다. 타키자와의 내부에 있던 두 가지 축은 우리에게도 존재한다고 할 수 있으며, 특히 4장의 토착화를 둘러싼 논의들은 한국의 토착화 신학을 떠올리게 한다. 물론 그 모든 논의들과 상황들이 동일한 것은 아니나 많은 부분을 공유할 수 있는 것도 사실이다. 그 가운데서 각각의 기독교가 가지는 특수성들로 인하여, 우리에게는 존재하지 않는 모습들을 발견할 수 있고, 그것을 통해 우리 자신을 되돌아보게 된다. 즉 그 단면은 우리의 모습을 비추고 있다고 할 수 있을 것이다.

셋째, 그 단면은 우리에게 말을 걸고 있다는 것이다. 그 단면이 우리들을 되돌아보게 한다는 점에서, 그것은 우리의 신학적 고민과 일본의 신학적 고민들 사이의 대화를 동반하게 한다. 즉 우리는 타키자와를 통하여 그들의 고민과 과제의 단면을 읽을 수 있으며, 우리들과의 비교 속에서 대화를 요청받고 있는 것이다. 우리의 신학적 흐름을 되돌아볼 때, 그것은 언제나 서구와 우리의 상황의 대비 속에서 이루어져 왔다. 그 가운데 서구는 언제나 배워야 할 대상임과 동시에 극복해야 할 대상으로 여겨졌던 것이다. 하지만 21세기에 들어선 오늘날에도 그러한 구조를 유지해야 할 필요가 있는 것일까. 혹은 기독교와 신학의 특성상 그런 구조로부터 완전히 벗어나지는 못할지라도, 서구와의 대화뿐만 아니라 같은 문화와 종교, 역사를 공유하는 동북아시아의 이웃들의 대화도 필요한 것은 아닐까. 다행히 최근 학문적 교류가 늘어가고 있는 상황은 고무적이라 할 수 있다. 이러한 상황 속에서, 타키자와 신학은 일본적 신학 형성의 단면으로서 우리에게 좀 더 깊은 대화를 요청하고 있다고 생각되는 것이다.

이상과 같은 이해는 앞으로의 과제로 연결될 수 있을 것이다. 타키자와 신학을 일본적 기독교의 단면으로 이해한다면, 그와 비견되는 우리의 기독교 단면과의 비교가 필요할 것이다. 그뿐 아니라, 기독론을 중심으로 하는 그의 신학적 전개와 종교 간 대화는, 각각 현대의 기독론과 종교 간 대화의 흐름들 속에서 비교되며, 비판적으로 검토되어야 할 것이다. 또한 각국의 기독교가 추구하는 토착적 기독교를 위한 방향성과 과제도 비교 검토할 필요성이 있다. 마지막으로 그것이 오늘날의 우리가 안고 있는 다양한 신학적인 과제 속에서 검토되고, 그 새로운 활용의 장을 넓혀 가야 하리라 생각된다.

## 참고문헌

타키자와 카츠미의 저작

타키자와 카츠미(滝沢克己), 『타키자와 카츠미 저작집(瀧澤克己著作集)』1, 法藏館, 1972.

_____, 『타키자와 카츠미 저작집』2, 法藏館, 1975.

_____, 『타키자와 카츠미 저작집』3, 法藏館, 1974.

_____, 『타키자와 카츠미 저작집』4, 法藏館, 1973.

_____, 『타키자와 카츠미 저작집』5, 法藏館, 1973.

_____, 『타키자와 카츠미 저작집』6, 法藏館, 1974.

_____, 『타키자와 카츠미 저작집』7, 法藏館, 1973.

_____, 『타키자와 카츠미 저작집』8, 法藏館, 1974.

_____, 『타키자와 카츠미 저작집』9, 法藏館, 1974.

_____, 『타키자와 카츠미 저작집』10, 法藏館, 1974.

_____, 『자유의 원점·임마누엘(自由の原点·インマヌエル)』, 新教出版社, 1969.

_____, 『인간의 「원점」이란 무엇인가(人間の「原点」とは何か)』, 三一書房, 1970.

_____, 『나의 대학 투쟁(私の大学闘争)』, 三一書房, 1972.

_____, 『기독교와 일본의 상황(キリスト教と日本の現情況)』, 新教出版社, 1972.

_____, 『나의 사색과 투쟁(わが思索と闘争)』, 三一書房, 1975.

_____, 『종교를 묻는다(宗教を問う)』, 三一書房, 1976.

_____, 『속편·불교와 기독교(続·仏教とキリスト教)』, 法藏館, 1979.

_____, 『자유의 현재(自由の現在)』, 三一書房, 1979.

_____, 『성서의 예수와 현대의 인간―「예수라고 하는 남자」에 촉발되어(聖書のイエスと現代の人間：田川建三「イエスという男」の触発による)』, 三一書房, 1981.

_____, 『바르트와 마르크스：새로운 세계(バルトとマルクス：新しき世界)』, 三一書房, 1981.

_____, 『일본인의 정신구조：니시다 철학이 시사하는 것(日本人の精神構造：西田哲学の示唆するもの)』, 三一書房, 1982.

_____, 『당신은 어디에 있는가：실재 인생의 기반(あなたはどこにいるか：実人生の

　　　基盤と宗教)』, 三一書房, 1983.

타키자와 카츠미,『현대 인간의 문제(現代における人間の問題)』, 三一書房, 1984.

_____,『하나님의 말씀 인간의 말(神のことば人の言葉)』, 創言社, 1985.

_____,『성서입문(聖書入門)』第1卷, 三一書房, 1986.

_____,『성서입문』第2卷, 三一書房, 1986.

_____,『성서입문』第3卷, 三一書房, 1986.

_____,『성서입문』第4卷, 三一書房, 1987.

_____,『성서입문』第5卷, 三一書房, 1988.

_____,『순수 신인학 서설 : 사물과 사람(純粋神人学序説 : 物と人と)』, 創言社, 1988.

_____,『타키자와 카츠미 강연집(滝沢克己講演集)』, 創言社, 1990.

_____,『니시다 철학의 근본문제(西田哲学の根本問題)』, こぶし文庫, 2004.

타키자와 카츠미, 야기 세에이치(八木誠一)편저『신은 어디서 발견 되는가(神はどこで
　　　見出されるか)』, 三一書房, 1977.


타키자와에 관한 저작


〈단행본〉

타가와 켄조오(田川建三),『비판적 주체의 형성 : 기독교 비판의 현대적 과제(批判的主
　　　体の形成 : キリスト教批判の現代的課題)』, 三一書房, 1971.

_____,『비판적 주체의 형성(批判的主体の形成)』, 洋泉社, 2009.

하마베 타츠오(浜辺達男),『타키자와 카츠미와 바르트 신학(滝沢克己とバルト神学)』,
　　　新教出版社, 1974.

테라조노 요시키(寺園喜基),『칼 바르트의 기독론 연구(カール・バルトのキリスト論研
　　　究)』, 創文社, 1974.

야기 세에이치, 아베 마사오(阿部正雄) 편저,『불교와 기독교・타키자와 카츠미와의 대
　　　화를 요청하며―(仏教とキリスト教―滝沢克己との対話を求めて―)』, 三一書房,
　　　1981.

타키자와 추도 기념논문 발행 위원회,『타키자와 카츠미 : 사람과 사상(滝沢克己 : 人と
　　　思想)』, 新教出版社, 1986.

시바타 슈우(柴田秀),『철학의 재생 : 임마누엘 철학과 마틴 부버(哲学の再生 : インマ

ヌエル哲学とM・ブーバー)』, 法蔵館, 1988.

시바타 슈우(柴田秀), 『자기와 자유 : 타키자와 임마누엘 철학 연구 서설(自己と自由 : 滝沢インマヌエル哲学研究序説)』, 南窓社, 1990.

_____, 『타키자와 카츠미의 세계 : 임마누엘(滝沢克己の世界 : インマヌエル)』, 春秋社, 2001.

사카구치 히로시(坂口博)편, 『타키자와 카츠미 저작연보(滝沢克己著作年譜)』, 創言社, 1989.

후루야 야스오(古屋安雄) 외, 『일본 신학사(日本神学史)』, ヨルダン社, 1992.

_____, 『日本神学史』, 上海三聯書店, 2002.

케라 유우지(計良祐時), 『칼 바르트의 기독론 연구 : 전통 개념의 초극으로서의 역사 개념에 의한 기독론(カール・バルトのキリスト論研究 : 伝統概念の超克としての歴史概念によるキリスト論)』, 日本基督教団出版局, 1998.

마에다 타모츠(前田保), 『타키자와 카츠미 : 철학자의 생애(滝沢克己 : 哲学者の生涯)』, 創言社, 1999.

아사미 요오(淺見洋), 『니시다 키타로오와 기독교의 대화(西田幾多郎とキリスト教の対話)』, 朝文社, 2000.

코바야시 타카요시(小林孝吉), 『타키자와 카츠미 : 존재의 우주(滝沢克己 : 存在の宇宙)』, 創言社, 2000.

토미요시 타케치카(富吉建周) 외, 『니시다 철학과 바르트 신학의 계승자로서의 타키자와 사상에 대한 총체적 연구(西田哲学およびバルト神学の後継者としての滝沢克己の思想の総合的研究)』, 九州産業大学国際文化学部, 2006.

츠카다 코오잔(塚田幸三), 『타키자와 카츠미로부터 루돌프 슈나이너로 : 인생의 의미를 추구하며(滝沢克己からルドルフ・シュタイナーへ : 人生の意味を求めて)』, ホメオパシー出版, 2008.

토미요시 타케치카 외, 『화해의 윤리학으로서의 타키자와 카츠미의 후기 사상에 대한 총체적 연구(和解の倫理学としての滝沢克己の後期思想の総合的研究)』, 九州産業大学国際文化学部, 2009.

카네코 케에이치(金子啓一) 외, 『타키자와 카츠미를 말한다(滝沢克己を語る)』, 春風社, 2010.

〈논문〉

칼 바르트(Karl Barth), 이노우에 요시오(井上良雄) 역, 「일본의 친구에게(日本の友へ)」, 『복음과 세계(福音と世界)』, 1956年 5月, 新教出版社.

오가와 케에지(小川圭治), 「해설(解説)」, 『타키자와 카츠미 저작집』2, 法藏館, 1975.

_____, 「기독론과 일본의 정신적 상황—타키자와 카츠미의 『임마누엘의 원점』(キリスト論と日本の精神状況—滝沢克己の『インマヌエルの原点』)」, 『福音と世界』, 1984년 6월호, 新教出版社.

_____, 「니시다 키타로오와 기독교—타키자와의 사색을 실마리로(西田幾多郎とキリスト教—滝沢克己の思索を手がかりとして)」, 『기독교학 연구(基督教学研究)』 第9号, 京都大学基督教学会, 1986.

토미요시 타케치카, 「후기(あとがき)」, 『하나님의 말씀 인간의 말』, 創言社, 1985.

시바타 슈우, 「타키자와 카치미의 임마누엘 신학(滝沢克己のインマヌエルの神学)」, 『복음과 세계』, 1989年 6月号, 新教出版社.

야기 세에이치(八木誠一), 「타키자와 신학과 영지주의—종교 간의 상이와 차이에 관하여(滝沢神学とグノーシス主義—宗教間の相似と差異について)」, 『사상의 광장』第7号, 創言社, 1996.

마에다 타모츠, 「문헌해제/타키자와 카츠미의 국가론・천황론(文献解題／滝沢克己の国家論・天皇論)」, 『사상의 광장』第9号, 創言社, 1997.

아라키 마사미(荒木正見), 「니시다 키타로오와 타키자와 카츠미의 『신』(西田幾多郎と滝沢克己の『神』)」, 『사상의 광장』第10号, 創言社, 1998.

야스이 타케시(安井猛), 「〈pro me〉의 이해를 둘러싼 타키자와와 몰트만의 대화—종교다원주의의 기초지음(〈pro me〉の理解をめぐる滝沢とモルトマンの対話—宗教多元主義の基礎づけ)」, 『일본의 신학(日本の神学)』第41号, 教文館.

코바야시 타카요시, 「신학자・타키자와 카츠미—세기의 곤란 속에서(神学者・滝沢克己—世紀の困難のなかで)」, (『사상의 광장(思想のひろば)』第15号, 創言社, 2003.

후쿠야마 슌(福山俊), 「타키자와에 있어서 자각의 심화에 대하여(滝沢克己における自覚の深化について)」, 『場所』第3号, 西田哲学研究会, 2004.

토착화 논의에 관한 저작

〈단행본〉

우오키 타다카즈(魚木忠一), 『일본 기독교의 정신적 전통(日本基督教の精神的伝統)』大
    空社, 1996(初版, 1941).

_____, 『일본 기독교의 성격(日本基督教の性格)』, 日本基督教団出版局, 1943.

일본 기독교단 신앙직제 위원회(日本基督教団信仰職制委員会)편, 『복음의 토착(福音
    の土着)』, 日本基督教団出版部, 1962.

이토오 쿄오지, 아이자와 료오이치(伊藤恭治, 相沢良一), 『복음은 토착할 수 있는가(福
    音は土着できるか)』, 日本基督教団中央農村教化研究所, 1963.

타케다 키요코(武田清子), 『토착과 배교(土着と背教)』, 新教出版社, 1967.

후지이 요시노리(葛井義憲), 『기독교 토착화론 (キリスト教土着化論)』, 朝日出版社,
    1979.

야마모토 스미코(山本澄子), 『중국 기독교사 연구(中国キリスト教史研究)』, 증보개정
    판, 山川出版社, 2006(初版, 1972).


〈논문〉

스가 타카시(菅隆志), 「토착화를 떠맡는 것(土着化を担うもの)」, 『복음과 세계』, 1966
    年 9月号, 新教出版社.

니시카와 테츠지(西川哲治), 「현대적 일본인에 대한 선교(現代的日本人への宣教)」,
    『복음과 세계』, 1966年 9月号, 新教出版社.

모리노 젠에몬(森野善右衛門), 「기독교인이 된다는 것(キリスト者になること)」, 『복음
    과 세계』, 1966年 9月号, 新教出版社.

스즈키 마사히사(鈴木正久), 「종말적 토착화(終末的土着化)」, 『복음과 세계』, 1966年 9
    月号, 新教出版社.

엔도오 슈우사쿠(遠藤周作) 외, 「하나님의 침묵과 인간의 증언―엔도오 슈우사쿠『침
    묵』의 문제를 두고(神の沈黙と人間の証言―遠藤周作『沈黙』の問題をめぐって)」,
    『복음과 세계』1966年 9月号, 新教出版社.

도히 아키오(土肥昭夫), 「일본에 있어서의 복음의 토착화―일본 기독교 사상사의 문제
    로서(日本における福音の土着化―日本キリスト教思想史の問題として)」, 『복음

과 세계』1966年 10月号, 新教出版社.

사토오 토시오(佐藤俊男), 「토착화하는 복음(土着化する福音)」,『복음과 세계』, 1966年
    10月号, 新教出版社.

이다 준사쿠(依田駿作), 「토착화하는 교회(土着化する教会)」,『복음과 세계』, 1966年
    10月号, 新教出版社.

토무라 마사히로(戸村政博), 「토착화의 원점을 추구하며―호켄다이크를 실마리로(土
    着化の原点を求めて―ホーケンダイクを手がかりに)」,『복음과 세계』, 1966年 10月
    号, 新教出版社.

하라 마코토(原誠), 「전시하의 기독교 사상―일본적 기독교를 중심으로(戦時期のキリ
    スト教思想―日本的基督教を中心に―)」,『기독교 연구(基督教研究)』第61권, 第2
    호, 同志社大学神学部基督教研究会, 1999.

모모세 후미아키(百瀬文晃), 「토착화(土着化)」,『이와나미 기독교 사전(岩波キリスト
    教辞典)』, 岩波書店, 2002.

코하라 카츠히로(小原克博), 「종교다원주의 모델에 대한 비판적 고찰―「배타주의」와
    「포괄주의」에 대한 재고(宗教多元主義モデル対する批判的考察―「排他主義」と
    「包括主義」の再考)」,『기독교 연구』第9巻 第2号, 同志社大学神学部基督教研究会,
    2007.

_____, 「신앙의 토착화와 내셔널리즘의 상관관계 -「종교신학」을 과제로(信仰の土
    着化とナショナリズムの相関関係―「宗教の神学」の課題として)」,『기독교 연구』第
    70巻第2号, 同志社大学神学部基督教研究会, 2008.


〈그 외의 저작〉

니시다 키타로오(西田幾多郎), 『니시다 키타로오 전집(西田幾多郎全集)』第一巻, 岩波
    書店, 1978(第一刷, 1947).

_____, 『니시다 키타로오 전집』第十八巻, 岩波書店, 1980(第一刷, 1953).

칼 바르트, 이노우에 요시오 역, 『교회 교의학(教会教義学)』第4巻, 和解論 I /3, 新教出
    版社, 1987.

_____, 이노우에 요시오 외 역, 『칼 바르트 저작집(カール・バルト著作集)』2, 新教出
    版社, 1989.

오오키 히데오(大木英夫), 『부르너(ブルンナー)』, 日本基督教団出版部, 1962.

야기 세에이치, 『신약사상의 성립(新約思想の成立)』, 新教出版社, 1963.

타가와 켄조오, 『예수라고 하는 남자(イエスという男)』, 三一書房, 1980.

도히 아키오, 『일본 프로테스탄트 기독교사(日本プロテスタントキリスト教史)』, 新教
　　出版社, 2005, 第5版(第1版,1980).

히사마츠 신이치(久松真一), 『무신론(無神論)』, 法蔵館, 1981.

J.Hick, P.F.Knitter(eds.), *The Myth of Christian Uniqueness.Toward a Pluralistic
　　Theology of Religion*, NewYork, 1987 .

에밀 부르너(Emil Brunner), 시미즈 타다시(清水正) 역, 『부르너 저작집(ブルンナ一著
　　作集)』第1巻, 教文館, 1997.

존 힉(John Hick), 마세 히로마사(間瀬啓允) 역, 『종교가 만드는 무지개(宗教がつくる
　　虹)』岩波書店, 1997.

John Hick, *God has many Names*, Louisville: Westminster John Knox Press, 1982

_____, 마세 히로마사(間瀬啓允) 역, 『종교가 만드는 무지개(宗教がつくる虹)』岩波書
　　店, 1997.

_____, *The Metaphor of God Incarnate*, London: SCM Press, Second Edition : 2005

변선환, 『변선환 전집2 : 불교와 기독교의 만남』, 한국신학연구소, 1997.

성염 외, 『종교다원주의시대의 기독교와 종교적 관용』, 민지사, 2001.

모리모토 앙리(森本あんり), 『아시아 신학강의(アジア神学講義)』, 創文社, 2004.

Friedirich Wilhelm Graf, 노자키 타카미치(野崎卓道) 역, 『프로테스탄티즘 : 그 역사와
　　현재(プロテスタンティズム : その歴史と現状)』, 教文館, 2008.

1 후쿠야마 슌(福山俊)「타키자와에 있어서 자각의 심화에 대하여(滝沢克己における 自覚の深化について)」,『場所』第3号, 西田哲学研究会, 2004, 69쪽.

2 예를 들어 이러한 비판에 대하여 코바야시 타카요시(小林孝吉)는 다음과 같이 반론 하고 있다. "타키자와 카츠미는, 그 생애 동안 언제나 같은 것을 쓰고 말한 사상가라 고 평가, 비판받는 경우가 많다. 하지만, 다시한번 '타키자와를 넘어서'를 생각할 때, 그것이 틀린 것이라고 생각하지 않을 수 없다. 타키자와는 전전(戦前)의 니시다 (西田) 철학 이후, 바르트, 아쿠타 가와(芥川龍之介), 소오세키(夏目漱石), 키에르 케 고르로부터, 전후(戦後)의 데카르트, 파스칼, 마르크스, 신란(親鸞), 도스토예프스 키, 그리고 대학 투쟁이나 타가와 켄조오(田川健三)와의 원점론(原点論), 역사적 예 수와 성서의 그리스도를 둘러싼 논쟁을 통하여, 만년의 '순수 신인학' 과 '청명교(晴 明教)'에 이르기까지 극적인 변화로 가득찬 과정을 겪었다. 타키자와는 '불가분・ 불가동・불가역'을 염불처럼 되뇌었던 것이 아니다". 코바야시 타카요시(小林孝 吉)『타키자와 카츠미 : 존재의 우주(滝沢克己 : 存在の宇宙)』, 創言社, 2000, 255쪽.

3 마에다 타모츠(前田保),『타키자와 카츠미 : 철학자의 생애(滝沢克己 : 哲学者の生 涯)』, 創言社, 1999, i쪽.

4 선행연구에서, 신학자로서 타키자와 카츠미를 가장 명확하게 정의하고 있는 것은 코 바야시 타카요시이다. 코바야시 타카요시,「신학자・타키자와 카츠미―세기의 곤 란 속에서(神学者・滝沢克己―世紀の困難のなかで)」, (『사상의 광장(思想のひろ ば)』第15号, 創言社, 2003)을 참조.

5 일본의 학계에서는 타키자와 신학을 지칭하는 용어로서, '타키자와 신학', '순수 신 인학', '타키자와의 임마누엘 신학' 등의 다양한 명칭이 사용되고 있다.

6 시바타 슈우(柴田秀),『타키자와 카츠미의 세계 : 임마누엘(滝沢克己の世界 : インマ ヌエル)』, 春秋社, 2001, 16-17쪽.

7 울리히 쉔(ウルリッヒ・シェーン),「밉고도 작은 바르트 주의자, 혹은 미운 오리 새 끼(醜い小さなバルト主義者, もしくは醜い小さなあひるの子)」,『타키자와 카츠미 : 사람과 사상(滝沢克己 : 人と思想)』, 新教出版社, 1986, 192쪽.

8 이키 히로유키(猪城博之),「타키자와 신학에서의 삼위일체론(滝沢神学における三位

一体論)」,『타키자와 카츠미 : 사람과 사상』, 80쪽.

9 케라 유우지(計良祐時),『칼 바르트의 기독론 연구 : 전통 개념의 초극으로서의 역사 개념에 의한 기독론(カール・バルトのキリスト論研究 : 伝統概念の超克としての 歴史概念によるキリスト論)』, 日本基督教団出版局, 1998, 172쪽.

10 니시다 키타로오(西田幾多郎),『니시다 키타로오 전집』第十八巻, 岩波書店, 1980 〔第一刷, 1953〕, 73쪽.

11 타키자와 카츠미(滝沢克己),『타키자와 카츠미 저작집(滝沢克己著作集)』1, 法蔵館, 1972, 7쪽.

12 타키자와 카츠미, 야기 세에이치(八木誠一) 편저,『신은 어디서 발견되는가(神はど こで見出されるか)』, 三一書房, 1977, 51-55쪽.

13 타가와 켄조오(田川建三),『비판적 주체의 형성 : 기독교 비판의 현대적 과제(批判 的主体の形成 : キリスト教批判の現代的課題)』, 三一書房, 1971, 40-42쪽.

14 타키자와 카츠미,『나의 대학 투쟁(私の大学闘争)』, 三一書房, 1972, 175-182쪽.

15 아사미 요오(淺見洋),『니시다 키타로오와 기독교의 대화(西田幾多郎とキリスト教 の対話)』, 朝文社, 2000, 292쪽.

16 타키자와 카츠미, 야기 세에이치 편저,『신은 어디서 발견되는가』, 305쪽.

17 야스이 타케시(安井猛),「〈pro me〉의 이해를 둘러싼 타키자와와 몰트만의 대화— 종교다원주의의 기초지음(〈pro me〉の理解をめぐる滝沢とモルトマンの対話—宗 教多元主義の基礎づけ)」,『일본의 신학(日本の神学)』第41号, 教文館, 2002, 28쪽.

18 후루야 야스오(古屋安雄) 외,『일본 신학사(日本神学史)』, ヨルダン社, 1992, 168- 169쪽.

19 오가와 케에지(小川圭治),「기독론과 일본의 정신적 상황—타키자와 카츠미의『임 마누엘의 원점』(キリスト論と日本の精神状況—滝沢克己の『インマヌエルの原 点』)」,『복음과 세계(福音と世界)』, 1984년 6월호, 新教出版社, 70-71쪽.

20 테오 순더마이어(テオ・ズンダーマイヤー),「하나님의 현재적 임재의 신학 : 에큐 메니칼적 대화에 대한 타키자와 카츠미의 공헌(神の現臨の神学 : エキュメニカル な対話における滝沢克己の貢献)」,『타키자와 카츠미 : 사람과 사상』, 204쪽.

21 상게서, 211쪽.

22 변선환,『변선환 전집2 : 불교와 기독교의 만남』, 한국신학연구소, 1997, 166쪽 참 조.

23 타가와 켄조오, 『비판적 주체의 형성(批判的主体の形成)』, 洋泉社, 2009, 313쪽.

24 하마베 타츠오(浜辺達男), 『타키자와 카츠미와 바르트 신학(滝沢克己とバルト神学)』, 新教出版社, 1974, 168쪽.

25 오가와 케에지, 「해설(解説)」, 『타키자와 카츠미 저작집』2, 法蔵館, 1975, 552-553쪽.

26 시바타 슈우, 『타키자와 카츠미의 세계 : 임마누엘』, 15-16쪽.

27 코바야시 타카요시, 『타키자와 카츠미 : 존재의 우주』, 47-48쪽.

28 상게서, 82-84쪽.

29 하마베 타츠오, 『타키자와 카츠미와 바르트 신학』, 98-105쪽.

30 상게서, 96-97쪽.

31 타키자와 카츠미, 「신앙의 가능성에 대하여(信仰の可能性について)」(1935), 『타키자와 카츠미 저작집』2, 37-40쪽.

32 예를 들어 부르너는 이러한 가능성의 근거로서 인간에게 있어서의 하나님의 형상과 하나님의 창조를 들고있다. 에밀 부르너, 이노우에 요시오(井上良雄) 외 역, 「자연과 은총(自然と恩寵)」 『칼 바르트 저작집(カール・バルト著作集)』2, 新教出版社, 1989, 143쪽, 145쪽.

33 타키자와 카츠미, 「신앙의 가능성에 대하여」, 『타키자와 카츠미 저작집』2, 53-55쪽.

34 상게서, 52쪽, 55쪽.

35 상게서, 41-42쪽.

36 상게서, 48쪽.

37 상게서, 55-60쪽.

38 상게서, 64-65쪽.

39 상게서, 66-67쪽.

40 상게서, 86쪽.

41 타키자와 카츠미, 「예수 그리스도의 페르소나의 통일에 대하여(イエス・キリストのペルソナの統一について)」(1935), 『타키자와 카츠미 저작집』2, 183쪽.

42 상게서, 184-185쪽.

43 상게서, 185쪽.

44 상게서, 188-191쪽.

45 상게서, 218-221쪽.

**46** 상게서, 197쪽.

**47** 상게서, 196-199쪽.

**48** 마지막 장의 이질성은, 논문의 우선적인 독자인 바르트에 의하여 최초로 지적되었다. 바르트는 「신앙」을 『복음주의 신학 (Evangelische Theologie)』에 추천할 때, 마지막 장을 삭제하는 것을 요구했으나, 결국에는 그대로 게제하기로 하였다. 타키자와 카츠미, 『종교를 묻는다(宗教を問う)』, 三一書房, 1976, 96쪽.

**49** 오가와 케에지, 「해설」, 『타키자와 카츠미 저작집』2, 553쪽.

**50** 타키자와 카츠미, 『종교를 묻는다』, 89쪽.

**51** 상게서, 90쪽.

**52** 상게서, 89쪽.

**53** 하마베 타츠오, 『타키자와 카츠미와 바르트 신학』, 54쪽(재인용).

**54** 칼 바르트, 『칼 바르트 저작집』2, 225쪽.

**55** 타키자와 카츠미, 『타키자와 카츠미 저작집』2, 7쪽.

**56** 이러한 신인식의 가능성을 둘러싼 바르트와의 상이성은, 나중에 임마누엘이라는 근원적 사실의 성립의 문제로 전개된다. 즉 바르트는 예수의 탄생에 의해, 그것이 발생했다라고 생각했다면, 타키자와는 그것이 태초부터 존재하고 있었으며, 예수의 탄생에 의해 그것이 밝히 드러났다고 생각했다. 타키자와 카츠미「동정녀 마리아의 잉태(処女マリアの受胎)」(1941), 『타키자와 카츠미 저작집』2, 339-343쪽.

**57** 타키자와 카츠미, 『종교를 묻는다』, 90쪽.

**58** 상게서, 90쪽.

**59** 마에다 타모츠, 『타키자와 카츠미 : 철학자의 생애』, 27쪽.

**60** 니시다 키타로오, 『니시다 키타로오 전집』第十八巻, 473쪽.

**61** 상게서, 473쪽.

**62** 타키자와 카츠미, 『종교를 묻는다』, 82쪽.

**63** 상게서, 82-87쪽.

**64** 타키자와와 기독교와의 만남은, 인생의 근본문제와 바르트와의 만남에서 두드러진 것이었지만, 타키자와가니시다의 철학에 몰두했던 시기는 어떠했을까. 니시다는 종교적인 문제를 다룰때, 자신을 불교의 입장에 두고, 그 상대로서 언제나 기독교를 염두에 두었다. 때문에, 니시다가 종교적인 문제를 논할 때에는 기독교를 언급하는 경우가 대부분이었다. 예를 들어, 초기의 니시다가 직접적으로 종교를 주제

로 하는 것은 『선의 연구(善の硏究)』(니시다 키타로오, 『니시다 키타로오 전집』第
一卷, 岩波書店, 1947)의 제4편 종교를 통해서이다. 그곳에서는 기독교의 이야기로
시작해 기독교의 이야기로 마치고 있다. 그리고 기독교라고 하는 용어는 8회, 기독
교나 성서, 신학자에 관한 용어는 20회 이상 언급되고 있다. 이러한 사실을 고려한
다면, 타키자와 기독교와의 만남은 니시다 철학을 통해서도 간접적으로 지속되
고 있었으며, 타키자와의 일생을 통해 기독교와의 만남이 항상 있었다고 생각할 수
있는 것이다.

**65** 타키자와 카츠미, 「신앙의 가능성에 대하여」, 『타키자와 카츠미 저작집』2, 48쪽.

**66** 타키자와 카츠미, 『종교를 묻는다』, 86쪽.

**67** 상게서, 86-87쪽.

**68** 타키자와 카츠미, 「니시다 철학의 근본문제(西田哲学の根本問題)」(1936), 『타키자
와 카츠미 저작집』1, 191쪽.

**69** 타키자와 카츠미, 『종교를 묻는다』, 46쪽.

**70** 이러한 이해를 통하여, 타키자와에게 제2의 의미의 임마누엘은 어떠했는가라는 문
제가 밝혀진다. 예를 들어 나까가와 히데야스(中川秀恭)는, 그것이 바르트와 만나
고서 발생한 것이라고 한다. 나까가와 히데야스(中川秀恭)「임마누엘의 근원적 사
실(インマヌエルの原事実)」, 『타키자와 카츠미 : 사람과 사상』, 67쪽. 이에 반해,
코바야시 타카요시는 니시다 철학을 이해하는 순간 발생했다고 말한다. 코바야시
타카요시, 『타키자와 카츠미 : 존재의 우주』, 41-42쪽. 하지만 본서에서 검토한 것
처럼, 니시다 철학에서의 타키자와의 체험이 종교적인 것이었으며, 그것이 타키자
와가 말하는 하나의 실재점에 대한 이해였다고 한다면, 또한, 그 실재점이 니시다
에서부터 바르트에게로 이어지는 것이라고 한다면, 타키자와에게서 제2의 의미의
임마누엘은 코바야시가 말하는 바와 같이 니시다 철학에서 발생했다고 하는 것이
타당할 것이다. 단지, 후에 니시다 철학을 비판하는 타키자와의 기술을 참고한다
면, 바르트를 통하여 그 인식이 보다 엄밀해졌다고 이해할 수 있다. 타키자와 카츠
미『종교를 묻는다』, 98-99쪽.

**71** 타키자와 카츠미, 『종교를 묻는다』, 297쪽.

**72** 상게서, 90-91쪽.

**73** 상게서, 91쪽.

**74** 이번장의 도입부를 참조.

75 타키자와 카츠미, 「신앙의 가능성에 대하여」, 『타키자와 카츠미 저작집』 2, 37쪽.

76 타키자와 카츠미, 「신앙의 가능성에 대하여」, 『타키자와 카츠미 저작집』 2, 37-40쪽, 63-65쪽 ; 타키자 와카츠미, 「예수 그리스도의 페르소나의 통일에 대하여」, 『타키자와 카츠미 저작집』 2, 183-191쪽을 참조.

77 타키자와 카츠미, 「신앙의 가능성에 대하여」, 『타키자와 카츠미 저작집』 2, 66-67쪽.

78 상게서, 86쪽.

79 타키자와 카츠미, 「예수 그리스도의 페르소나의 통일에 대하여」, 『타키자와 카츠미 저작집』 2, 250쪽.

80 타키자와 카츠미, 「신앙의 가능성에 대하여」, 『타키자와 카츠미 저작집』 2, 86-87쪽.

81 상게서, 47-48쪽.

82 상게서, 50-51쪽.

83 상게서, 86쪽.

84 오가와 케에지, 「해설」, 『타키자와 카츠미 저작집』 2, 553쪽.

85 타키자와 카츠미, 「예수 그리스도의 페르소나의 통일에 대하여」, 『타키자와 카츠미 저작집』 2, 249쪽.

86 타키자와 카츠미, 『타키자와 카츠미 저작집』 2, 10쪽.

87 타키자와 카츠미, 『종교를 묻는다』, 100쪽.

88 사카구치 히로시(坂口博)편, 『타키자와 카츠미 저작연보(滝沢克己著作年譜)』 創言社, 1989, 56-57쪽.

89 타키자와 카츠미, 『종교를 묻는다』, 297쪽.

90 타키자와 카츠미, 「기독교의 장래(キリスト教の将来)」(1940), 『타키자와 카츠미 저작집』 2, 414쪽.

91 타키자와 카츠미, 『자유의 원점 · 임마누엘(自由の原点 · インマヌエル)』, 新教出版社, 1969, 72쪽.

92 타키자와 카츠미, 『인간의 「원점」이란 무엇인가(人間の「原点」とは何か)』, 三一書房, 1970, 94쪽.

93 타키자와가 처음으로 임마누엘이라는 표현을 쓴 것은 초기의 논문인 「신앙」에서부터 이지만, 거기서는 아직 중심적 키워드가 아니었다. 임마누엘이 타키자와에게 가장 중요한 개념으로 자리잡은 것은 「여전히 남겨진 바르트 신학에 대한 단 하나의 의문(バルト神学になお残るただ一つの疑問)」(1956, 『타키자와 카츠미 저작집』

』2에 수록)부터이다.

**94** 타키자와 카츠미, 「여전히 남겨진 바르트 신학에 대한 단 하나의 의문」, 『타키자와 카츠미 저작집』2, 435-436쪽.

**95** 상게서, 439-440쪽.

**96** 상게서, 439쪽.

**97** 타키자와는 『니시다 철학의 근본문제』에서 니시다의 중심 개념을 '즉(卽)'으로 결합된 것으로 이해하고있는데, 타키자와도 '즉'의 관계로 자신의 주장을 설명하고있다. 타키자와 카츠미, 『종교를 묻는다』, 267쪽.

**98** 타키자와 카츠미, 「예수 그리스도의 페르소나의 통일에 대하여」 『타키자와 카츠미 저작집』2, 246쪽.

**99** 타키자와 카츠미, 「여전히 남겨진 바르트 신학에 대한 단 하나의 의문」, 『타키자와 카츠미 저작집』2, 439-441쪽.

**100** 상게서, 444쪽.

**101** 타키자와 카츠미, 「예수 그리스도의 페르소나의 통일에 대하여」, 『타키자와 카츠미 저작집』2, 197-199쪽.

**102** 타키자와 카츠미, 『자유의 원점・임마누엘』, 14-15쪽.

**103** 타키자와 카츠미, 「신앙의 가능성에 대하여」, 『타키자와 카츠미 저작집』2, 48쪽.

**104** 타키자와 카츠미, 『종교를 묻는다』, 65-66쪽.

**105** 타키자와 카츠미, 『자유의 원점・임마누엘』, 10-11쪽.

**106** 상게서, 25-26쪽.

**107** 타키자와 카츠미, 『종교를 묻는다』, 105-106쪽.

**108** 테라조노 요시키(寺園喜基), 『칼 바르트의 기독론 연구(カール・バルトのキリスト論研究)』, 創文社, 1974, 128쪽.

**109** 야기 세에이치, 「타키자와의 종교와 철학(滝沢克己における宗教と哲学)」, 『타키자와 카츠미 : 사람과 사상』, 105쪽.

**110** 케라 유우지, 『칼 바르트의 기독론 연구 : 전통 개념의 초극으로서의 역사 개념에 의한 기독론』, 173-174쪽.

**111** 상게서, 172쪽.

**112** 타키자와 카츠미, 『종교를 묻는다』, 97쪽.

**113** 이키 히로유키, 「타키자와 신학에서의 삼위일체론」, 『타키자와 카츠미 : 사람과

사상』, 80쪽.

**114** 타키자와 카츠미, 『종교를 묻는다』 8장 「칼 바르트의 '기독론 이해'에 대하여—테라조노 요시키의 타키자와 비판에 답하여(カール・バルトの「キリスト論」理解について—寺園喜基の滝沢批判に答える)」를 참조.

**115** 타키자와 카츠미, 『자유의 원점・임마누엘』, 21-22쪽.

**116** 타키자와 카츠미, 「신앙의 가능성에 대하여」, 『타키자와 카츠미 저작집』 2, 66쪽.

**117** 타키자와 카츠미, 「예수 그리스도의 페르소나의 통일에 대하여」, 『타키자와 카츠미 저작집』 2, 211쪽.

**118** 타키자와 카츠미, 「신앙의 가능성에 대하여」, 『타키자와 카츠미 저작집』 2, 80쪽.

**119** 타키자와 카츠미, 「예수 그리스도의 페르소나의 통일에 대하여」, 『타키자와 카츠미 저작집』 2, 197쪽.

**120** 상게서, 189쪽.

**121** 타키자와 카츠미, 「동정녀 마리의 잉태」, 『타키자와 카츠미 저작집』 2, 351쪽.

**122** 타키자와 카츠미, 「신앙의 가능성에 대하여」, 『타키자와 카츠미 저작집』 2, 47-49쪽.

**123** 타키자와 카츠미, 「예수 그리스도의 페르소나의 통일에 대하여」, 『타키자와 카츠미 저작집』 2, 185쪽.

**124** 타키자와 카츠미, 『자유의 원점・임마누엘』, 21-22쪽.

**125** 타키자와 카츠미, 『현대 인간의 문제(現代における人間の問題)』, 三一書房, 1984, 134쪽.

**126** 타키자와 카츠미, 『타키자와 카츠미 저작집』 2, 247쪽.

**127** 테라조노 요시키, 『칼 바르트의 기독론 연구』, 137-138쪽.

**128** 케라 유우지, 『칼 바르트의 기독론 연구 : 전통 개념의 초극으로서의 역사 개념에 의한 기독론』, 175쪽.

**129** 타키자와 카츠미, 『종교를 묻는다』, 108쪽.

**130** 상게서, 297쪽.

**131** 이키 히로유키, 「타키자와 신학에서의 삼위일체론」, 『타키자와 카츠미 : 사람과 사상』, 80쪽.

**132** 타키자와 카츠미, 「바리새인의 효모(パリサイ人のパン種)」(1938), 『타키자와 카츠미 저작집』 2, 133쪽.

133 상게서, 148쪽.

134 상게서, 132-153쪽을 참조.

135 타키자와 카츠미, 「불교와 기독교(仏教とキリスト教)」(1950), 『타키자와 카츠미 저작집』7, 法藏館, 1973, 281쪽.

136 타키자와 카츠미, 「예수 그리스도의 페르소나의 통일에 대하여」, 『타키자와 카츠미 저작집』2, 224쪽.

137 상게서, 224쪽.

138 야기 세에이치, 「타키자와의 종교와 철학」, 『타키자와 카츠미 : 사람과 사상』, 99-100쪽.

139 나까가와 히데야스, 「임마누엘의 근원적 사실」, 『타키자와 카츠미 : 사람과 사상』, 75-76쪽.

140 타키자와 카츠미, 『자유의 원점·임마누엘』, 72쪽.

141 모리 야스오(森泰男), 「'사건'과 '표식' ― 어거스틴으로부터 본 바르트와 타키자와 카츠미(『もの』と『しるし』―アウグスティヌスから見たバルトと滝沢克己)」, 『타키자와 카츠미 : 사람과 사상』, 148-149쪽.

142 타키자와 카츠미, 「예수 그리스도의 페르소나의 통일에 대하여」, 『타키자와 카츠미 저작집』2, 232-235쪽.

143 타키자와 카츠미, 『종교를 묻는다』, 270쪽.

144 울리히 쉔, 「밉고도 작은 바르트 주의자, 혹은 미운 오리 새끼」, 『타키자와 카츠미 : 사람과 사상』, 192쪽.

145 존 힉(John Hick), 마세 히로마사(間瀬啓允) 역, 『종교가 만드는 무지개(宗教がつくる虹)』, 岩波書店, 1997, 36-38쪽.

146 Friedirich Wilhelm Graf, 노자키 타카미치(野崎卓道) 역, 『프로테스탄티즘 : 그 역사와 현재(プロテスタンティズム : その歴史と現状)』敎文館, 2008, 3-4쪽.

147 타키자와 카츠미, 『종교를 묻는다』, 94쪽.

148 아사미 요오, 『니시다 키타로오와 기독교의 대화』, 292쪽.

149 야스이 타케시, 「〈pro me〉의 이해를 둘러싼 타키자와와 몰트만의 대화―종교다원주의의 기초지음」, 『일본의 신학』제41호, 28쪽.

150 타키자와 카츠미, 『현대 인간의 문제』, 제3장 참조.

151 타키자와 카츠미, 『타키자와 카츠미 저작집』7, 256-257쪽.

152 상계서, 258-259쪽.

153 상계서, 260-262쪽.

154 상계서, 263-264쪽.

155 상계서, 279-280쪽.

156 상계서, 259쪽.

157 상계서, 256-263쪽을 참조.

158 상계서, 258-259쪽.

159 상계서, 271-276쪽을 참조.

160 상계서, 271-272.

161 타키자와 카츠미, 『종교를 묻는다』, 53-54쪽.

162 타키자와 카츠미, 『타키자와 카츠미 저작집』7, 264쪽.

163 상계서, 274-275쪽.

164 상계서, 276쪽.

165 상계서, 267-270쪽.

166 상계서, 280쪽.

167 상계서, 281쪽.

168 상계서, 283-288쪽.

169 상계서, 305-311쪽.

170 상계서, 320쪽.

171 상계서, 321쪽.

172 상계서, 327쪽.

173 보다 엄밀히 말하자면, 접촉이라고 하는 용어자체는, 「기독교의 장래」에서 이미 사용되고 있다 (타키자와 카츠미, 『타키자와 카츠미 저작집』2, 414쪽). 하지만, 거기서는 『불교와 기독교』에서와 같이 중심적 개념으로서 전개되지 않았다.

174 타키자와 카츠미, 『타키자와 카츠미 저작집』7, 344쪽.

175 상계서, 347쪽.

176 타키자와 카츠미, 『타키자와 카츠미 저작집』7, 251쪽.

177 타키자와 카츠미, 『타키자와 카츠미 저작집』1, 7쪽.

178 상계서, 222쪽.

179 상계서, 214쪽.

180 타키자와 카츠미, 『타키자와 카츠미 저작집』7, 251쪽.

181 타키자와 카츠미, 『타키자와 카츠미 저작집』2, 415쪽.

182 상게서, 394-402쪽.

183 상게서, 411쪽.

184 타키자와 카츠미, 『타키자와 카츠미 저작집』2, 250쪽.

185 상게서, 248-249쪽.

186 타키자와 카츠미, 『속편―불교와 기독교(続―仏教とキリスト教)』, 法蔵館, 1979, 76-81쪽.

187 타키자와 카츠미, 『종교를 묻는다』, 297쪽.

188 카티자와 카츠미, 야기 세에이치 편저, 『신은 어디서 발견되는가』, 305쪽.

189 야기 세에이치「타키자와의 종교와 철학」, 『타키자와 카츠미 : 사람과 사상』, 93쪽.

190 야스이 타케시, 「〈pro me〉의 이해를 둘러싼 타키자와 몰트만의 대화―종교다원주의의 기초지음」, 『일본의 신학』제41호, 28쪽.

191 일본의 전국시대부터 메이지 초기까지 사용되었던 용어로서, 일본의 초기 기독교인(특히 카톨릭)들을 지칭하는 말이었다.

192 야기 세에이치, 아베 마사오(阿部正雄) 편저, 『불교와 기독교―타키자와 카츠미와의 대화를 요청하며― (仏教とキリスト教―滝沢克己との対話を求めて―)』三一書房, 1981, 1쪽.

193 아사미 요오, 『니시다 키타로오와 기독교의 대화』, 292쪽.

194 테라조노 요시키, 『칼 바르트의 기독론 연구』, 135쪽.

195 테오 순더마이어, 「하나님의 현재적 임재의 신학 : 에큐메니칼적 대화에 대한 타키자와 카츠미의 공헌」, 『타키자와 카츠미 : 사람과 사상』, 204쪽.

196 야기 세에이치, 아베 마사오 편저, 『불교와 기독교―타키자와 카츠미와의 대화를 요청하며―』, 16쪽.

197 이러한 문은 이외에도 영지주의에 대한 문제가 제기되었으며, 이는 야기에 의해서 구체적으로 반론되었다. 야기 세에이치「타키자와 신학과 영지주의―종교 간의 유사함과 차이에 대하여 (滝沢神学とグノーシス主義―宗教間の相似と差異について)」(『사상의 광장』제7호, 創言社, 1996)를 참조.

198 야기 세에이치, 아베 마사오 편저, 『불교와 기독교―타키자와 카츠미와의 대화를 요청하며―』, 143쪽.

199 상게서, 146쪽.

200 상게서, 150쪽.

201 상게서, 150-151쪽.

202 상게서, 162쪽.

203 상게서, 162쪽.

204 상게서, 91쪽.

205 상게서, 91쪽.

206 타키자와 카츠미, 『당신은 어디에 있는가 : 실재 인생의 기반(あなたはどこにいる か : 実人生の基盤と宗教)』, 三一書房, 1983, 116쪽.

207 상게서, 104쪽.

208 야기 세에이치, 아베 마사오 편저, 『불교와 기독교―타키자와 카츠미와의 대화를 요청하며』, 150쪽.

209 상게서, 23-24쪽.

210 타키자와 카츠미, 『당신은 어디에 있는가 : 실재 인생의 기반』, 102쪽.

211 상게서, 103쪽.

212 야기 세에이치, 아베 마사오 편저, 『불교와 기독교―타키자와 카츠미와의 대화를 요청하며』, 145쪽.

213 상게서, 151쪽.

214 야기 세에이치, 아베 마사오 편저, 『불교와 기독교―타키자와 카츠미와의 대화를 요청하며』, 97쪽.

215 타키자와 카츠미, 『당신은 어디에 있는가 : 실재 인생의 기반』, 110쪽.

216 상게서, 112쪽.

217 상게서, 106쪽.

218 성염, 이태하, 최성수, 『종교다원주의 시대의 기독교와 종교적 관용』, 민지사, 2001, 143-147쪽.

219 모리 야스오, 「'사건'과 '표식' ―어거스틴으로부터 본 바르트와 타키자와 카츠 미」, 『타키자와 카츠미 : 사람과 사상』, 151쪽.

220 하마베 타츠오, 『타키자와 카츠미와 바르트 신학』, 168쪽.

221 타키자와 카츠미, 『기독교와 일본의 상황(キリスト教と日本の現情況)』, 新教出版 社, 1972, 제6장을 참조.

222 타키자와 카츠미, 「신앙의 가능성에 대하여」, 『타키자와 카츠미 저작집』 2, 231쪽.

223 상게서, 231쪽.

224 타키자와 카츠미, 『종교를 묻는다』, 103-104쪽.

225 타키자와 카츠미, 「여전히 남겨진 바르트 신학에 대한 단 하나의 의문」, 『타키자와 카츠미 저작집』 2, 448-449쪽.

226 타키자와 카츠미, 「신앙의 가능성에 대하여」, 『타키자와 카츠미 저작집』 2, 42쪽.

227 타키자와 카츠미, 「여전히 남겨진 바르트 신학에 대한 단 하나의 의문」, 『타키자와 카츠미 저작집』 2, 456-45쪽7.

228 누구보다도 먼저 타키자와 신학의 선교론적 측면을 평가한 것은 테오 순더마이어였다. 테오 순더마이어, 「하나님의 현재적 임재의 신학 : 에큐메니칼적 대화에 대한 타키자와 카츠미의 공헌」, 『타키자와 카츠미 : 사람과 사상』, 211쪽.

229 일본 기독교단 선교연구소(基督教団宣教研究所), 『일본 기독교단사 자료집(日本基督教団史資料集)』 제4권, 日本基督教団出版局, 1998, 제2장을 참조.

230 실제로 스시랑카의 신학자였던 D·T나일즈는, 일본의 토착화 논의와 직접적으로 관계하고 있었다. D·T나일즈, 「전도의 신학과 에큐메니즘(伝道の神学とエキュメニズム)」, 일본 기독교단 신앙직제 위원회(日本基督教団信仰職制委員会)편 『복음의 토착(福音の土着)』 日本基督教団出版部, 1962를 참조.

231 본서의 주제에서 벗어나기에, 여기서 일본이 한국의 토착화에 미친 영향을 모두 기술할 수는 없으나, 대표적으로 다음과 같은 것이다. 윤성범은 우오키 타다카즈가 교수로 재직하던 동지사에서 유학을 하였으며, 유동식은 일본유학과 일본의 토착화 논의의 핵심에 있었던 타케다 키요코와 교류를 갖고 있었다. 또한, 변선환은 야기 세에이치에 대한 여러편의 논문과 개인적인 교류를 가지고 있었다.

232 1960년대의 일본 토착화를 잘 드러내고 있는 것이 『복음과 세계』에서 1966년에 토착화를 특집으로 편성된 다수의 논문들이다. 거기서는 본서 4장에서 언급하고 있는 토착화 논의의 성격이 잘 드러나고 있다. 그 다수의 논문들을 여기서 모두 언급할 수는 없으나, 대표적인 것들을 본서의 참고문헌 속에 토착화에 관한 눈문의 항목에 제시하였다.

233 일본 기독교단 신앙직제 위원회편, 『복음의 토착』, 3쪽.

234 타케다 키요코(武田清子), 『토착과 배교(土着と背教)』, 新教出版社, 1967, 4-5쪽.

235 이토오 쿄오지, 아이자와 료오이치(伊藤恭治, 相沢良一), 『복음은 토착할 수 있는

가(福音は土着できるか)』日本基督教団中央農村教化研究所, 1963, 116 ; 121쪽.

**236** '일본적 기독교'라는 것은 일본의 전통적인 정신·사상·종교와 기독교와의 결
합을 추구하는 것을 일컫는 것이다. 그 명칭으로 1930대를 중심으로한 시대적 표
기로서는 일본적 기독교가 사용되지만, 그 외에 일본 기독교, 일본 신학, 기독교
일본, 재패니즈·이스라엘주의 등의 표기가 있었다. 그것은 기독교를 일본의 전
통적 사상과 관계짓는 것을 목표로 하여, 기독교를 일본의 정신 풍토에 토착시키
려고 한 시도나, 일본의 내셔널리즘과의 결착이라는 문제가 존재하고 있다. 넓
게 해석한다면 일본이라는 것을 자각한 기독교의 모든 것을 가리킨다. 하라 마코
토(原誠), 「전시하의 기독교 사상―일본적 기독교를 중심으로(戦時期のキリスト
教思想―日本的基督教を中心に―)」, 『기독교 연구(基督教研究)』제61권, 제2호,
同志社大学神学部基督教研究会, 1999, 25쪽.

**237** 타케다 키요코, 『토착과 배교』, 제1장 참조.

**238** 이토오 쿄오지, 아이자와 료오이치, 『복음은 토착할 수 있는가』, 81-82쪽.

**239** 상게서, 74쪽.

**240** 상게서, 31쪽.

**241** 상게서, 75-76쪽.

**242** 타케다 키요코, 『토착과 배교』, 4쪽.

**243** 야마모토 스미코(山本澄子), 『중국 기독교사 연구(中国キリスト教史研究)』증보개
정판, 山川出版社, 2006(初版, 1972), 5쪽.

**244** 후지이 요시노리(葛井義憲), 『기독교 토착화론(キリスト教土着化論)』, 朝日出版
社, 1979, 7쪽.

**245** 모모세 후미아키(百瀬文晃), 「토착화(土着化)」, 『이와나미 기독교 사전(岩波キリ
スト教辞典)』, 岩波書店, 2002, 58-59쪽.

**246** 일본 기독교단 신앙직제 위원회편, 『복음의 토착』, 40쪽.

**247** 우오키 타다카즈(魚木忠一), 『일본 기독교의 성격(日本基督教の性格)』, 日本基督
教団出版局, 1943, 4-5쪽, 31쪽.

**248** 본서에서는 타키자와 신학이 1960년대 일본의 토착화 논의를 뒷받침하는 신학적
기반이 될 수 있다는 시점에서 전개하고 있으나, 타키자와 신학 그 자체를 토착화
된 신학의 한 형태로 볼 수도 있다. 실제로 오가와 케에지는 「기독론과 일본의 정
신적 상황―타키자와 카츠미의 『임마누엘의 원점』」(『복음과 신학』, 1984년 6월

호) 에서, 키타모리 카조오(嘉蔵)하나님의 아픔의 신학' 이 진정한 의미의 토착된 신학에는 이르지 못한 것으로 비판하고, 그것에 성공한 하나의 모델로서 타키자와 신학을 거론하고 있다.

249 타키자와 카츠미, 『자유의 원점·임마누엘』, 75쪽.

250 상게서, 72쪽.

251 상게서, 75쪽.

252 상게서, 81-82쪽.

253 시바타 슈, 『타키자와 카츠미의 세계 : 임마누엘』, 132쪽.

254 타키자와 카츠미, 『종교를 묻는다』, 104쪽.

255 도히 아키오(土肥昭夫), 『일본 프로테스탄트 기독교사(日本プロテスタントキリスト教史)』新教出版社, 2005, 第5版(第1版, 1980), 133-134쪽.

256 상게서, 178쪽.

257 우오키 타다카즈, 『일본 기독교의 정신적 전통(日本基督教の精神的伝統)』, 大空社, 1996(基督教思想叢書刊行会, 1941), 전편을 참조.

258 타키자와 카츠미, 『종교를 묻는다』, 104쪽.

259 타키자와 카츠미, 「신앙의 가능성에 대하여」, 『타키자와 카츠미 저작집』2, 86-87쪽 ; 타키자 와카츠미, 「예수 그리스도의 페르소나의 통일에 대하여」, 『타키자와 카츠미 저작집』2, 284-250쪽.

260 도히 아키오, 『일본 프로테스탄트 기독교사』, 116-119쪽.

261 도히 아키오, 『일본 프로테스탄트 기독교사』, 443-444쪽을 참조.

262 타키자와 카츠미, 『종교를 묻는다』, 105-106쪽.

263 하마베는 이러한 문제를 타키자와와 바르트의 차이라고 말한다. 즉 하마베는 타키자와가 구체적인 일본의 교회가 없이도 존재하는 기독교인으로, 바르트를 교회가 없이는 존재할 수 없는 기독교인으로 이해한다. 하마베 타츠오, 『타키자와 카츠미와 바르트 신학』, 168쪽.

264 상게서, 168쪽.

265 타키자와 천황제와 국가론을 둘러싼 문제에 대해서는 다음의 자료를 참조. 시바타 슈, 『타키자와 카츠미의 세계 : 임마누엘』, 제3장 ; 마에다 타모츠『타키자와 카츠미 : 철학자의 생애』, 2부 전후편1 ; 마에다 타모츠, 「문헌 해제 / 타키자와 카츠미의 국가론·천황론(文献解題/滝沢克己の国家論·天皇論)」, 『사상의 광장』제

9호(創言社, 1997) ; 후지모토 야스타(藤本保太), 「타키자와의 논문 『성과 거래』의 위치(滝沢の論文 『誠と取引』 の位置づけ)」, 『사상의 광장』제14호(創言社, 2002).

266 타키자와 카츠미, 『하나님의 말씀 인간의 말』, 166쪽.

267 상게서, 169쪽.

268 상게서, 170쪽.

269 타키자와 카츠미, 『하나님의 말씀 인간의 말』, 195-196쪽.

270 타키자와 카츠미, 『타키자와 카츠미 저작집』2, 13쪽.

271 상게서, 203쪽.

272 코바야시 타카요시, 『타키자와 카츠미 : 존재의 우주』, 101쪽.

273 상게서, 103쪽.

274 마에다 타모츠, 『타키자와 카츠미 : 철학자의 생애』, 81쪽.

275 타키자와 카츠미, 「신앙의 가능성에 대하여」, 『타키자와 카츠미 저작집』2, 41-42쪽.

276 시바타 슈우, 『타키자와 카츠미의 세계 : 임마누엘』, 25쪽.

# 타키자와 카츠미 신학 연구

등 록  1994.7.1 제1-1071

1쇄 발행  2014년 1월 10일

지은이  김진희

펴낸이  박길수

편집인  소경희

편 집  조영준

관 리  김문선

디자인  이주향

펴낸곳  도서출판 모시는사람들

110-775 서울시 종로구 경운동 88번지 수운회관 1207호

전 화  02-735-7173, 02-737-7173 / 팩스 02-730-7173

인 쇄  (주)상지사P&B(031-955-3636)

배 본  문화유통북스(031-937-6100)

홈페이지 http://blog.daum.net/donghak21

값은 뒤표지에 있습니다.

ISBN 978-89-97472-58-1          93230

이 도서의 국립중앙도서관 출판시도서목록(CIP)은 e-CIP 홈페이지
(http://www.nl.go.kr/ecip)에서 이용하실 수 있습니다.
(CIP제어번호: 2013026290)